부자 아빠의 자녀 교육법

부자 아빠 가난한 아빠 4

RICH KID SMART KID:
Giving Your Child a Financial Head Start
by Robert T. Kiyosaki

First Korean Edition: April 2001

Second Korean Edition: September 2014

RICH DAD

로버트 기요사키
박슬라 옮김

300만 부 베스트셀러!
★★★★★
부자 아빠 시리즈
개정판

부자 아빠의 자녀 교육법

부자 아빠 가난한 아빠 4 부자 교육은 집에서 시작된다

ROBERT T. KIYOSAKI

민음인

차례

이 세상 모든 부모와 교사들에게

여러분은 세상에서 가장 소중한 일을 하고 있습니다.

아이들이야말로 우리의 미래니까요.

서문

은행은 성적표를 요구하지 않는다

오늘날의 교육은 역사상 그 어느 때보다도 중요하다. 산업 시대를 지나 나날이 변화하는 정보 시대에 들어서면서 교육의 중요성은 날로 커지고 있다. 우리는 오늘날 다음과 같은 질문에 맞닥뜨리고 있다.

"당신의 아이가 학교에서 받는 교육은 앞으로 다가올 멋진 신세계를 대처할 만큼 적절한가?"

산업 시대에는 학교 교육을 마치고 졸업을 하면 곧바로 사회생활을 시작할 수 있었고 더 이상의 교육을 받지 않아도 성공할 수 있었다. 왜냐하면 사회가 지금처럼 빨리 변화하지 않았기 때문이다. 그 시대에는 학교에서 배우는 교육만으로도 평생을 살아갈 수 있었다.

하지만 오늘날에는 은퇴를 앞둔 수백만 베이비 붐 세대 중 많은 수가 새로운 세상에 걸맞은 충분한 교육을 받지 못했다고 느낀다. 역사상 처음으로 고등교육을 받은 많은 사람들이 그렇지 못한 이들과 똑같은 경제적 어려움에 직면하고 있다. 현대의 일자리가 필요로 하는 자격 요건을 갖추려면 더 많은 교육과 훈련이 필요하다.

교육의 효과는 언제 나타나는가?

당신이 받은 교육의 성공 여부를 언제 알 수 있을까? 스물다섯 살에 학교를 졸업하고 최종 성적표를 받을 때? 아니면 예순다섯 살에 일에서 완전히 은퇴할 때?

미국 정부의 연구 조사에 따르면 미국의 예순다섯 살 이상 노인 백 명 가운데 한 명은 부자이고, 네 명은 안락한 생활을 누리고 있으며, 다섯 명은 아직도 일을 하고, 쉰여섯 명은 정부나 가족의 지원이 필요하며 나머지는 이미 고인이라고 한다.

이 책은 백 명 중 한 명의 부자를 위한 것이 아니다. 내가 걱정하는 것은 누군가의 도움이 필요한 쉰여섯 명의 노인들이다. 나는 당신이나 당신의 아이가 그중 한 명이 되지 않기를 바란다.

사람들은 종종 내게 말한다. "나는 은퇴하고 나면 돈이 많이 필요하지 않을 거예요. 그때는 생활비가 많이 들지 않을 테니까요." 물론 은퇴를 하고 나면 생활비는 줄어들 것이다. 그러나 오히려 지출이 점점 늘어나는 비용도 있다. 바로 의료비이다. 의료비는 문자 그대로 수백만 노인 인구의 '생사'를 결정하는 요인이다. 단도직입적으로 말해 돈이 있으면 살고 돈이 없으면 죽는 것이다.

따라서 내가 묻고 싶은 것은 이것이다. "노인들이 받아 온 교육은 그들이 노년의 경제적 위기에 대비할 수 있을 만큼 충분한 준비가 될 수 있게 했는가?"

두 번째 질문은 "지금 노인들이 처한 곤경과 당신 자녀의 교육은 어떤 상관이 있을까?"

이 두 개의 질문에는 각각의 대답이 존재한다.

첫 번째 질문에 대한 답은 "노인들이 스스로 돈을 낼 수 없다면 결국 당신의 자녀가 수백만에 달하는 노령 인구의 의료비를 대야 한다."는 것이다.

두 번째 질문에 대한 답은 또 다른 질문으로 이어진다. 당신의 아이들이 현재 받는 교육만으로 은퇴 후 정부의 재정 및 의료 지원 없이도 살 수 있을 만큼 충분히 준비할 수 있을까?

규칙이 변했다

산업 시대의 규칙은 학교에 가서 좋은 성적을 받고 복지 혜택이 많은 안전하고 안정적인 일자리를 얻어 거기에 평생 종사하는 것이었다. 그렇게 20년쯤 일하다 은퇴하면 기업과 정부가 남은 생을 돌봐 주었다.

하지만 정보 시대에는 규칙이 변했다. 이제는 학교에 가고 좋은 점수를 얻고 일자리를 구하고 그런 다음 그 일에 맞게 자신을 끊임없이 재교육해야 한다. 새 회사를 찾고 새 일자리를 구하고 계속해서 자신을 교육한다. 그런 다음 충분한 돈을 모아 예순다섯 살이 넘은 뒤에도 안락하게 살 수 있기를 바라고 기도해야 한다. 왜냐하면 당신은 예순다섯이 지나고 그 뒤로도 오래오래 살 것이기 때문이다.

산업 시대를 규정하던 이론은 아인슈타인의 $E=MC^2$이었다. 반면에 정보 시대를 의미하는 이론은 '무어의 법칙Moor's law'이며, 그것은 18개월마다 정보량이 두 배로 증가한다는 오늘날의 개념으로 발전했다. 다시 말해 변화를 좇기 위해서는 18개월마다 거의 모든 것을 새로 배워야 한다는 의미이다.

산업 시대에는 변화가 느렸다. 그래서 학교에서 배운 것들을 아주 오래 써먹을 수 있었다. 하지만 정보 시대에는 우리가 아는 것이 금방 낡은 것이 된다. 무엇을 배우는가도 중요하지만 그보다 더 중요한 것은 얼마나 빨리 배우고 변하고 새 정보에 적응하는가이다.

내 부모님은 대공황을 경험하셨고 그래서 '안정적인 일자리가 가장 중요하다.'고 생각하셨다. 그래서 그분들은 내게 늘 약간의 걱정과 우려가 섞인 목소리로 "학교를 졸업한 다음 안전하고 안정적인 일자리를 얻어야 한다."라고 말씀하시곤 했다. 하지만 오늘날 우리의 과제는 시대에 뒤처지지 않는 것이다.

산업 시대와 정보 시대의 중요한 차이점 몇 가지를 소개한다.

- 산업 시대에는 고용주가 당신의 은퇴 계획을 책임졌다.
- 정보 시대에는 피고용인인 당신이 은퇴 이후를 책임져야 한다. 예순다섯 살 이후에 돈이 떨어지면 그것은 당신의 문제지 회사의 문제가 아니다.
- 산업 시대에는 나이가 들수록 가치가 높아졌다.
- 정보 시대에는 나이가 들수록 가치가 낮아진다.
- 산업 시대에는 사람들이 평생직장에서 일했다.
- 정보 시대에는 점점 더 많은 사람들이 직장을 자유롭게 옮겨 다닌다.

• 산업 시대에는 똑똑한 아이들이 의사나 변호사가 되었다. 그리고 많은 돈을 벌었다.

• 정보 시대에는 운동선수나 영화배우, 가수 들이 돈을 많이 번다. 의사나 다른 전문직 종사자들은 산업 시대에 비해 적은 돈을 번다.

• 산업 시대에는 당신이나 당신의 가족이 경제적 곤경에 빠지면 정부의 도움을 받았다.

• 정보 시대에는 점점 더 많은 정치가들이 사회보장제도 같은 정부 주도의 사회안전망 프로그램을 구축하겠다고 약속하고 있다. 당신과 나같이 똑똑한 사람들은 정치가들이 무언가를 만들겠다고 약속할 때면 이미 그것이 망가졌을 가능성이 높다는 것을 알 것이다.

변화가 일어날 때에는 대개 저항도 함께 발생한다. 지난 몇 년 사이에 사람들은 변화의 시기에 나타나는 기회를 포착했다.

1. 빌 게이츠가 세계 최고의 갑부가 된 것은 IBM의 나이 지긋한 간부들이 시장과 규칙의 변화를 보지 못했기 때문이다. 그들이 그런 변화를 보지 못했기 때문에 IBM에 투자한 사람들은 그야말로 수십억 달러를 잃었다.
2. 현재 우리 주변에는 20대 청년들이 운영하는 정보 시대의 기업들이 40대 중장년 경영진이 이끄는 산업 시대 기업들을 사들이고 있다.
3. 오늘날 우리 주변에는 청년 억만장자들이 많다. 그들이 부자가 된 것은 나이 든 경영자들이 보지 못한 기회를 포착했기 때문이다.
4. 오늘날 자수성가한 억만장자 젊은이들 중에는 직장에 다닌 적이 없는 사람이 많

다. 한편 요즘에는 새로 경력을 시작하고 일자리를 구하기 위해 재교육을 받는 중장년 세대가 많다.

5. 최근에는 점점 더 많은 학생들이 대기업의 좋은 취직 자리를 알아보는 대신 기숙사에서 홀로 창업을 한다. 심지어 하버드 대학은 학생들의 창업을 돕는 특별 부서까지 만들었다. 그러나 그 부서는 학생들의 창업을 돕는다는 명목을 내세우고 있지만 사실은 학생들을 학교에 잡아두기 위한 것에 불과하다.
6. 미국의 한 대기업에서 일하는 직원들 중 절반은 생계 보조비를 받을 수 있는 자격이 될 만큼 보수가 낮다. 이들이 나이 들어 일을 할 수 없게 되면 어떻게 될까? 그들은 과연 적절한 교육을 받았을까?
7. 홈스쿨링home schooling(가정에서 부모가 직접 자녀를 가르치는 교육 방식—옮긴이)은 더 이상 보기 드문 형태의 대안 교육이 아니다. 오늘날에는 집에서 교육받는 아이들의 수가 급격히 늘고 있다.
8. 점점 더 많은 부모들이 가톨릭 학교나 발도로프Waldorf나 몬테소리Montessori 등 다른 교육 제도를 찾고 있다. 그들은 아이들의 욕구를 충족시키지 못하는 정부 주도의 낡은 교육 체제로부터 아이들을 데려오기 위해서이다. 점점 더 많은 학부모들이 생애 초기 교육이 대학 교육만큼이나 아이들의 계발과 발달에 중요하다는 사실을 인식하고 있다.
9. 정보 시대가 초래하는 경제적 변화는 가진 자와 못 가진 자들 사이의 격차를 극단적으로 벌릴 것이다. 그것은 어떤 이들에게는 축복이 될 것이다. 또 어떤 이들에게는 저주와도 같을 것이고 어떤 사람들에게는 아무 상관도 없는 문제일 것이다. 부자 아버지는 이렇게 말했다. "어떤 일이 일어나게 하는 사람이 있고, 그것을 지켜보는 사람이 있고 나중에야 '무슨 일이 있었지?'라고 물어보는 사람이 있다."

자녀에게 무엇을 가르칠 것인가

오늘날 교육이 그 어느 때보다도 중요한 것은 지금의 변화 속도가 그 어느 때보다도 빠르기 때문이다. 역사상 처음으로, 학교 성적이 좋은 사람들과 그렇지 못한 사람들이 똑같은 경제적 문제에 봉착하게 될 것이다. 우리는 은행이 우리의 성적표가 아니라 재무제표를 요구한다는 데 관심을 기울여야 한다. 당신이 거래하는 은행이 당신에게 뭔가를 말해 주려는 것이다. 이 책은 당신의 아이들이 현실 세계에서 개인적, 경제적 성공을 거두기 위해서는 무엇을 배워야 할지 일러 줄 것이다.

- 오늘날 당신의 아이들이 받는 교육은 그 아이들이 직면할 미래에 대해 적절히 대비시키고 있는가?
- 기존의 학교 체제는 당신 아이의 특별한 욕구를 충족시키는가?
- 아이들이 학교를 싫어하거나 학교생활을 잘하지 못할 때 부모들은 무엇을 해야 하는가?
- 성적이 좋으면 평생 직업적 성공과 경제적 성공을 보장받을 수 있는가?
- 당신의 자녀는 전통적인 학교에 가야만 필요한 교육을 받을 수 있을까?

이 책이 필요한 사람은 누구일까?

이 책은 세상이 변했음을 알고 우리의 현 교육 체제가 아이들의 특별한 욕구를 제대로 충족시키지 못한다는 것을 아는 부모들을 위한 것이다.

이 책은 아이들의 교육을 학교에만 맡기기보다는 기꺼이 스스로 적극적인 역할을 맡으려는 부모들을 위한 것이다.

이 책은 아이들을 현실 세계, 즉 학교를 졸업한 후의 세상에 대비하게 하려는 부모들을 돕기 위한 책이기도 하다. 이것은 특히 다음과 같은 부모들을 위한 책이다.

- 큰돈을 들이지 않고도 아이들이 경제적으로 앞선 삶을 살 수 있게 하고 싶은 부모
- 아이들의 천부적 재능과 학습 방식을 보호하고 학교를 졸업한 후에도 평생 학습을 계속하게 하려는 부모
- 학교를 좋아하지 않거나 학교생활에 어려움을 겪는 아이들을 가진 부모

이 책의 구성

이 책은 세 부분으로 나뉘어 있다.

1부는 학문적 교육과 금융 교육, 양쪽 모두를 개괄한다. 필자의 전작을 읽은 사람이라면 내게 두 분 아버지가 있었음을 알고 있을 것이다. 한 분은 내가 '부자 아버지'라고 부르는 분으로, 내 친구 마이크의 아버지이다. 그리고 내가 '가난한 아버지', 혹은 '똑똑한 아버지'라고 부르는 분은 내 친아버지이다. 내가 누린 혜택은 두 분 모두 각자의 분야에서 뛰어난 분이었다는 것이다. 가난한 아버지는 학문적 천재이자 뛰어난 교육자였다. 아홉 살이 지나자 나는 학교에서 심각한 문제들을 겪게 되었다. 내가 배우는 내용과 학교에서 가르치는 방식이 마음에 들지 않았던 것이다. 나는 학교에서 억지로 배우는 것들이 현실 세상에서 어떤

쓸모가 있을지 이해할 수 없었다.

이 책의 1부는 똑똑하지만 가난했던 우리 아버지가 그 어려운 시절에 나를 어떻게 인도하고 가르치셨는지를 보여 준다. 그분이 아니었다면 나는 학교를 일찌감치 그만두거나 낙제하여 대학을 졸업할 수 없었을 것이다.

이 책의 1부는 또한 다른 아버지인 부자 아버지가 가르쳐 준 교육 과정에 관해 다루고 있다. 부자 아버지는 금융 천재였고 나아가 대단히 훌륭한 교사이기도 했다. 1부에서 나는 부자 아버지가 어떻게 내가 아홉 살 때부터 부자처럼 생각하도록 준비시켰는지 보여 줄 것이다. 부자 아버지의 가르침 덕분에 나는 학교 성적이 어떻든 혹은 어떤 직장을 얻든 간에 내가 반드시 부자가 될 것이라고 확신하게 되었다. 열두 살 무렵이 되자 나는 학교에서 배우는 것들이 내가 부자가 되는 것과 아무 상관도 없다는 것을 알게 되었다. 학교에서 어떻게 하건 나중에 부자가 될 것임을 확신하고 있었던 까닭에 나는 학교생활에 다소 소홀하게 되었다. 두 분 아버지는 내가 그런 태도를 고치고 대학을 마칠 수 있도록 이끌어 주었다.

2부는 아이들이 진짜 세상을 준비하도록 부모들이 할 수 있는 간단한 학문 및 금융 교육 과정에 관해 다룰 것이다. 2부는 내가 적절하지 못한 태도 때문에 하마터면 고등학교를 그만둘 뻔한 이야기에서 시작된다. 2부에서 당신은 내 진짜 아버지와 부자 아버지가 어떻게 나를 학교에 머무르게 했으며, 부자 아버지가 어떻게 그러한 실패를 이용해 내가 부자가 되도록 준비시켰는지 더 자세한 이야기를 보게 될 것이다.

2부에서 부자 아버지는 어째서 자신이 거래하는 은행이 한 번도 성적표를 요구하지 않았는지에 대해 설명한다. 부자 아버지는 이렇게 말했다. "내 담당 은행가는 나의 학교 성적에 대해 물은 적이 없다. 은행에서 원하는 건 내 재무제표뿐이었지. 그런데 문제는, 대부분의 사람들이 재무제표가 뭔지도 모른 채 학교를 졸업한다는 거야." 부자 아버지는 또 이렇게 말했다. "경제적으로 안정된 삶을 살고 싶은 사람은 누구든 재무제표를 이해할 수 있어야 한다." 일자리 안정성이 나날이 감소하고 있는 오늘날, 당신의 자녀들도 그런 능력을 갖춰야만 경제적으로 안정적인 삶을 영위할 수 있을 것이다.

현재의 교육 체제를 훑어보면 그것이 주로 교육의 두 분야에만 집중하고 있음을 알 수 있다.

1. 학문 교육: 읽고 쓰고 계산하는 능력
2. 직업 교육: 의사, 변호사, 배관공, 기계공 등 학교를 졸업한 후에 돈을 벌 수 있는 직업을 얻는 데 필요한 교육

미국을 비롯한 많은 국가에서 이제껏 이 두 가지 기본적인 교육을 국민들에게 훌륭하게 가르쳐 왔다. 문제는 이제 규칙이 변했다는 것이다. 정보 시대에 필요한 것은 새로운 교육이지, 기존의 교육을 더 많이 받는 것이 아니다. 모든 학생들에게는 부자 아버지가 내게 가르쳤던 새로운 교육이 필요하다.

3. 금융 교육: 직업인으로서 번 돈을 평생 재산과 경제적 안정으로 바꾸는 데 필요한 교육. 당신의 아이가 가족들을 부양하고 열심히 일한 후 노년에 경제적으로 실패하거나 곤경을 겪지 않도록 돕는 경제 교육

은행이 당신에게 성적표를 요구하지 않는 이유는 당신이 학교를 졸업한 후에 얼마나 똑똑하게 살아왔는지 알고 싶기 때문이다. 그들이 알고 싶은 것은 당신의 금융 지능이지 학문 지능이 아니다. 재무제표는 당신의 금융 지능을 성적표보다 훨씬 더 잘 보여 준다.

이 책의 2부는 아이들이 진짜 세상에서 경제적으로 앞서 갈 수 있도록 부모가 할 수 있는 간단하고 구체적인 예시를 제시하고 있다.

3부는 부모가 아이들의 천부적 재능과 학습 능력을 더 잘 찾아낼 수 있게 돕는 최신 교육 기술을 일부 다룬다. 또한 3부에는 아이들이 학문적으로 앞서 나갈 수 있게 돕는 내용도 포함되어 있다.

옛날에 어린 아인슈타인을 가르쳤던 어떤 교사는 콧방귀를 뀌며 이렇게 말했다. "저 애는 아무것도 되지 못할 거야." 많은 교사들이 암기력이 부족하다는 이유로 그가 머리가 나쁘다고 생각했다.

1년 뒤에 한 저명한 발명가가 사실에 대한 지식이야말로 가장 중요한 것이라고 말했을 때 아인슈타인은 동의하지 않았다. 그는 이렇게 말했다. "사실을 배우기 위해 대학에 갈 필요는 없습니다. 그런 것은 책에서도 배울 수 있으니까요. 대학의 인문 교육은 생각하는 방법을 가르치는 데 그 가치가 있지요." 그는 또 이렇게 말했다. "지식보다 상상력이 더 중요합니다."

기자회견에서 한 기자가 아인슈타인에게 이렇게 물었다. "소리의 속도는 얼마입니까?" 아인슈타인은 대답했다. "모르겠군요. 책에서 금방 찾을 수 있는 정보를 머릿속에 넣고 다니지는 않으니까요."

내가 만난 거의 모든 부모는 자기 아이가 똑똑하거나 천재라고 믿는다. 그런데 아이가 학교에 입학하고 나면 그 아이의 천재성은 뒷전으로 밀려나거나, 교육 체제가 강조하는 하나뿐인 재능과 학습 방법에 밀려 부수적인 것으로 경시된다. 내 진짜 아버지를 비롯해 많은 교육자들이 학교 체제가 아이들의 다양한 천부적 재능을 제대로 뒷받침하지 못한다고 생각한다.

불행히도 우리의 현 교육 체제는 수많은 논란과 낡은 틀에 빠져 있다. 교육을 둘러싼 정치와 관료주의 때문에 아이들의 재능을 계발하는 참신하고 혁신적인 교육 방식들이 제도의 일부로 편입되지 못하는 것이다.

교육을 많이 받은 우리 아버지는 하와이 교육계의 수장이었다. 그분은 교육 체제를 바꾸려고 최선을 다했지만 도리어 그 체제에 의해 무너지고 말았다. 후에 아버지는 내게 이렇게 말했다.

"교육계에는 세 가지 부류의 교사와 행정가가 있다. 첫 번째 부류는 교육 제도를 바꾸려고 노력한다. 두 번째 부류는 어떤 종류의 변화에도 저항한다. 그리고 세 번째 부류는 제도가 바뀌든 말든 상관하지 않는다. 그들이 원하는 것은 안정적인 일자리와 봉급뿐이지. 그래서 우리의 교육 제도가 변하지 못하는 거란다."

결론

가난하지만 똑똑했던 내 진짜 아버지는 자주 이렇게 말했다. "아이에게 가장 중요한 교사는 부모란다. 많은 부모들이 아이들에게 이렇게 이야기하지. '학교에 가서 열심히 공부하렴. 교육은 정말 중요하단다.' 문제는 그렇게 말하는 많은 부모들이 스스로는 공부를 하거나 교육을 받지 않는다는 것이다." 아버지는 또 이렇게 말했다. "부모는 아이들에게 가장 중요한 교사란다. 학생들은 듣는 것보다 보면서 더 많이 배우지. 아이들은 말과 행동이 어떻게 다른지 관찰한다." 아이들은 부모들의 말과 행동이 어떻게 다른지 찾아내는 것을 좋아한다. 부자 아버지는 종종 이렇게도 말했다. "말보다 행동이 더 중요하다." "좋은 부모가 되고 싶다면 자신이 말한 대로 행동해야 한다."

당신에게 자녀가 있다면, 아이의 교육에 관심을 가지고 있다는 점에 대해, 더 나아가 아이의 교육에 관한 책에 관심을 가져 준 데 대해 감사드린다.

| 1부 |

돈은 아이디어에 불과하다

내가 어렸을 때 부자 아버지는 종종 이렇게 말씀하셨다.

"돈은 아이디어에 불과하다. 네가 절대로 부자가 될 수 없다고 생각한다면 너는 정말로 부자가 되지 못할 거다. 만약에 네가 경제적 여유가 없다고 생각한다면 너는 정말로 그렇게 될 거야."

가난하지만 똑똑한 내 진짜 아버지는 교육에 대해서 똑같이 말씀하셨다. 모든 아이들이 똑똑하고 부자가 될 잠재력을 타고 태어날 수도 있을까? 어떤 사람들은 그것이 가능하다고 생각하고 어떤 사람들은 그렇지 않다고 생각한다. 1부는 당신 아이의 가능성을 보호하는 데 초점을 맞춘다.

Chapter 1

모든 아이는 천재로 태어난다

내 두 분 아버지는 모두 다 훌륭한 교사였고 똑똑한 분이었다. 하지만 두각을 드러낸 분야는 서로 달랐다. 내게 가르친 것도 서로 달랐다. 그러나 그런 차이점에도 불구하고 두 분 모두 아이들에 대해서는 같은 견해를 갖고 있었다. 두 아버지는 모든 아이들이 태어날 때부터 똑똑하고 태어날 때부터 부자라고 믿었다. 그리고 자라면서 다른 아이들보다 덜 똑똑하다고 믿거나 가난해지는 법을 배우게 된다고 생각했다. 두 분 아버지는 아이들의 천부적인 재능을 끄집어내야 한다고 믿는 훌륭한 교사였다. 달리 말해, 두 분 아버지는 아이들에게 지식을 집어넣는 것은 옳지 않다고 믿었다. 그분들은 아이들의 천재성을 끄집어내야 한다고 믿으신 것이다.

영어의 교육에 해당하는 'education'이라는 단어는 라틴어의 '에두카레educare'에서 비롯되었는데, 이는 '끄집어낸다'라는 뜻이다. 불행히도 우리 중 많은 이들에게 교육에 대한 기억은 길고 지겨운 수업 시간 내내 정보의 조각들을 머릿속에 집어넣고, 시험에 대비해 그것들을 외우고 시험을 치고 난 후에는 방금 배운 것들을 잊어버리는 것이다. 내 두 분 아버지가 훌륭한 교사였던 이유는 두 분 다 내 머릿속에 뭔가를 억지로 집어넣으려고 하지 않으셨기 때문이다. 그분들은 내게 먼저 말을 하는 것이 아니라 내가 스스로 물을 때까지 기다리셨다. 아니면 질문을 던짐으로써 내가 무엇을 아는지 알아내려 하셨다. 두 아버지는 단순히 당신들이 아는 것을 내게 말씀하시지 않았다. 아버지들은 모두 훌륭한 교사였고, 나는 그분들의 존재가 내 삶에서 가장 큰 축복이라고 생각한다.

그리고 물론 어머니들도 있다. 내 어머니도 훌륭한 교사이자 역할 모델이었다. 그분은 내게 조건 없는 사랑과 친절, 그리고 타인에 대한 관심의 중요성을 가르쳐 주셨다. 불행히도 어머니는 마흔여덟의 젊은 나이에 돌아가셨다. 그분은 거의 평생 동안, 어렸을 때 류머티즘으로 허약해진 심장 때문에 힘겨운 투병 생활을 하셨는데 그런 고통 속에서도 항상 다른 사람들에게 친절하고 다정하셨으며 그것은 내게 커다란 교훈이 되었다. 나는 속이 상해 남들에게 화풀이를 하고 싶을 때마다 어머니를 생각한다. 그럴 때마다 화를 내기보다 어머니처럼 상냥해져야 한다고 거듭 되새긴다. 나는 그 중요한 교훈을 매일같이 기억할 필요가 있었다.

나는 세상 남자들이 자신의 어머니와 비슷한 여자와 결혼한다는 이야기를 들은 적이 있다. 내 경우에는 정말로 그랬다. 내 아내 킴은 기가 막힐 정도로 친절하고 상냥한 사람이다. 킴과 어머니가 생전에 만나지 못한 것이 아쉬울 따름이다. 킴이 친정어머니와 매우 친밀한 것처럼 내 어머니와도 매우 가까운 사이가 될 수 있었을 텐데 말이다. 나는 또한 사업 파트너가 될 수 있는 여자와 결혼하고 싶었다. 왜냐하면 우리 부모님의 결혼 생활에서 가장 행복했던 시절은 두 분이 평화봉사단에서 함께 일했을 때이기 때문이다. 나는 케네디 대통령이 평화봉사단 창단을 발표했던 때를 기억한다. 어머니와 아버지는 그 소식에 대단히 기뻐했고 한시라도 빨리 가입하고 싶어 하셨다. 동남아시아의 훈련 책임자로 지명된 우리 아버지는 어머니에게 간호사로 함께 참여할 것을 제안했고, 나는 두 분이 함께했던 그 2년이 당신들의 결혼 생활에서 가장 행복한 시절이었다고 믿는다.

나는 절친한 친구인 마이크의 어머니를 잘 알지 못했다. 종종 마이크네 집에 저녁을 먹으러 갔을 때 그분을 보긴 했지만 솔직히 잘 알았다고는 할 수 없다. 나와 마이크가 마이크의 아버지와 대부분의 시간을 보냈다면 그분은 그 집의 다른 아이들과 더 많은 시간을 보냈다. 하지만 내가 마이크네 집에 갔을 때 마이크의 어머니는 대단히 친절했고 우리가 하는 일에 많은 관심을 보이시곤 했다. 나는 그분이 마이크 아버지의 훌륭한 인생 동반자임을 알 수 있었다. 두 분은 다정하고 친절했으며 서로에게 일어나는 일에 지극한 관심을 쏟았다. 마이크의 어머니는 대단히 내성적인 분이었지만 마이크와 내가 학교와 사업에서 무엇을 배우는지 항상 관심을 가지셨다. 그래서 비록 그분과 친하지는 않지만 나는 그분으로부터 다른 사람의 말에 귀를 기울이고, 상대방의 이야기를 방해하지 말고, 나와 생각이 다를지라도 남들의 생각을 존중해야 한다는 것을 배웠다. 그분은 조용한 방식으로 소통하는 멋진 분이었다.

부모님으로부터 배운 것

오늘날 편모 또는 편부 가정이 늘고 있다는 사실은 무척 걱정스러운 일이다. 내 경우에는 어머니와 아버지가 성장 과정에서 내게 가르친 내용들이 삶에 아주 커다란 영향을 미쳤다. 예를 들어 나는 또래 친구들보다 몸집이 컸고 그래서 어머니는 내가 큰 몸집을 이용해 다른 아이들을 괴롭힐까 봐 걱정하셨다. 그래서 어머니는 요즘 사람들이 말하는 '여성적인 측면'을 내게 강조하곤 하셨다. 앞에서도 말했지만 우리 어머니는 대단히 친절하고 다정한 분이었고 나도 그런 사람이 되길 바라셨다. 초등학교 1학년 때 언젠가, 내가 이렇게 적힌 성적표를 가지고 집에 돌아온 적이 있다.

"로버트는 자기주장하는 법을 조금 배워야 할 필요가 있습니다. 로버트를 보면 『황소 페르디난드』가 생각나요.(황소 페르디난드는 투우장에서 싸우지 않고 가만히 앉아 사람들이 던져 주는 꽃의 향기를 맡는 것을 좋아하는 황소다. 우연히도 그것은 어머니가 잠자리에서 내게 자주 읽어 주던 동화책이었다.) 로버트는 몸집이 커다란데도 늘 자기보다 작은 아이들에게 괴롭힘을 당합니다."

어머니는 선생님의 평가를 읽고는 오히려 좋아하셨다. 하지만 아버지는 집에 돌아와 그 성적표를 보고는 꽃향기를 좋아하는 황소가 아니라 성난 황소가 되셨다. "아이들에게 괴롭힘을 당한다니, 그게 무슨 소리냐? 어째서 그러고도 가만히 있는 거지? 겁쟁이가 되겠다는 거냐?"

아버지는 내 성적보다도 선생님의 평가에 더 신경을 쓰시는 것 같았다. 내가 아버지에게 어머니의 말씀을 따랐을 뿐이라고 말하자 아버지는 어머니에게 이렇게 말씀하셨다. "사내애들은 원래 다 거칠고 심술꾸러기요. 그러니 그런 애들을 어떻게 다뤄야 하는지도 어릴 때부터 알아둬야지. 어렸을 때 그런 걸 배워 두지 않으면 어른이 되어서도 계속 그렇게 당하고 살게 될 거요. 친절하고 다정한 것도 그런 걸 다루는 방법 중 하나지만, 그런 방법이 통하지 않을 때에는 맞서 싸우는 법도 배워야 하는 거지."

그리곤 아버지는 내게 물었다. "아이들이 너를 괴롭힐 때 기분이 어떻더냐?"

나는 울음을 터트리며 대답했다. "끔찍한 기분이에요. 무섭고, 뭘 어떻게 해야 할지도 모르겠어요. 학교에 가고 싶지 않아요. 애들한테 맞서 싸우고 싶지만, 엄마 아빠가 바라는 대로 착한 아이도 되고 싶어요. '뚱뚱보'라고 놀림당하는 것도 싫고, 애들이 절 때리고 밀치는 것도 싫어요. 그중에서 제일 싫은 건 가만히 서서 그런 걸 참아야 한다는 거예요. 겁 많은 계집애가 된 것 같아요. 가만히 서서 울고 있으면 여자애들도 나를 놀려요."

그러자 아버지는 어머니가 내게 가르친 것이 마음에 들지 않는다는 듯이 한참 동안 어머니를 노려보았다. "그러면 너는 어떻게 하고 싶으냐?" 아버지께서 물으셨다.

"나도 때리고 싶어요." 나는 대답했다. "걔네들한테 지지 않을 자신이 있거든요. 걔네들은 남을 괴롭히는 못된 애들이에요. 저를 괴롭히는 것도 제가 우리 반에서 제일 크기 때문이고요. 다들 제가 더 크니까 그 애들을 때리면 안 된다고 하지만, 가만히 서서 그냥 맞는 건 더 싫어요. 저도 뭔가 할 수 있으면 좋겠어요. 걔네들은 제가 아무 짓도 안 할 거라는 걸 알아요. 그래서 다른 애들 앞에서 저를 괴롭히는 거예요. 저도 걔네들을 잡아서 한 방 때려 주고 싶어요."

"음, 때려서는 안 되지. 그렇지만 어떤 식으로든 네가 앞으로는 휘둘리지 않을 거라는 걸 보여 줘야 한다. 넌 지금 네 자존감과 권리를 지키는 아주 중요한 교훈을 배우고 있어. 하지만 때리지는 말아라. 머리를 잘 굴려서 네가 더 이상은 괴롭힘을 참지 않을 거라는 걸 제대로 알려 주렴."

나는 울음을 그쳤다. 기분이 한층 나아졌다. 나는 눈물을 닦고 자신감과 용기가 솟아나는 것을 느꼈다. 나는 이제 학교로 돌아갈 준비가 되어 있었다.

다음 날 아버지와 어머니가 학교에 불려왔다. 선생님과 교장 선생님 기분이 매우 안 좋아 보였다. 아버지와 어머니가 교장실에 들어 왔을 때, 나는 진흙투성이가 되어 구석에 있는 의자에 앉아 있었다. "무슨 일입니까?" 아버지가 의자에 앉으며 물으셨다.

"글쎄요, 사실은 다른 애들이 자초한 셈이긴 합니다만." 선생님이 말씀하셨다. "로버트의 성적표를 보낸 뒤에 뭔가 달라질 거라고는 알고 있었지요."

"저희 애가 다른 애들을 때렸나요?" 아버지가 걱정스러운 목소리로 물었다.

"아뇨, 때리지는 않았습니다." 교장선생님이 답했다. "제가 다 봤거든요. 아이들이 로버트를 놀리기 시작했습니다. 하지만 로버트도 이번에는 평소처럼 가만히 있는 대신 애들에게 하지 말라고 분명하게 말하더군요. 그런데도 아이들은 그만두지 않았습니다. 로버트가 그 뒤로도 세 번이나 계속 하지 말라고 했는데도 녀석들은 한층 심하게 로버트를 괴롭혔고요. 그러자 로버트가 교실로 돌아가더니 녀석들의 도시락을 꺼내서 진흙탕에 던져 버리더군요. 제가 잔디밭을 가로질러 급히 다가가는 사이에 아이들은 로버트를 때리기 시작했습니다. 그런데도 로버트는 녀석들을 때리지 않았어요."

"그럼 어떻게 했나요?" 아버지가 물었다.

"제가 달려가 말리기도 전에 로버트가 두 아이를 붙잡아서 진흙탕에 떠밀어 버렸지요. 그래서 로버트가 이렇게 진흙투성이가 된 겁니다. 로버트를 괴롭히던 애들은 제가 옷을 갈아입고 오라고 집으로 보냈습니다. 흠뻑 젖어 버렸거든요."

"하지만 때리진 않았어요." 내가 구석에서 말했다.

아버지는 나를 쏘아보며 조용히 하라는 뜻으로 검지를 입술에 가져다 댄 후 다시 선생님과 교장선생님에게 말씀하셨다. "집에 가서 잘 타이르겠습니다."

교장선생님과 선생님은 고개를 끄덕였다. 선생님이 말했다. "지난 2개월 동안 무슨 일이 있었는지 제가 다 알고 있어서 다행입니다. 어쩌다 이런 일이 생기게 되었는지 과정을 몰랐더라면 전 로버트만 꾸짖었을 테니까요. 하지만 걱정 마세요. 로버트를 놀리던 아이들과 그 부모님과도 상담을 할 테니까요. 아이들을 진흙탕에 밀고 도시락을 버린 것은 야단칠 일이지만 그래도 앞으로는 로버트도 괴롭힘을 당하지 않겠지요."

다음날 두 아이와 나는 만남의 자리를 가졌다. 우리는 이야기를 나눈 뒤 악수를 나누고 화해했다. 그날 쉬는 시간에는 학급의 다른 아이들이 내게 다가와 악수를 청하고 등을 두드려 주었다. 그들은 자기들도 괴롭힌 못된 두 아이들에게 내가 맞서 싸운 것에 대해 축하해 주었다. 나는 친구들에게 고맙다고 대답하며 이렇게 말했다. "스스로 맞서 싸우는 법을 배워야 해. 그렇지 않으면 평생 겁쟁이가 돼서 남들에게 휘둘리며 살아가게 될 거야." 우리 아버지가 그 모습을 봤더라면 나를 아주 자랑스러워하셨을 것이다. 그날 이후로는 학교생활이 훨씬 즐거워졌다. 나는 소중한 자존감을 얻었고, 학급 친구들로부터 존경심을 얻었으며 우리 반에서 가장 예쁜 여자아이와 사귀게 되었다. 하지만 그보다도 더욱 흥미로운 것은 나를 괴롭혔던 두 악동과 친구가 되었다는 점이다. 나는 나약하여 두려움과 겁에 질리는 것이 아니라 강해짐으로써 평화를 얻는 법을 배웠다.

그 다음 주에 나는 아버지와 어머니로부터 삶의 귀중한 교훈들을 배웠다. 진흙탕 사건은 한동안 우리 집에서 뜨거운 화젯거리가 되었다. 나는 삶에 옳고 그른 답이 없음을 배웠다. 나는 우리가 살면서 선택을 해야 하며 각각의 선택에는 결과가 따른다는 것을 알았다. 우리가 한 선택이나 결과가 마음에 들지 않는다면 새로운 결과를 가져올 새로운 선택을 해야 한다는 것도 배웠다. 그날의 진흙탕 사건 덕분에 나는 어머니로부터 친절과 다정함의 소중함을 배우고 아버지로부터는 강인함과, 맞서 싸우는 것의 중요성을 배웠다. 목마른 식물에게 물을 너무 많이 주면 안 되듯이, 우리 인간의 행동도 지나치게 한쪽으로 치우쳐서는 안 된다. 교장실에서 돌아온 그날 밤에 아버지는 이렇게 말했다. "많은 사람들이 세상을 옳고 그름, 또는 지나친 흑백논리로만 생각한단다. 많은 사람들이 네게 이렇게 충고하겠지. '절대로 맞서 싸우지 마라.' 그리고 또 어떤 사람들은 네게 '맞서 싸워라.'라고 충고할 거야. 하지만 삶에서 성공하는 비결은 맞서 싸워야 할 때 얼마나 세게 밀어붙여야 할지 정확히 아는 것이란다. 그러기 위해서는 단순히 '맞서 싸우지 마라.' 혹은 '맞서 싸워라.'가 아니라 그보다 더 많은 지혜와 지식이 필요하지."

아버지는 또 종종 이렇게 말했다. "진정한 지식은 단순히 옳고 그름을 아는 것이 아니라 무엇이 적절한지를 아는 것이다." 나는 여섯 살 때 어머니로부터 남들에게 다정하고 친절해야 한다는 것을 배웠다. 하지만 반면에 '지나치게' 친절하고 다정할 수도 있다는 것을 배웠다. 나는 아버지로부터 강해지는 법을 배웠으며, 또한 지식을 늘리고 적절한 힘을 행사해야 한다는 것을 배웠다.

나는 늘 동전에는 양면이 있다고 말한다. 한쪽 면만 있는 동전은 없다. 그러나 우리는 너무나도 자주 그러한 사실을 잊어버린다. 우리는 우리가 있는 곳이 유일한 면, 혹은 올바른 면이라고 믿는다. 그리고 그럴 때, 우리는 똑똑해지고 냉정하게 사실을 볼 수도 있지만 우리의 지식을 제한할 수도 있다.

나를 가르친 어떤 선생님은 이렇게 말했다. "신은 우리에게 왼발과 오른right발을 주셨다. '옳은right 발과 그른wrong 발을 주신 게 아니야. 인간은 오른쪽으로 실수를 하고 또 왼쪽으로 실수를 함으로써 앞으로 나아가지. 자신이 늘 옳아야 한다고 생각하는 사람은 오른발만 있는 사람이다. 그들은 자신이 앞으로 나아가고 있다고 생각하지만 실제로는 제자리를 맴돌고 있을 뿐이란다."

우리는 사회의 일원으로서 우리의 강점과 약점을 보다 현명하게 사용할 줄 알아야 한다. 우리가 가진 남성적 측면과 여성적 측면을 보다 현명하게 사용하는 법을 배워야 한다. 1960년대에 학교에 다닐 때, 우리는 어쩌다 다른 녀석들과 시비가 붙으면 체육관 뒤로 가서 주먹다툼을 했다. 한두 차례 주먹을 교환하고 나면 서로 뒤엉켜서 뒹굴었고, 그러다 보면 지쳐서 싸움이 끝났다. 최악의 일이라 해 봤자 가끔 옷이 찢어지거나 코피가 흐르는 정도였다. 싸움이 끝나고 나면 우리는 대개 친구가 되었다.

오늘날 우리는 정보 시대에 살고 있고, 정보 시대의 아이들은 부모들보다 더 '영악할' 수도 있다. 하지만 우리는 모두 정보와 감정을 보다 현명하게 다룰 줄 알아야 한다. 앞에서도 말했지만 우리는 두 부모로부터 함께 배울 필요가 있다. 왜냐하면 이렇게 많은 정보를 다루려면 보다 현명해져야 하기 때문이다.

이 책은 아이들을 더욱 똑똑하게, 더욱 부자로, 그리고 경제적으로 더욱 현명하게 키우고자 하는 부모들을 위한 책이다.

Chapter 2

당신 아이의 금융 IQ는?

"어떻게 지내?" 내가 몇 년 만에 만난 친구에게 묻자 친구는 즉시 지갑을 꺼내더니 11개월 된 딸아이의 사진을 보여 주었다. 친구는 뿌듯한 미소를 지으며 말했다. "애가 얼마나 똑똑한지 몰라. 하나를 가르쳐 주면 열을 안다니까." 그 뒤로 20분 동안 아이가 자랑스러운 아버지는 영리하고 똑똑한 딸이 무엇을 어떻게 배우고 있는지 세세하게 설명해 주었다. 그러고는 마침내 혼자서 이야기를 늘어놓고 있다는 사실을 깨닫고는 겸연쩍게 말했다. "아, 미안. 딸아이가 너무 자랑스러워서 말이야. 얼마나 영리하고 빨리 배우는지 믿을 수가 없다니까. 우리 애는 천재가 틀림없어."

이런 식의 자랑이 비단 몇몇 부모들에게만 국한된 것일까? 나는 그렇게 생각하지 않는다. 적어도 내 경험에 의하면 그렇다. 내가 많은 부모들을 지켜보면서 알게 된 것이 있다면, 그것은 그들 모두가 자신의 아이들이 얼마나 빨리 배우는지에 대해 놀란다는 점이다 내가 만난 갓 부모가 된 사람들은 하나같이 자기 아이가 세상에서 가장 똑똑하고 어쩌면 천재일지도 모른다고 여겼다. 그리고 나도 그들과 생각이 같다. 나는 모든 아이들이 천재로 태어난다고 생각한다. 하지만 많은 아이들이 자라면서 그런 천재성을 잃어버리는 것 같다. 어떤 아이들은 천재성을 잃거나 억눌리거나, 혹은 잘못된 방향으로 들어서고 만다.

나와 아내에게는 아이가 없지만, 나는 늘 갓난아이에게 매료된다. 나는 아기의 눈을 들여다보는 것이 좋다. 그들의 눈을 들여다볼 때마다 세상에서 가장 탐구적이고 호기심이 넘치는 시선을 마주하게 된다. 아이들은 비약적인 속도로 새로운 것들을 흡수한다. 비약적인 속도, 다시 말해 기하급수적으로 배운다는 이야기다. 아이들의 지식은 매초마다 배로 늘어난다. 아이들이 눈으로 흡수하는 모든 지식들은 새롭고 경이로우며, 어느 것도 편집되지 않고 편견도 없이, 아무런 제한도 없이 있는 그대로 그들의 지식 창고에 보태진다. 아이들은 삶이라는 새로운 경험을 거침없이 빨아들인다.

얼마 전에 나는 또 다른 친구의 집을 방문했다. 그 친구는 세 살배기 딸아이와 수영장에서 놀고 있었다. 내가 손을 흔들며 수영장으로 다가가자 친구가 외쳤다. "우리 딸아이를 봐. 이애는 커서 올림픽 수영 선수가 될 거야." 나는 그 작은 아이가 용감하게 물장구를 치고 허우적거리며 아빠를 향해 조금씩 헤엄치는 모습을 지켜보았다. 나는 숨을 죽인 채 그 조그만 어린애가 아무런 보조 기구도 없이 머리를 들고 코로 숨을 쉬며 수영장의 가장 깊은, 반대편에서 기다리는 아버지를 향해 다가

가는 것을 보았다. 마침내 아빠가 아이를 팔에 안았을 때 나는 안도의 한숨을 쉬었다. "잘했다, 우리 용감한 아가. 넌 커서 훌륭한 올림픽 수영 선수가 될 거야!" 나도 그럴 거라고 생각한다.

내가 놀란 것은 불과 일주일 전만 해도 그 아이는 물을 무서워했다는 사실이다. 겨우 일주일 전에 그 아이는 물을 두려워해서 아빠가 수영장에 데려갈 때마다 울음을 터트리곤 했다. 그런데 이제는 아빠가 올림픽 수영 선수라고 부를 정도로 물을 두려워하지 않았다. 내가 보기에 그것은 오직 천재들만이 이룰 수 있는 비약적인 발전이다. 그리고 모든 아이들은 태어날 때부터 그런 학습 능력을 가지고 있다.

모든 아이는 태어날 때부터 천재다

『부자 아빠 가난한 아빠』에서 이야기했듯이, 내 진짜 아버지는 1960년대 후반에서 1970년대 초반까지 하와이 주의 교육감을 지냈다. 하지만 결국 그 자리에서 물러나 공화당 후보로 부지사에 출마했는데, 그다지 현명한 결정은 아니었다. 선거에 출마한 것은 양심의 가책 때문이었다. 아버지는 주 정부에 만연한 부패에 화가 났고, 교육 제도를 개혁하기를 바랐다. 아버지는 부지사에 출마한다면 체제 변혁에 일조할 수 있으리라고 생각한 것이다. 아버지는 당선되지 않을 것임을 뻔히 알면서도 출마했고, 선거 운동을 통해 사람들에게 주 정부가 얼마나 잘못되어 있는지를 알리고자 했다. 하지만 우리 모두 익히 알고 있듯이, 대중이 늘 가장 정직하고 진실한 후보에게 표를 던지는 것은 아니다.

나는 아직도 우리 아버지가 학문적 천재였다고 믿는다. 그분은 책도 많이 읽었고 글도 잘 썼으며, 훌륭한 연설가이자 교사였다. 아버지는 학창 시절 내내 우등생이었고 학급위원 자리도 놓친 적이 없었다. 하와이 대학교를 조기 졸업했으며 하와이 역사상 가장 젊은 나이에 교장이 되었다. 아버지는 스탠퍼드 대학교와 시카고 대학교, 노스웨스턴 대학교에서 대학원에 들어오라는 요청을 받았다. 1980년대 후반에는 동료 교사들로부터 하와이 150년 공립교육 역사에서 가장 뛰어난 두 사람 중 한 명으로 선정되어 명예박사 학위를 수여받았다. 아버지가 얼마를 벌든 우리는 늘 가난했기 때문에 '가난한 아버지'라고 부르긴 하지만 나는 아버지를 대단히 자랑스럽게 여긴다. 아버지는 종종 이렇게 말했다. "나는 돈에는 관심이 없다." 아버지는 또 이런 말도 했다. "난 결코 부자가 되지 못할 거다." 그것은 결국 자기충족적인 예언이 되었다.

『부자 아빠 가난한 아빠』를 읽은 많은 사람들이 이렇게 말한다. "내가 그 책을 20년 전에 읽었더라면……." 어떤 사람들은 이렇게 묻는다. "왜 그 책을 좀 더 일찍 쓰지 않았나요?" 나는 이렇게 대답한다. "아버지 생전에는 쓰지 않기로 했으니까요." 나는 아버지에 대한 존경심으로 5년을 더 기다렸다. 나는 아버지께서 그 책을 읽으신다면 심적으로 상처를 받을 것임을 알고 있었기 때문이다. 하지만 나는 아버지께서 저세상에서도 우리가 당신의 삶에서 배울 수 있는 교훈들을 지지하실 거라고 생각한다.

이 책에 실린 아이들의 교육과 천재성에 관한 생각은 대부분 내 진짜 아버지에게서 나온 것이다. 다음 이야기는 일찍이 천재라고 인정받은 내 학교 친구에 관한 것이다. 이것은 또한 우리 모두가 사실은 어떤 방식으로든 천재라는 것을 알려 주는 이야기이기도 하다.

IQ란 무엇인가?

누군가의 IQ가 높다고 할 때, 그것은 무슨 의미인가? 당신의 IQ는 무엇을 측정하는가? IQ가 높으면 성공할 수 있는가? IQ가 높으면 부자가 될 수 있는가?

내가 초등학교 4학년 어느 날, 선생님이 학생들에게 이렇게 말씀하셨다. "여러분, 자랑스럽게도 지금 우리는 한 천재와 함께 앉아 있답니다. 그 친구는 아주 많은 재능을 가지고 있고 IQ가 엄청나게 높아요." 그런 다음 선생님은 내 친한 친구인 앤드류가 그녀가 이제껏 가르친 학생들 가운데 가장 뛰어나다고 칭찬했다. 그때까지 우리가 '개미 앤디'라고 불렀던 앤드류는 반에서 평범한 학생에 지나지 않았다. 우리가 앤디를 '개미'라고 부른 이유는 그 아이가 몸집이 작고 두꺼운 안경을 쓰고 있어서 벌레처럼 보였기 때문이다. 그 뒤로 우리는 앤디를 '영리한 개미'라고 부르기 시작했다.

IQ가 뭔지 몰랐던 나는 손을 들고 선생님께 물었다. "IQ가 뭔가요?"

선생님은 잠시 당혹스러워하더니 이렇게 대답했다. "IQ는 지능지수를 의미한단다." 그리곤 "이제 IQ가 무슨 뜻인지 알겠지?"라는 듯한 표정으로 나를 쏘아보셨다.

하지만 나는 여전히 IQ가 무슨 뜻인지 알 수가 없었다. 그래서 다시 손을 들었다. 선생님은 나를 무시하려고 애썼지만 별수 없이 내게 몸을 돌리고는 길게 늘어지는 목소리로 말씀하셨다. "그래. 이번에는 또 뭐가 궁금한 거지?"

"아까 IQ가 지능지수라고 하셨는데, '그게' 무슨 뜻인지를 모르겠어요."

이번에도 선생님은 당황하면서 다소 조바심을 내며 답했다. "지난번에 내가 어떤 단어의 정의를 알고 싶으면 사전을 찾아보라고 말하지 않았니? 사전을 꺼내서 직접 찾아보렴."

"네." 나는 씨익 웃으면서 대답했다. 선생님이 그렇게 말씀하시는 것은 선생님도 그 단어의 의미를 모른다는 의미였다. 만약 알았다면 반 아이들에게 자랑스럽게 설명해 주었을 테니까 말이다. 우리는 선생님이 뭔가를 모를 때면 절대로 모른다고 인정하지 않고 우리에게 직접 찾아보라고 한다는 것을 알고 있었다.

마침내 사전에서 '지능지수'를 찾아낸 나는 그 말의 정의를 소리로 읽었다. "지능지수. 명사(1916년). 각 개인의 명백한 상대적 지능을 나타내는 숫자로, 표준화된 시험을 통해 측정한 정신 연령을 생활 연령으로 나눈 다음 100을 곱해 구한다." 나는 그것을 읽은 후에 고개를 들고 말했다. "그래도 IQ가 무슨 뜻인지 모르겠어요."

그러자 선생님이 짜증을 내며 목소리를 높였다. "네가 그걸 이해하지 못하는 이유는 네가 그걸 알고 싶어 하지 않기 때문이야. 이해가 안 된다면 조사를 더 해서 알아봐야지."

"하지만 이 단어가 중요하다고 한 건 선생님이잖아요." 내가 대꾸했다. "이게 중요하다고 생각하신다면 적어도 이게 무슨 뜻이고 왜 중요한지는 가르쳐 주셔야죠."

그때 개미 앤디가 자리에서 일어나 말했다. "내가 설명해 줄게." 그는 책상에서 일어나 칠판 앞으로 다가갔다.

$$\frac{18(\text{정신 연령})}{10(\text{생활 연령})} \times 100 = 180\ \text{IQ}$$

"그래서 사람들이 날 천재라고 부르는 거야. 내 나이는 열 살이지만 검사를 해서 나온 IQ는 열여덟 살에 해당되거든."

아이들은 조용히 앉아 앤디가 칠판에 적은 내용을 곱씹었다.

"그러니까 나이가 들면서 네 학습 능력이 올라가지 않으면 IQ가 낮아질 수도 있는 거야?" 내가 물었다.

"내가 알기론 그래." 앤디가 말했다. "나는 오늘은 천재일 수 있어도 내가 아는 걸 계속 늘리지 않으면 매년 IQ가 떨어질 거야. 적어도 이 방정식에 의하면 그래."

"그러니까 오늘 천재라도 내일은 바보가 될 수도 있는 거네." 내가 웃으면서 말했다.

"어쭈, 웃어?" 앤디가 말했다. "하지만 네 말이 맞아. 그래도 넌 날 이길 수 없을걸."

"어디 방과 후에 보자." 내가 응수했다. "야구장에서 만나서 누구 IQ가 더 높은지 대 보자고." 나는 이렇게 말하고 웃었고, 다른 아이들도 웃음을 터트렸다. 개미 앤디는 나와 절친한 사이였다. 우리는 모두 앤디가 똑똑하다는 걸 알고 있었고, 또 운동 실력이 형편없다는 것도 알고 있었다. 하지만 앤디는 야구를 잘하지는 못해도 여전히 우리 팀의 일원이었다. 어쨌든 친구란 건 그런 것이니까.

당신의 금융 IQ는?

그렇다면 사람들의 금융 IQ는 어떻게 측정하는 것일까? 그들이 받는 봉급과 순 재산, 그들이 모는 차, 혹은 집 크기로 측정하는 것일까?

그 뒤로 여러 해가 지난 후에 나는 부자 아빠에게 금융 IQ가 무슨 의미인지 물어보았다. 그분은 이렇게 대답했다. "금융 지능은 돈을 얼마나 버는가를 의미하는 것이 아니다. 그것은 돈을 얼마나 모아 그 돈이 어떻게 너를 위해 일하도록 하는지에 관한 것이란다."

하지만 시간이 지나면서 그분은 금융 지능에 대한 정의를 보다 자세하게 가다듬으셨다. 부자 아빠는 이렇게 말했다. "금융 IQ가 향상된다는 것은 나이가 들면서 돈을 이용해 더 많은 자유와 행복, 건강, 그리고 삶에서 자유로운 선택권을 얻는다는 것이다." 그분은 많은 이들이 나이가 들면 더 많은 돈을 벌지만 그 돈이 오히려 자유를 제한한다고 말씀하셨다. 지불해야 할 청구서가 더 많아짐으로써 자유가 줄어든다는 것이다. 청구서가 많아진다는 것은 그 돈을 갚기 위해 더 열심히 일해야 한다는 의미다. 부자 아빠가 보기에 그것은 금융 IQ가 높은 것이 아니었다. 그분은 또한 많은 사람들이 많은 돈을 벌지만 돈이 많다고 해서 행복해지는 것은 아니라고 설명했다. 그것 역시 그분에게는 금융 IQ가 높은 것이 아니었다. "왜 돈을 위해 일하고 불행해야 하지?" 그분은 이렇게 물었다. "돈을 위해 일해야 한다면 일하면서 행복해지는 길을 찾으렴. 그게 바로 금융 지능이란다."

건강 문제에 대해 부자 아빠는 이렇게 말했다. "너무나도 많은 사람들이 돈을 위해 너무 열심히 일하면서 서서히 자기 자신을 죽여 가지. 어째서 자기 자신과 가족들의 정신과 건강을 희생하면서까지 열심히 일해야 하는 거냐? 그것은 금융 IQ가 높은 것이 아니다." 그는 또 건강과 관련해 이렇게 얘기했다. "갑자기 심장병이 오는 경우는 없다. 심장병이나 암 같은 병은 서서히 진행되지. 운동 부족이라든가 잘못된 식습관 때문에, 그리고 오랫동안 즐거운 삶을 살지 못했을 때 그런 병에 걸린단다. 그 세 가지 중에서도 나는 세 번째 이유가 심장병과 다른 병의 가장 큰 원인이라고 생각한다." 부자 아빠는 이렇게 말했다. "너무도 많은 사람들이 열심히 일하는 것만 생각한 나머지 삶이라는 이 소중한 선물을 즐기지도 못해."

선택의 문제에 관해 부자 아빠는 이렇게 말했다. "나도 비행기의 일등석과 일반석이 같은 시간에 목적지에 도착한다는 것은 안다. 하지만 중요한 건 그것이 아니야. 중요한 것은 나에게 일등석을 탈 것인지 일반석을 탈 것인지를 선택할 수 있는 결정권이 있느냐는 것이다. 일반석에 타는 사람들은 대부분 그런 선택을 할 여유가 없지." 부자 아버지는 계속해서 금융 지능이 사람들에게 더 많은 선택권을 부여한다고 설명했다. "돈이 힘이 되는 이유는 돈이 많으면 선택의 여지가 더 많기 때문이야." 하지만 나이가 들수록 부자 아빠는 행복과 관련된 교훈을 더욱 강조했다. 말년이 되어 상상하기도 힘들 정도로 돈이 많아지자 몇 번이고 이렇게 얘기하곤 했다.

"돈이 사람을 행복하게 만들지는 않는다. 부자가 되면 행복해질 거라고 기대하지 마라. 부자가 되는 과정에서 행복하지 않다면 부자가 된 후에도 행복하지 못할 거야. 그러니 부자든 가난하든 반드시 행복해야 한다."

내가 쓴 다른 책들을 읽은 독자라면 부자 아빠가 금융 IQ를 전통적인 경제 기준에 따라 측정하지 않는다는 사실을 이미 알고 있을 것이다. 다시 말해 그분은 얼마나 많은 돈이나 재산, 주식을 가지고 있느냐에 초점을 맞추지 않았다. 금융 지식이 그분에게 무엇을 가져다주었느냐고 묻는다면 그분은 아마 '자유'라고 대답했을 것이다.

부자 아빠는 일할 자유, 혹은 일하지 않을 자유, 누구와 함께 일할지 선택할 수 있는 자유와 주머니 사정을 걱정하지 않고 사고 싶은 것을 살 수 있는 자유를 즐겼다. 그는 자유롭기 때문에 자신이 가질 수 있는 건강과 행복, 그리고 선택권을 좋아했다. 자신이 믿는 신념과 대의를 위해 기부할 수 있는 경제적 능력과 자유를 좋아했고 정치에 대해 불평을 늘어놓거나 세상에 대해 무력감을 느끼기보다 정치가들이 자신을 찾아와 조언을 구하게(후원금을 부탁하도록) 만들었다. 부자 아빠는 그들에게 힘을 행사하는 것을 좋아했다.

"그들이 내게 전화를 하지, 나는 그 사람들에게 연락하지 않는다. 정치가들은 가난한 사람들의 표는 바라면서도 그 사람들 말은 듣지 않아. 그럴 수가 없지. 정말 슬픈 일이야."

그러나 부자 아빠가 가장 좋아한 것은 돈 덕분에 가능해진 자유 시간이었다. 그분은 자식들이 자라는 것을 옆에서 지켜보는 것, 돈이 나오든 그렇지 않든 사적으로 재미있고 흥미로운 프로젝트를 관찰하고 참가하는 것을 좋아하셨다. 내 부자 아버지는 돈이 아니라 '시간'으로 금융 IQ를 측정하셨다. 그분의 말년은 가장 행복했던 시간이었다. 왜냐하면 그분은 돈을 벌거나 그것을 지키는 데 신경을 쓰기보다 다른 사람들에게 돈을 주는 데 대부분의 시간을 보냈기 때문이다. 그분은 자본가로서 돈을 버는 것만큼이나 자선사업가로서 돈을 주는 데 행복을 느끼는 것 같았다. 그는 풍요롭고 행복하며 관대한 삶을 살았다. 무엇보다 중요한 것은 무한한 자유를 만끽했다는 것이다. 부자 아버지는 그렇게 금융 IQ를 측정했다.

지능이란 무엇인가?

훌륭한 교사이자 교육의 대가인 내 진짜 아버지는 결국 '개미 앤디'의 개인 교사가 되었다. 앤디는 너무 똑똑해서 5학년이 아니라 고등학교 상급반에 다녀야 했다. 앤디의 부모님은 주변 사람들로부터 앤디를 월반시키라는 압력을 받았지만 아들이 또래 친구들과 함께 학교에 다니길 원했다. 내 진짜 아버지는 학문적인 천재로, 4년제 대학교를 불과 2년 만에 졸업한 경험 덕분에 앤디를 이해했고 앤디 부모님의 소망도 존중했다. 아버지는 여러 면에서 앤디의 부모님과 의견이 같았다. 학문적 성취보다는 감정이나 신체적 발달이 더 중요하기 때문에 아버지는 앤디가 자신보다 나이가 두 배나 많은 학생들과 고등학교나 대학에 다니기보다 감정이나 신체적으로 먼저 성숙해져야 한다고 생각한 것이다. 그래서 앤디는 다른 친구들처럼 초등학교 수업을 들은 뒤에 교육감인 우리 아버지에게 별도의 수업을 받았다. 그리고 나는 부자 아버지의 사무실로 찾아가 금융 지능에 관한 교육을 받기 시작했다.

지금에 와서 돌이켜 보면, 내 두 아버지가 모두 자신의 아이가 아닌 다른 집 아이를 가르쳤다는 것은 참으로 흥미로운 사실이다. 오늘날에도 많은 부모들이 시간을 쪼개서 아이들에게 스포츠와 예술, 음악, 춤, 공예, 비즈니스 등을 가르친다. 사실 모든 어른들은 어떤 분야에서든 교사가 될 수 있다. 어른들은 말이 아니라 행동으로 더 많은 것을 가르칠 수 있기 때문이다. 선생님이 교실에서 앤디가 IQ가 높은 천재라고 말했을 때 그것은 간단히 말해 다른 아이들은 그렇지 못하다는 의미였다. 나는 집에 와서 아버지에게 지능을 뭐라고 생각하는지 물어보았다. 아버지의 대답은 간단했다. "지능이란 보다 미세한 구분을 하는 능력이다."

나는 아버지의 말을 이해하지 못하고 한동안 멍하니 서 있었다. 나는 아버지께서 더욱 자세히 설명해 주시기를 기다렸다. 아버지는 좋은 교사였기 때문에 내가 멍한 표정으로 서 있도록 내버려두지 않았다. 마침내 아버지는 내가 당신의 말을 이해하지 못했음을 깨닫고 열 살짜리 아이에게 알맞은 언어로 설명했다.

"너는 '스포츠'가 뭔지 아니?"

"그럼요, 당연히 알죠. 전 스포츠가 좋아요."

"좋다. 그렇다면 미식축구와 골프, 서핑은 다르니?"

"당연히 다르죠!" 내가 흥분해서 외쳤다. "아주 많이 달라요."

"그렇지." 교사의 입장에서 아버지가 말했다. "그런 차이점을 '구분'이라고 한단다."

"그러니까 구분이랑 차이가 똑같은 거라고요?" 내가 물었다.

아버지는 고개를 끄덕였다.

"그럼 뭐가 다른지 차이를 더 많이 알게 되면 더 똑똑해지나요?" 내가 물었다.

"그렇단다. 너는 앤디보다 스포츠 IQ가 더 높다. 하지만 앤디는 너보다 학문적 IQ가 훨씬 높지. 이게 무슨 뜻이냐면 앤디는 읽는 것을 통해 가장 잘 배우고 너는 몸으로 직접 해 봄으로써 잘 배운다는 거지. 그래서 앤디는 교실에서 더 쉽게 배우고 너는 운동장에서 더 쉽게 배운단다. 앤디는 역사와 과학을 빨리 배울 것이고 너는 야구와 미식축구를 빨리 배울 거야."

나는 잠시 동안 아무 말 없이 서 있었다. 훌륭한 교사였던 내 아버지는 내가 그 말을 완전히 이해할 때까지 기다렸다. 마침내 내가 생각에서 깨어나 말했다. "그러니까 저는 운동을 하면서 배우고 앤디는 읽으면서 배우는 거네요."

아버지는 다시 고개를 끄덕였다. 그러고는 잠시 뜸을 들였다가 말했다. "우리의 교육 제도는 학문적 지능에 너무 집중하고 있단다. 그래서 IQ가 높다고 말할 때는 보통 학문적 IQ가 높다는 뜻이지. 기존의 IQ 테스트는 가장 우선적으로 사람의 언어 IQ, 즉, 읽고 쓰는 능력을 측정한단다. 그래서 엄밀히 말해 IQ가 높은 사람이라는 건 읽는 것을 통해 빨리 배우는 사람을 가리키지. 하지만 그런 IQ는 사람의 모든 지능을 측정하는 게 아니야. 그런 IQ는 사람들의 예술적 IQ, 신체적 IQ, 또는 수학적 IQ를 측정하지 못하지. 그것들 모두가 다 똑같은 지능인데도 말이다."

내가 거기에 이어 말했다. “그러니까 우리 선생님이 앤디가 천재라고 한 건 앤디가 저보다 읽어서 배우는 능력이 더 낫다는 뜻이군요. 그리고 저는 몸으로 배우는 게 더 낫고요.”

“그렇지.”

나는 곰곰이 생각에 잠겼다. 서서히 나는 이 새로운 정보가 내게 어떻게 적용되는지 이해하기 시작했다. “그러면 전 저한테 가장 잘 맞는 학습 방법을 찾아야겠네요.” 마침내 내가 말했다.

아버지가 고개를 끄덕였다. “물론 읽는 법은 배워야겠지만 너는 읽기보다는 몸으로 더 빨리 배우는 것 같다. 앤디는 읽기는 잘해도 몸으로 하는 것을 잘하지 못하지. 그리고 어떤 면에서 그 아이는 너보다 현실 세상에 적응하는 데 더 어려움을 느낄 수도 있단다. 학문이나 과학계에 남아 있는 동안에는 너보다 더 잘하겠지만 말이야. 그래서 앤디는 야구를 할 때나 다른 아이들과 이야기를 할 때 어려움을 겪는 거란다. 그래서 난 너와 네 친구들이 그 애를 야구팀에 넣어 준 것이 참 다행한 일이라고 생각한다. 너희들은 앤디가 교과서에서 배울 수 없는 것들을 가르치고 있거든. 현실 세계에서 성공하기 위해 중요한 것들 말이다.”

“앤디는 좋은 친구예요.” 내가 말했다. “하지만 앤디는 야구보다 책 읽는 걸 더 좋아해요. 그리고 저는 책보다 야구를 더 좋아하고요. 그건 앤디가 교실에서 더 똑똑하다는 뜻이죠. 왜냐하면 그 애는 교실에서 더 잘 배우니까요. 하지만 그게 그 애가 저보다 더 똑똑하다는 뜻은 아니에요. IQ가 높다는 건 읽어서 배우는 데 천재라는 뜻이니까요. 그러니까 저도 더 빨리 구분하는 법을 배워서 더 빨리 배우는 길을 찾아야 하는 거네요. 저한테 제일 잘 어울리는 방식 말이에요."

자기에게 맞는 방식을 찾아야 한다

아버지가 미소를 지었다. "그래, 바로 그런 태도란다. 빠르게 구분하는 길을 찾으면 빠르게 배울 수 있어. 나누면 곱으로 늘어난다는 사실을 늘 기억하렴." 아버지가 말씀했다. "세포가 분열을 통해 늘어나는 것처럼 지능도 마찬가지란다. 어떠한 주제를 둘로 나눠 구분할 수 있게 되면 지능이 향상된다. 둘로 나눈 것을 다시 둘로 나누면 넷이 되고, 지능도 그만큼 늘어나지. 나누면 곱이 된다. 그걸 가속학습quantum learning이라고 하지."

나는 고개를 끄덕였다. 이제 내가 가장 잘 배울 수 있는 방법만 알아내면 빨리 배울 수 있다는 것을 깨달은 것이다. "처음 야구를 시작했을 때 전 아는 게 별로 없었어요. 하지만 얼마 지나지 않아 스트라이크 아웃과 홈런과 안타의 차이를 알게 됐죠. 나누면 나눌수록 혹은 미세한 구분을 할수록 지능이 높아진다고 하신 건 그런 뜻인가요?"

"그렇단다. 그리고 야구 경기를 더 많이 할수록 새롭고 세세한 구분을 잘할 수 있게 되지. 점점 더 많은 것을 배울수록 스스로 발전하고 있다는 느낌이 들지 않던?"

"맞아요." 내가 대답했다. "처음 야구를 시작했을 때 전 공을 치지도 못했어요. 지금은 번트를 할 수도 있고, 가벼운 안타를 날릴 수도 있고, 직선타도 칠 수 있고, 담장을 넘겨 홈런을 칠 수도 있어요. 올해 제가 홈런을 세 개나 친 거 알고 계세요?" 나는 자랑스럽게 미소를 지으며 말했다.

“그럼, 알고 말고. 그리고 나는 네가 무척 자랑스럽다. 너는 많은 사람들이 번트와 홈런을 구분하지 못한다는 걸 알고 있니? 그 사람들은 네가 무슨 이야기를 하는지 전혀 모른단다. 그리고 네가 말하는 것을 할 줄은 더더구나 모르고.”

“그럼 제 야구 IQ는 정말 높은 거네요.” 나는 미소를 지으며 말했다.

“그래, 아주 높단다. 앤디의 학문적 IQ가 높은 것처럼 말이야. 하지만 그 아이는 야구를 잘하지는 못하지.”

“네, 그래요. 앤디는 번트와 홈런의 차이가 뭔지는 알아도 둘 다 할 줄은 잘 몰라요.” 내가 말했다.

“그게 바로 학문적 IQ만으로 사람들을 판단할 때 생기는 문제점이란다. 학문적 IQ가 높은 사람들은 실생활에서 잘하지 못하는 경우가 많거든.” 교육자인 아버지가 말했다.

“왜 그런데요?” 내가 물었다.

“아주 좋은 질문이다. 하지만 나도 거기에 대해서는 뭐라고 대답할 수가 없구나. 내가 볼 때에는 교육자들이 아이들의 정신적 능력에만 초점을 맞추고 정신적 지식을 신체적 지식으로 바꾸는 데에는 소홀했기 때문인 것 같다. 그리고 우리 교육자들은 실수를 하면 벌을 주는데, 실수를 두려워하는 사람들은 아무것도 할 수가 없거든. 교육계에 있는 사람들은 ‘옳은 것’을 너무 강조한 나머지 틀리는 것에 대해 두려움을 가지고 있어. 사람들은 실수를 해서 바보처럼 보이는 것이 두려워 아예 행동을 하지 않게 된단다. 그렇지만 우리는 결국 행동으로 배워야 해.

우리 모두는 실수를 통해 배운다는 것을 잘 알고 있지만 그럼에도 우리의 학교 제도는 실수를 너무 많이 하는 사람에게 벌을 준단다. 교육계에는 야구에 대해 알아야 할 모든 것을 말해 줄 수 있는 사람은 많지만 스스로 야구를 할 줄 아는 사람들은 없지."

"그럼 선생님이 앤디가 천재라고 한 건 앤디가 저보다 낫다는 뜻인가요?" 내가 물었다.

"그건 아니야. 하지만 학교에서는 앤디가 너보다 더 쉽게 배울 거다. 그 애의 읽기 능력은 천재 수준이니까. 그렇지만 운동장에서는 네가 그 아이보다 더 빨리 배울 거야. 선생님의 말씀은 그런 뜻이란다."

"그럼 IQ가 높다는 건 앤디가 읽어서 더 빨리 배운다는 뜻일 뿐이지 제가 걔만큼 많이 배울 수 없다는 건 아니네요." 나는 보다 정확하게 이해하려고 애쓰며 이렇게 말했다. "다시 말해서 저도 배우고 싶은 게 있다면 배울 수 있는 거죠. 그렇죠?"

"그래. 교육은 태도다. 그리고 그런 긍정적인 태도를 갖고 있다면 많은 것을 배울 수 있지. 하지만 패배자의 태도를 갖고 있다면 아무것도 배우지 못할 거야."

나는 뒷주머니에서 야구 잡지를 꺼냈다. 낡고 너덜너덜해져 있었다. "저는 이 잡지를 무척 좋아해요. 모든 선수들의 점수와 타율, 연봉도 알고 있고요. 하지만 제가 교실에서 이 잡지를 읽고 있으면 선생님이 빼앗아 가요."

"선생님은 그럴 수밖에 없지. 하지만 선생님은 네게 잡지를 방과 후에 읽으라고 말해 줬어야 했다."

나는 고개를 끄덕였다. 마침내 나는 왜 앤디의 IQ가 더 높은지 이해할 수 있었다. 하지만 무엇보다 중요한 것은 내가 가장 잘 배울 수 있는 방법을 알게 되었다는 것이다. 나는 그날 내가 뭔가를 직접 해 본 다음 그것에 대해 읽을 때 가장 잘 배운다는 사실을 알았다. 예를 들어 야구의 경우에 나는 야구 시합을 하면 할수록 그것에 대해 더욱 공부하고 싶어졌다. 그렇지만 야구를 하지 않는다면 그것에 대해 알고 싶지 않았다. 내게 알맞은 학습 방식은 그런 것이었다. 먼저 몸으로 해 본 다음 흥미를 느끼면 그것에 대해 공부하고 싶은 것이다. 하지만 몸을 움직이지 않고 무조건 먼저 공부를 해야 한다면 흥미가 생기지 않았고, 그래서 그것에 대해 읽거나 공부를 하고 싶지도 않았다. 겨우 열 살에 불과했던 나는 그날 배울 몫을 충분히 배웠고, 그래서 더 이상 공부에 쓸 기운이 없었다. 나는 야구 글러브와 방망이를 들고 밖으로 나가 야구라는 운동에 대해 더욱 세세한 구분을 하는 법을 배우러 갔다. 나는 야구 IQ를 더 발전시켜야 했고 그렇게 하려면 연습이 가장 좋은 방법이었다. 게다가 나는 충분히 연습하지 않는다면 개미 앤디가 팀에서 나를 밀어낼 수 있다는 것도 알고 있었다.

교사인 우리 아버지의 바로 그 설명이야말로 내가 고등학교를 졸업하고 힘들고 어려운 해군사관학교의 엄격하고 혹독한 수업에서 살아남을 수 있었던 가장 큰 이유였다. 바로 그 설명 덕분에 나는 내 학문적 IQ가 그리 높지 않다고 해도 내가 똑똑하지 않다는 뜻은 아니라는 것을 알게 되었다. 그것은 그저 내게 가장 잘 맞는 학습 방법을 찾으면 된다는 의미였다. 이 소중한 지식이 없었더라면 나는 고등학교를 중퇴했을지도 모른다. 개인적으로 나는 학교가 너무 느리고 지루하고 재미없는 곳이라고 생각했다. 나는 내가 배워야 할 대부분의 과목에 흥미를 느끼지 못했지만 어쨌든 시험에 통과하고 진급하는 나름의 방식을 찾아냈다. 내가 계속해서 나아갈 수 있었던 것은 일단 대학을 졸업하고 나면 진짜 교육이 시작되리라는 것을 알고 있었기 때문이다.

다양한 재능

1980년대 초에 하워드 가드너는 『마음의 틀Frames of Mind』이라는 책을 썼다. 이 책에서 그는 일곱 가지 재능genius과 지능intelligence을 소개했다.

하워드 가드너의 일곱 가지 재능

1. 언어적 재능

이것은 우리의 교육 제도가 IQ를 측정할 때 사용하는 재능이다. 언어적 재능은 단어를 읽고 쓰는 능력을 가리킨다. 이것이 중요한 이유는 인간이 정보를 수집하고 공유하는 가장 기본적인 방법 중 하나이기 때문이다. 대개 언론인, 작가, 변호사, 그리고 교사 들이 이러한 재능을 갖추고 있다.

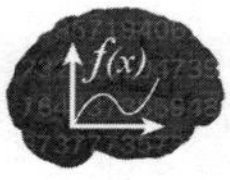

2. 수학적 재능

숫자로 측정되는 자료를 다루는 재능이다. 당연하겠지만, 이런 재능을 갖춘 이들로는 수학자를 들 수 있다. 정식으로 훈련받은 엔지니어는 언어와 수학적 능력 양쪽 모두에 뛰어나야 한다.

3. 신체적 재능

이것은 많은 운동선수와 댄서들이 누리는 재능이다. 세상에는 신체적 재능은 뛰어나지만 학교 성적은 그렇지 않은 사람들이 많다. 그런 사람들은 주로 직접 몸으로 실행함으로써 배우는데 우리는 그것을 종종 '체험학습'이라고 부른다. 이런 재능을 가진 사람들은 기계나 건설 분야에 종사하는 경우가 많다. 그런 사람들은 목공예나 요리 강습 같은 것을 좋아할 것이다. 다시 말해 이들은 보고 만지고 직접 해 봄으로써 재능을 발휘한다. 경주용 자동차 디자이너는 앞에서 언급한 네 개의 재능을 모두 갖추고 있어야 할 것이다.

4. 공간적 재능

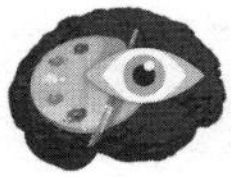

이것은 예술가나 디자이너 같은 창의적인 사람들이 갖고 있는 재능이다. 건축가는 앞서 언급한 세 가지 재능 모두에 뛰어날 필요가 있는데, 직업상 단어와 숫자, 그리고 창의적인 디자인이 모두 필요하기 때문이다.

5. 음악적 재능

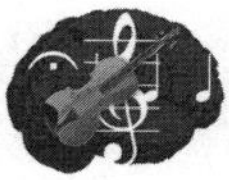

이 재능을 가진 사람들은 다른 이들보다 빨리 악기에 익숙해진다. 이들은 어떤 음악을 들으면 거의 즉시 음정을 구분할 수 있다. 이런 지능을 갖춘 사람들은 대규모 교향악단에 있건 조그만 록밴드에 있건 간에 음악을 연주할 때 가장 큰 행복을 느낀다.

6. 대인적Interpersonal 재능

이것은 남들과 쉽게 대화할 수 있는 사람들에게서 찾아볼 수 있다. 이런 재능을 가진 사람들은 종종 카리스마 있는 의사소통자, 훌륭한 가수, 목사, 정치인, 배우, 판매원, 강연자가 된다.

7. 내인적Intrapersomal 재능

이것은 '감성 지능'이라고 불리는 재능이다. 내인적 재능은 가령 우리가 두려움이나 분노를 느낄 때 우리 자신에게 말하는 것과 관련이 있다. 많은 사람들이 성공하지 못하는 이유는 정신적 지식이 부족하기 때문이 아니라 실패를 두려워하기 때문이다. 예를 들어

> 나는 실수나 실패를 두려워한 까닭에 성공하지 못한 성적이 좋은 똑똑한 사람들을 많이 알고 있다. 사람들이 많은 돈을 벌지 못하는 이유는 대개 그들이 돈을 버는 것을 즐기기보다 돈을 잃는 것을 두려워하기 때문이다.

삶의 변화를 추구할 각오와 준비가 된 사람들에게 내가 추천하는 책이 하나 있다. 바로 대니얼 골먼의 『감성지능Emotional Intelligence』이다. 이 책에서 골먼은 16세기의 인문주의자인 에라스무스의 말을 빌어 감성적 사고가 이성적 사고보다 스물네 배는 더욱 강력할 수 있다고 말한다. 말하자면 이런 식이다.

> 24:1
> 감성적 두뇌: 이성적 두뇌

우리 중에 이성적 두뇌를 압도하는 감성 두뇌의 힘을 경험하지 못한 사람은 없을 것이다. 두려움에 사로잡혀 비이성적이 되었을 때, 혹은 말해서는 안 될 것을 자신도 모르게 입 밖에 냈던 때를 생각해 보라.

나는 모든 재능 중에서도 내인적 재능이 가장 중요하다는 골먼의 의견에 동의하는 바이다. 내가 이렇게 말하는 이유는 내인적 재능이 우리 자신에게 말하는 것을 통제하는 능력이기 때문이다. 내가 나 자신에게, 당신이 당신 자신에게 이야기하는 것들 말이다.

이런 재능들을 구분하게 되면서 현재에는 서른 개 이상의 재능이 발견되었고, 재능에 관한 우리의 지능 역시 계속해서 높아지고 있다. 왜냐하면 우리는 그런 식으로 보다 세세한 구분을 하게 되었기 때문이다.

학교에서 실패하는 사람들

아무리 노력해도 학교에서 실패하는 사람들은 언어적 재능이 뛰어나지 못한 경우가 많다. 이런 이들은 가만히 앉아 강의를 듣거나 책을 읽는 것만으로는 배우지 못한다. 그들은 다른 분야에서 배움을 얻거나, 혹은 다른 분야에 재능이 있다.

내 진짜 아버지는 단연코 언어적 재능에 뛰어난 분이었다. 그래서 아버지는 잘 읽고 잘 썼고 IQ도 높았다. 또 아버지는 의사소통에 뛰어난 분이셨는데 그것은 아버지가 높은 대인적 재능을 갖추고 있었음을 의미한다.

반면에 내 부자 아버지는 두 번째 재능, 즉 수학적 재능이 뛰어났다. 그분의 언어적 재능은 평균 이하였는데, 나는 그분이 학업을 계속하지 않은 이유가 그것 때문이라고 생각한다. 그분은 읽고 쓰는 능력은 별로 좋지 못했지만 말솜씨가 훌륭했고 대인 관계 능력도 탁월하셨다. 수백 명의 직원들이 그분 밑에서 일하는 것을 좋아했다. 부자 아버지는 또한 위험을 무릅쓰는 것을 두려워하지 않았다. 그것은 즉 부자 아버지는 내인적 재능에도 뛰어났다는 의미다. 다시 말해 그분은 미세한 숫자들에 초점을 맞추는 능력과 투자 위험을 감당하는 능력이 있었고, 사람들이 즐겁게 일할 수 있는 회사를 구축하는 능력도 갖고 있었다.

내 진짜 아버지는 대부분의 재능에 뛰어났지만 돈을 잃는 데 대한 두려움이 약점이었다. 그분은 사업을 시작하려고 했을 때 돈이 떨어지자 겁에 질려 다시 직장으로 돌아갔다. 내인적 재능은 창업가들, 특히 돈 없이 사업을 시작하려는 창업가들에게 반드시 필요한 필수 요건이다.

실패를 하고도 다시 일어나는 사람은 내인적 재능 혹은 감성 지능을 발휘하는 것이다. 그러한 재능은 보통 '끈기' 혹은 '의지'라고 불린다. 스스로 두려워하는 일을 하는 사람들 역시 내인적 기능을 발휘하는 것이다. 그런 것은 '배짱' 혹은 '용기'라고 불린다. 어떤 사람이 실수를 저지르고도 내인적 재능을 활용해 그 사실을 솔직히 인정하고 사과한다면, 그런 재능은 대개 '겸손'이라고 불린다.

왜 어떤 이들은 다른 사람들보다 성공하는가?

타이거 우즈의 삶을 들여다보면 어째서 그 사람이 슈퍼스타인지 쉽게 알 수 있다. 훌륭한 학생이 되기 위해, 스탠퍼드 대학교에 입학하기 위해, 역사상 가장 뛰어난 골프 선수가 되기 위해, 그리고 그처럼 유력한 미디어 스타가 되기 위해, 그는 앞서 소개한 일곱 가지 재능에 모두 뛰어나야 했다. 알다시피 골프라는 운동을 하려면 신체적 재능이 필요하다. 하지만 그보다도 더욱 중요한 것은 커다란 내인적 재능이다. 그래서 그토록 많은 이들이 골프가 자기 자신과 싸우는 게임이라고 말하는 것이다. TV에서 타이거 우즈를 본다면 그 사람이 어째서 상품들을 선전하고 그토록 많은 돈을 받는지 알 수 있을 것이다. 그가 많은 돈을 받는 이유는 의사소통에 뛰어나기 때문이고, 그것은 그의 대인적 재능이 대단히 막강하다는 사실을 의미한다.

1930년대 후반, 카네기재단이 성공한 이들에 관해 연구했다. 연구진은 그들의 성공에서 전문적 기술이 차지하는 비율은 15퍼센트도 채 되지 않는다는 사실을 알게 되었다. 다시 말해 일부 의사들이 다른 의사들보다 더 성공하는 이유가 반드시 좋은 대학을 나왔다거나 더 똑똑하기 때문이 아니라는 것이다. 우리 모두는 학교 성적이 좋고 엄청나게 똑똑하지만 실생활에서는 그다지 잘하지 못하는 사람들을 알고 있다. 앞에서 말한 일곱 가지 재능을 보면 왜 어떤 사람은 성공하고 어떤 사람은 성공하지 못하는지 몇몇 다른 이유들을 알 수 있다. 말하자면 지능의 토대라 할 수 있는 미세한 구분을 할 수 있다는 것이다.

카네기재단의 연구는 삶의 성공의 85퍼센트가 '인간관계 기술'에 기인한다고 보고했다. 사람들과 어울리고 의사소통을 하는 능력이 기술적 전문성보다 훨씬 중요하다.

카네기재단의 연구를 뒷받침한 또 다른 연구는 미국의 고용, 훈련, 관리 통계국U.S. Census Bureau of Hiring, Training and Management이 수행한 것으로, 그들은 3,000명의 고용주에게 다음과 같이 질문했다. "사람들을 고용할 때 당신이 보는 가장 중요한 두 가지 자질은 무엇입니까?" 상위 6위 안에 든 자질은 다음과 같다.

1. 좋은 태도
2. 좋은 의사소통 능력
3. 근무 경력

4. 전 고용주의 평가

5. 그 직원이 받은 훈련

6. 그 직원이 받은 학교 교육 기간

이번에도 태도와 의사소통 능력이 전문적 기술보다 더욱 중요하게 평가받는 것을 보라.

자신만의 재능을 끌어내려면

교육감이었던 우리 아버지는 내가 학교에서 잘하지 못할 것임을 알았다. 아버지는 교실에 앉아 강의를 듣고 책을 읽고 신체적 활동이 없는 과목을 공부하는 것이 나에게 맞는 학습 방식이 아님을 알고 있었던 것이다. 사실 아버지는 자주 이렇게 말씀하시곤 했다. "내 아이들이 학교에서 잘할 것 같지는 않구나." 그분은 모든 아이들이 똑같은 방식으로 배우지 않는다는 사실을 알고 계셨기 때문이다. 내 누이 하나는 훌륭한 예술가이며 색채와 디자인에 뛰어나다. 오늘날 그 누이는 산업 디자이너로 일하고 있다. 또 다른 누이는 수녀인데 주변 환경에 쉽게 동화되는 능력을 가지고 있다. 그녀는 하느님의 모든 피조물과 조화를 이루는 것을 좋아한다. 내 남동생은 몸을 통해 배우는 성격이다. 그는 손으로 만들고 몸으로 배우는 것을 좋아한다. 그에게 스크류드라이버 하나를 주면 그는 무엇이든 고치고 싶어 할 것이다. 또 동생은 의사소통 능력이 아주 뛰어나다. 그는 사람들과 이야기를 나누고 그들이 남들을 돕도록 돕는 것을 좋아한다. 아마도 그것이 그가 혈액은행에서 일하는 이유일 것이다. 그는 사람들의 불안감을 진정시키고 헌혈로 다른 사람들을 도우라고 설득하는 것을 좋아한다. 나는 내인적 재능에 뛰어난 것 같다. 그래서 나는 개인적인 두려움을 극복하고 행동에 나선다. 나는 창업가나 투자가가 되기를 좋아하고, 해병대에 입대해 베트남 전에서 헬리콥터 전투기를 조종하는 것을 좋아했다. 나는 두려움을 흥분감으로 바꾸는 법을 배웠다.

내 진짜 아버지는 똑똑한 분이었기 때문에 당신의 자녀들이 각자 자신만의 독특한 재능을 발견하고 스스로 알맞은 방식을 찾아내도록 격려했다. 아버지는 똑같은 부모 밑에서 자란 우리 형제자매들이 모두 제각각이며 서로 다른 재능을 가지고 있고 서로 다른 방식으로 배운다는 것을 알고 계셨다. 내가 돈과 사업에 진심으로 관심이 있다는 사실을 알았을 때, 아버지는 비록 당신은 그것에 관심이 없을지언정 나에게 그것을 가르쳐 줄 교사를 찾도록 나를 격려했다. 그래서 나는 아홉 살부터 부자 아버지로부터 배우기 시작했던 것이다. 내 진짜 아버지는 부자 아버지를 존중하긴 했지만 많은 분야에서 서로 의견이 달랐다. 훌륭한 교육자였던 내 진짜 아버지는 아이들이 흥미를 가진 분야에서 천부적 재능을 발견할 가능성이 높다는 사실을 알았다. 그분은 설사 자신은 관심 없는 분야라도 내가 흥미를 느끼는 것들을 공부할 수 있도록 도움을 주었다. 그리고 내 학교 성적이 그다지 좋지 못했을 때에도 화를 내지 않았다. 당신 본인이 교육감이었는데도 말이다. 아버지는 학교가 중요하긴 해도 내 재능을 발견할 수 있는 곳이 아님을 알았던 것이다. 그는 아이들이 자신의 관심 분야를 공부할 때 진정한 재능을 발견하고 성공할 것임을 알고 있었으며 자녀들이 똑똑하다고 믿었다. 학교 성적이 나쁠 때에도 우리가 똑똑하다고 말씀하셨다. 진정 훌륭한 교사였던 아버지는 교육의 진짜 정의는 정보를 집어넣는 것이 아니라 재능을 이끌어내는 것임을 알았던 것이다.

자녀의 천재성을 보호하라

내 진짜 아버지는 모든 아이들의 천재성을 보호해야 한다고 주장했다. 당신은 교육 제도가 기본적으로 하나의 재능, 즉 언어적 재능만을 중요하게 여긴다는 것을, 또 아이들의 개인적 재능, 특히 IQ와 관련된 재능이 약하면 학교에서 꺾이고 무너질 수 있다는 것도 알았다. 아버지는 내가 아주 활동적인 성격이고 느리고 지루한 과목을 싫어하는 것을 알고 조금 걱정했다. 내가 집중력이 낮아서 학교에서 곤란을 겪을 것임을 이미 알았던 것이다. 그래서 아버지는 내게 운동을 하고 부자 아버지와 함께 공부하도록 격려했다. 아버지는 내가 계속해서 활동적으로 움직이고 관심 있는 분야를 공부하길 바랐다. 천재성과 연결되어 있는 내 자존감이 훼손되지 않도록 말이다. 아버지는 내 누이들과 동생도 똑같이 대했다.

요즘 같으면 나는 주의력 결핍장애, 즉 ADD Attention Deficit Disorder를 가진 아이로 낙인찍혀 얌전히 자리에 앉아 관심도 없는 과목을 억지로 듣기 위해 약물치료를 받아야 했을 것이다. 사람들이 내게 ADD가 뭔지, 혹은 자신도 그런 것을 갖고 있는지 물을 때마다 나는 우리 중 많은 이들이 그런 증상을 갖고 있다고 대답한다. 우리에게 그런 증상이 없다면 텔레비전 채널은 하나밖에 없을 것이고 우리 모두는 가만히 앉아 아무 생각도 없이 채널 하나를 계속해서 시청할 것이다. 오늘날 ADD는 '채널 서핑'이라고도 불린다. 우리는 지루함을 느끼면 그냥 리모컨 버튼을 눌러 뭔가 흥미로운 것을 찾는다. 하지만 불행하게도 아이들은 학교에서 그런 사치를 누릴 수가 없다.

토끼와 거북이

우리 아버지는 「토끼와 거북이」 이야기를 무척 좋아했다. 아버지는 우리들에게 종종 이렇게 말했다. "학교에 가면 너희들보다 똑똑한 아이들이 있을 거다. 하지만 항상 '토끼와 거북이' 이야기를 기억하렴." 그러고는 이렇게 덧붙였다. "어떤 아이들은 너희들보다 더 빨리 배울 거야. 하지만 그렇다고 해서 그 애들이 너희들보다 앞서갈 거라는 뜻은 아니야. 너희들이 나름의 속도에 맞춰 계속해서 배워 나간다면 빨리 배웠다가도 배움을 그만둔 사람들을 앞설 수 있을 거다." "학교 성적이 좋다고 해서 그 아이가 실제 삶에서도 더 잘할 거라는 의미는 아니란다. 진짜 교육은 학교를 떠난 뒤에 시작된다는 점을 늘 명심하렴." 아버지는 이런 식으로 당신의 자식들이 당신처럼 배움과 학습을 평생 멈추지 않도록 격려했다.

IQ는 낮아질 수 있다

삶이란 평생토록 배우는 과정이다. 토끼가 중간에 누워 잠이 들었듯이 많은 사람들이 학교를 졸업하면 길가에 누워 잠을 잔다. 오늘날처럼 신속하게 변화하는 세상에서 그런 행동에는 값비싼 대가가 따른다.

IQ의 정의에 대해 다시 한 번 살펴보자.

$$IQ = \frac{\text{정신 연령}}{\text{생활 연령}} \times 100$$

이 정의에 따르면 IQ는 매년 나이를 먹을수록 떨어질 수 있다. 따라서 우리 아버지가 얘기한 「토끼와 거북이」 이야기는 사실이다. 고등학교 동창회에 가 보면 길가에서 잠든 토끼들을 많이 볼 수 있다. 많은 경우 그들은 학창 시절에 '가장 성공할 것 같은 학생'이었다. 그러나 그들은 성공하지 못했다. 학교를 졸업한 뒤에도 교육이 계속된다는 사실을 잊었기 때문이다.

아이들의 천재성을 찾아라

당신의 아이는 천재인가? 나는 그렇다고 생각한다. 당신도 그렇게 생각하기를 바란다. 사실 당신의 아이는 아마도 다양한 재능을 지니고 있을 것이다. 문제는 우리의 교육 제도가 오직 한 가지 재능만을 중요하게 여긴다는 사실이다. 당신 아이가 가진 재능이 제도 교육이 인정하는 종류의 재능이 아니라면 당신 아이는 멍청하다는 평가를 받게 될지도 모른다. 무엇보다 최악의 경우는 당신 아이의 재능이 기존의 체제 안에서 무시되거나 훼손될 수도 있다는 점이다.

나는 많은 아이들이 다른 아이들과 비교를 당하는 바람에 자신이 똑똑하다고 느끼지 못한다는 사실을 알고 있다. 아이들은 자신의 독특한 재능으로 인정받는 것이 아니라 하나의 IQ 수치로 능력이 결정된다. 그래서 아이들은 자신이 똑똑하지 못하다는 느낌을 받은 채 학교를 졸업한다. 자신이 다른 아이들만큼 똑똑하지 못하다고 믿으며 학교를 졸업한 아이들은 살아가면서 아주 커다란 약점을 안게 된다. 부모가 아이들의 천부적 재능을 일찍 발견하고 그러한 재능을 발전시키도록 격려하고, 하나의 재능만을 중요시하는 학교 제도로부터 그 재능을 보호하는 것은 대단히 중요한 일이다. 우리 아버지는 자식들에게 이렇게 얘기하곤 했다. "우리의 교육 제도는 일부 아이들만을 가르치기 위한 것이란다. 불행히도 '모든' 아이들을 가르치는 제도는 아니지."

사람들이 내게 모든 아이들이 똑똑하다고 믿느냐고 물을 때면 나는 이렇게 대답한다. "나는 새로운 것을 배우는 데 호기심을 느끼지 않거나 흥분하지 않는 아기를 본 적이 없습니다. 말하는 법이나 걷는 법을 배우라는 말을 듣고 배우는 아기도 본 적이 없고요. 걸음마를 배우는 아이들은 넘어져도 바닥에 그냥 엎드려 있지 않습니다. '또다시 실패했어. 난 평생 걸음마를 배우지 못할 거야.' 같은 소리를 하지도 않지요. 아기들은 섰다가 넘어지고, 섰다가 넘어지고, 또 섰다가 넘어진 다음 마침내 똑바로 일어나 걷기 시작하고 그 다음에는 달리기까지 합니다. 아기들은 세상에 새로 태어난 피조물이고, 본능적으로 배움에 흥미를 가지고 있습니다. 반면에 나이가 좀 든 아이들은 학교에서 지루함을 느끼거나, 화가 나서 학교를 떠나거나 혹은 낙오자라고 느끼면서 학교를 그만두거나 또는 다시는 돌아오지 않겠다고 맹세하면서 학교를 떠나더군요."

그런 아이들은 세상에 태어나서 학교를 마치는 사이 그 중간 지점 어디선가 배움에 대한 애정과 사랑에 무슨 일이 생긴 것이다. 내 아버지는 이렇게 말했다. "부모의 가장 중요한 임무는 아이들의 천재성과 배움에 대한 열정을 유지하는 것이다. 특히 아이들이 학교를 좋아하지 않을 때는 더욱 그렇지." 아버지가 내게 그런 말을 해 주지 않았다면 나는 학교를 졸업하지 못하고 중간에 그만뒀을 것이다. 이 책의 상당 부분은 진짜 아버지가 배움에 대한 내 열정을 어떻게 생생하게 유지하게 해 주었는가에 관한 내용이다. 나는 학교를 싫어했음에도 불구하고 학교에 남았다. 아버지는 배움에 대한 내 열정을 유지하기 위해 내가 학문적 천재가 아니었음에도 불구하고 나 자신의 재능을 개발하도록 용기를 북돋아 주었다.

Chapter 3

아이에게 돈이 아니라 '힘'을 길러 주어라

하루는 내 친구 리치가 주말에 나를 해변가 자기 집에 초대했다. 나는 기분이 날아갈 것 같았다. 리치는 학교에서 제일 인기가 있는 아이 중 하나였고 모든 애들이 그의 친구가 되고 싶어 했다. 그런데 내가 우리 집에서 45킬로미터는 떨어진 사유지에 위치한 그 아이의 해변가 집에 초대받은 것이다.

어머니는 내가 가방을 꾸리는 것을 도왔고, 리치의 부모님이 나를 데리러 오자 그분들에게 감사의 인사를 했다. 나는 아주 근사한 시간을 보냈다. 리치는 자기 소유의 보트를 비롯해 끝내주는 장난감들을 수없이 가지고 있었다. 우리는 아침부터 저녁까지 함께 놀았다. 리치의 부모님이 나를 다시 집에 데려다 주었을 때, 나는 햇볕에 타고 지쳐 있었지만 기분은 끝내줬다.

그 뒤로 며칠 동안 나는 학교에서도 집에서도 온통 리치의 집에서 얼마나 신나는 주말을 보냈는지 끊임없이 늘어놓았다. 나는 장난감과 보트, 맛있는 음식, 그리고 아름다운 해변가 집과 재미있게 놀았던 이야기를 했다. 수요일이 되자 우리 식구들은 내 이야기에 진절머리를 내기 시작했다. 목요일 저녁에 나는 부모님에게 우리도 리치의 집 옆에 집을 사면 안 되느냐고 물었고 그 말에 드디어 아버지가 폭발하고 말았다. 더 이상 참을 수가 없었던 것이다.

"우리는 벌써 나흘 동안이나 네가 리치의 집에서 어떻게 지냈는지 들었다. 이제는 신물이 나는구나. 그런데 이제는 해변가에 집을 사고 싶다고? 더 이상은 못 참겠다. 너는 돈이 어디서 난다고 생각하는 거냐? 우리가 값비싼 해변가 집을 살 수 없는 건 우리 형편이 안 되기 때문이다. 우리 집은 먹고 사는 것만으로도 힘들거든. 나는 하루 종일 등이 휘어라 일하면서 이렇게 살고 있는데, 지금 나더러 해변가 집과 보트를 사 내란 말이냐? 미안하구나, 우리 집은 그럴 형편이 안 된다. 네 아버지는 리치의 부모님만큼 부자가 아니야. 너희들을 먹이고 입히는 것만도 힘에 부치구나. 리치처럼 살고 싶으면 아예 그 집에 가서 살지 그러냐?"

그날 밤 어머니가 내 방에 들어와 조용히 문을 닫았다. 어머니는 손에 여러 장의 봉투를 들고 있었다. 어머니는 내 침대 가장자리에 앉아서 말했다. "너희 아빠는 요즘 경제적인 문제 때문에 스트레스를 많이 받고 있단다."

나는 어둡고 캄캄한 방에 누워 혼란스러운 감정으로 몸을 뒤틀며 어머니를 올려다보았다. 겨우 아홉 살밖에 되지 않았던 나는 슬프고 처량

하고 화가 났으며 또 실망하고 있었다. 나는 아버지를 화나게 하려는 게 아니었다. 우리 집이 경제적으로 어렵다는 것도 알고 있었다. 난 그저 식구들과 함께 약간의 행복과 약간의 돈이 있다면 누릴 수 있는 즐거운 삶을 나누고 싶었을 뿐이었다.

어머니는 내게 여러 장의 청구서를 보여 주었다. 많은 숫자들이 빨간색으로 적혀 있었다. "우린 아직 은행에 돈을 갚지 못했단다. 그리고 이 청구서들도 모두 지불해야 하고. 어떤 것들은 벌써 기한이 두 달이나 지났다."

"알아요, 엄마. 저도 알아요." 내가 말했다. "아빠를 화나게 하려는 건 아니었어요. 전 그냥 가족들한테 약간의 재미와 즐거운 이야기를 들려주고 싶었을 뿐이에요. 돈이 있으면 우리도 그렇게 살 수 있다는 걸 알려 주고 싶었던 것뿐이라고요."

어머니는 내 이마를 만지작거리며 머리카락을 뒤로 쓸어 넘겼다. "나도 네 마음 안다. 요즘 우리 집 분위기가 별로 좋지 않았잖니. 지금 우린 경제적으로 어려움에 처해 있단다. 우린 부자가 아니고 부자가 될 수도 없을 거야."

"왜요?" 나는 거의 애원하듯 물었다.

"우리한테는 내야 할 돈이 너무 많거든. 그리고 아빠는 그렇게 많은 돈을 버는 분이 아니고 말이야. 무엇보다 네 할머니가 오늘 돈을 좀 부쳐 줄 수 없느냐고 연락하셨단다. 아빠가 오늘 편지를 받으셨지. 할머니 할아버지도 요즘 형편이 안 좋으신가 보다고 걱정하고 계셔. 우린 리치네처럼 살 수가 없단다."

"하지만 왜요?" 내가 물었다.

"나도 왜 그런지는 몰라. 내가 아는 건 우리는 그 사람들과 달리 형편이 좋지 않다는 것뿐이야. 우린 그 사람들처럼 부자가 아니잖니. 자, 이제 눈을 감고 잠을 자렴. 내일 아침에 학교에 가야지. 나중에 성공하려면 공부를 열심히 해야 해. 공부를 잘하면 너도 리치의 부모님처럼 부자가 될 수 있을 거야."

"하지만 아빠는 공부를 잘했잖아요. 엄마도 공부를 잘했잖아요." 나는 대꾸했다. "그런데 왜 우리는 부자가 아니에요? 왜 우리한테는 청구서만 잔뜩 있어요? 전 이해가 안 가요." 나는 조용히 말했다. "이해할 수가 없어요."

"넌 그런 것에는 신경 쓰지 마. 돈 걱정은 안 해도 돼. 아빠와 내가 알아서 할 테니까. 자, 내일 아침에 학교 가야지? 그러니 이제 잠을 자렴."

1950년대 후반에 아버지는 하와이 대학교의 대학원 과정을 포기할 수밖에 없었다. 지불해야 할 청구서가 너무 많았기 때문이다. 원래 아버지는 학교에 남아 교육학 박사 학위를 딸 계획이었지만 아내와 네 아이를 부양해야 했기 때문에 청구서가 계속해서 쌓여만 갔다. 그러다 어머니가 편찮으셨고 나도 병에 걸렸고 두 누이도 앓아누웠고 남동생은 떨어져서 병원에 입원했다. 아프지 않거나 입원하지 않은 사람은 아버지뿐이었다. 아버지는 대학원을 그만두고 가족들과 함께 다른 섬으로 이주했다. 그리곤 그곳에서 하와이 섬 교육감의 보좌관으로 일하시기 시작했다. 아버지는 결국 그 자리를 물려받았고, 그 후에는 호놀룰루로 이사와 하와이 주 전체의 교육감이 되었다.

그런 이유로 우리 가족은 지불해야 할 청구서가 무척 많았다. 몇 년에 걸쳐 병원비를 지불했지만 그러고 나자 또 다른 청구서가 생겼고, 그 다음에는 또 다시 돈을 내야 할 곳이 생겨서 빚더미에서 헤어나지를 못했다.

아홉 살 즈음이 되어 리치 같은 친구들을 만나면서 나는 우리 집과 친구들의 집 사이에 큰 차이가 있음을 알게 되었다. 『부자 아빠 가난한 아빠』에서 나는 지역 경계선이라는 우연의 일치 때문에 부자 아이들이 다니는 초등학교에 가게 되었다고 설명한 적이 있다. 다른 친구들은 부자인데 우리 집은 빚에 쪼들린다는 사실은 아홉 살 소년에게 커다란 삶의 전환점으로 작용했다.

돈이 있어야 돈을 버는 것은 아니다

사람들이 내게 가장 자주 묻는 질문 중 하나는 이것이다. "돈을 벌려면 돈이 있어야 하는 거 아닌가요?"

내 대답은 "아니오, 그렇지 않습니다."이다. 나는 이렇게 말한다. "돈은 사람의 생각에 달려 있습니다. 왜냐하면 돈은 아이디어일 뿐이거든요."

내가 자주 듣는 또 다른 질문은 이것이다. "투자할 돈이 없는데 어떻게 투자를 할 수가 있죠? 청구서를 낼 돈도 없는데 투자를 어떻게 합니까?"

내 대답은 다음과 같다. "제가 드리는 첫 번째 충고는 '난 그럴 형편이 안 된다.'고 말하는 걸 그만두라는 겁니다."

나도 사람들이 내 대답에 불만이라는 것을 안다. 특히 빨리 돈을 벌 수 있는 방법을 찾아 투자를 해서 삶에서 앞서 가고 싶은 사람들이라면 더더욱 그럴 것이다. 나는 사람들이 원하기만 하면 그들이 원하는 돈을 가질 수 있는 힘과 능력이 있다는 것을 알았으면 좋겠다. 그런 힘은 돈에서 나오는 것이 아니다. 그들의 외부에 있는 것도 아니다. 그런 힘은 사람들의 사고방식에서 나온다. 그것은 돈과는 아무 상관도 없다. 중요한 것은 바로 힘, 그들의 사고에서 나오는 힘과 관련이 있다. 좋은 소식은 생각에는 돈이 들어가지 않는다는 것이다. 당신에게 필요한 것은 사고방식을 바꾸겠다는 생각과 의지뿐이다. 몇 가지 사고방식만 바꾸면 돈에 지배되는 것이 아니라 돈을 지배할 수 있다.

내 부자 아버지는 자주 이렇게 말했다. "가난한 사람들이 가난한 이유는 그들이 가난한 생각을 갖고 있기 때문이다." 그분은 또 이렇게 말했다. "가난한 사람들은 대부분 부모에게서 돈과 삶에 대한 관념을 배운단다. 학교에서 돈에 대해 가르치지 않기 때문에 부모에게서 자식에게로 전해 내려가는 것이지."

부자 아버지는 돈을 위해 일하지 않는다

내가 전에 쓴 『부자 아빠 가난한 아빠』에서 부자 아빠가 가르친 가장 중요한 교훈은 "부자들은 돈을 위해 일하지 않는다."였다. 부자 아빠는 돈이 나를 위해 일하게 하라고 가르쳤다. 나는 아홉 살 때 리치네 집이 왜 우리 집보다 더 부자인지 이해할 수 없었지만, 여러 해가 지나고 그 이유를 알 수 있었다. 리치네는 돈이 그들을 위해 일하게 하는 법을 알고 있었고 그런 지식을 자식들에게 가르쳤다. 리치는 지금도 아주 부자이며 점점 더 부자가 되어가고 있다. 우리는 지금도 친분을 유지하고 있고 아주 막역한 사이이다. 5년 동안 얼굴을 보지 못한다고 해도 만날 때마다 마치 어제 봤던 사이인 양 친숙하다. 나는 이제 어째서 리치네가 우리 집보다 더 부자였는지 이해한다. 그리고 나는 리치가 그런 지식을 자기 아이들에게 전해 주는 것도 본다. 하지만 리치는 아이들에게 단순히 돈을 버는 '방법'을 가르치는 것이 아니다. 리치는 그가 돈에 행사할 수 있는 힘을 전수한다. 그리고 그 힘이야말로 사람들을 부자로 만들어 주는 것이다. 돈만으로는 부자가 될 수 없다. 나는 이 책에서 바로 그런 돈에 대한 힘을 당신에게 전하고자 한다. 그리고 당신도 당신의 아이들에게 그것을 전해 주길 바란다.

『부자 아빠 가난한 아빠』에서 부자 아빠가 내게 일을 시키고도 시급 10센트를 주지 않은 이야기는 독자들에게서 상당한 반향을 일으켰다. 간단히 말해 그분은 내가 공짜로 일하게 했다. 한 의사 친구는 내 책을 읽은 뒤에 내게 전화를 걸어 이렇게 말했다.

"네 부자 아빠가 너한테 공짜로 일을 시켰다는 이야기를 읽었을 때에는 피가 거꾸로 솟는 것 같더라. 네가 하고자 하는 말은 알겠는데 거기에 동의할 수는 없어. 그건 정말 잔인한 짓이야. 일을 시켰으면 보수를 지불해야지. 공짜로 일하게 해서는 안 된다고. 특히 그 덕에 다른 사람이 돈을 벌게 될 때는 말이야."

부자들은 돈이 필요 없다

부자 아빠가 내게 시급 10센트를 주지 않은 이유는 내가 돈에 대한 힘을 발견할 수 있게 하기 위해서였다. 그분은 돈이 없어도 돈을 벌 수 있다는 것을 내게 가르치고 싶어 했다. 그분은 내가 돈을 위해 일하는 것을 배우기보다 돈을 만들어 내는 힘을 발견하기를 원했다. 부자 아빠는 이렇게 말했다.

"너는 돈이 필요하지 않을 때 많은 돈을 벌게 될 거다. 돈이 필요한 사람은 절대로 진짜 부자가 될 수 없단다. 다급함이 돈에 대한 힘을 빼앗아 가거든. 너는 열심히 일하고 돈을 필요로 하지 않는 법을 배워야 한다."

부자 아빠는 다른 자식들에게는 용돈을 줘도 마이크와 내게는 용돈을 주지 않았다. 그리고 우리가 당신을 위해 일해도 보수를 주지 않았다. 그는 이렇게 말했다.

"아이들에게 용돈을 주는 것은 돈을 만들어 내는 법이 아니라 돈을 위해 일하는 법을 가르치는 것이다."

그렇다고 당신의 아이를 무보수로 일하게 해야 한다고 말하는 것은 아니다. 당신의 아이에게 용돈을 주지 말라고 하는 것도 아니다. 내가 당신에게 자식들에게 무슨 말을 하라고 가르칠 수는 없기 때문이다. 아이들은 저마다 다르고, 또 각각의 상황도 모두 다른 법이다. 내가 말하고자 하는 바는 돈은 아이디어에서 나오며, 당신의 아이가 진정으로 삶에서 경제적으로 앞서 가기를 바란다면 당신의 사고방식과 당신 아이의 사고방식을 주의 깊게 살펴봐야 할 필요가 있다는 점이다.

"천 리 길도 한 걸음부터."라는 속담이 있다. 나는 이 속담을 보다 정확하게 표현하자면 "천 리 길도 여행을 하려는 '생각'에서부터 시작된다."라고 고쳐야 한다고 생각한다. 돈에 관한 한에는 많은 사람들이 삶의 여행을 가난한 사고방식, 혹은 후에 그들의 삶을 제한하는 사고방식에서부터 시작한다.

언제 아이에게 돈에 대해 가르쳐야 할까?

나는 자주 이런 질문을 받는다. "우리 아이가 몇 살이 되었을 때 돈에 대해 가르쳐야 합니까?"

내 대답은 이렇다. "아이가 돈에 관심을 가질 때요." 그런 다음 나는 이렇게 말한다. "내 친구에게 다섯 살짜리 아들이 있습니다. 내가 5달러짜리 지폐와 20달러짜리 지폐를 꺼내서 어느 것을 갖고 싶냐고 물으면 아이는 어떤 것을 선택할까요?"

내게 질문을 한 사람은 즉시 이렇게 대답한다. "20달러짜리죠."

"그렇습니다. 다섯 살짜리 아이조차 5달러와 20달러짜리 지폐의 차이점을 알고 있지요."

부자 아버지가 내게 시급을 주지 않은 것은 내가 그분에게 부자가 되는 법을 가르쳐 달라고 했기 때문이다. 그분은 단순히 내게 돈에 대해 뭔가를 가르치려고 하지 않았다. 나는 그분에게 부자가 되는 법을 가르쳐 달라고 부탁했다. 나는 돈에 대해 배우고 싶었던 것이 아니었던 것이다. 그 두 가지는 분명 다르다. 만일 아이가 부자가 되는 법을 배우고 싶은 것이 아니라면 그때는 가르치는 내용도 달라져야 한다. 부자 아빠가 다른 아이들에게 용돈을 준 것은 다른 아이들은 부자가 되는 데 관심이 없었기 때문이다. 그래서 그분은 그 아이들에게는 돈에 대해 다른 교훈을 가르치셨다. 비록 내용은 달랐지만 그분은 다른 아이들에게도 돈이 필요한 삶을 사는 것이 아니라 돈에 대해 힘을 행사해야 한다고 가르쳤다. 부자 아빠는 이렇게 말했다. "돈이 필요할수록 네 힘은 작아진다."

아이의 공식 VS. 부모의 공식

많은 교육 심리학자들이 아홉 살부터 열다섯 살까지의 나이가 아이의 발달과정에서 대단히 중요하다고 말한다. 과학적으로 정확히 밝혀진 사실은 아니고, 학자들마다 이에 대해 하는 이야기도 다르다. 나는 전문가가 아니기 때문에 내 이야기는 전문 지식이라기보다 일반적인 지침으로 받아들이기 바란다. 나와 이야기를 나눈 한 전문가는 대략 아홉 살이 되면 아이들은 부모에게서 벗어나 자신만의 정체성을 추구하기 시작한다고 말했다. 그것은 내 경우에는 사실이었다. 나는 아홉 살에 부자 아빠와 함께 일하기 시작했기 때문이다. 나는 내 부모님의 세상에서 벗어나길 원했고 그래서 새로운 정체성이 필요했다.

또 다른 전문가는 그때부터 아이들이 이른바 '이기는 공식'을 발달시키기 시작한다고 말한다. 그가 말하는 이기는 공식은 아이들이 생각하기에 자신이 세상에서 가장 잘 생존하고 이길 수 있는 방식이다. 나는 아홉 살이 되면서 학교가 나의 이기는 공식이 아님을 깨달았다. 특히 친구 앤디는 천재이고 나는 아니라는 이야기를 들었을 때에는 더욱 그랬다. 나는 내가 앤디나 내 아버지처럼 학자가 되기보다 스포츠 스타나 부자가 되어야 한다고 생각했다. 다시 말해 학교에서 잘하는 아이들의 이기는 공식은 학교에 남아 우등생으로 졸업하는 것일 테지만 학교에서 잘하지 못하거나 학교를 좋아하지 않는 아이들은 다른 공식을 추구할 것이다.

그 전문가는 또한 이기는 공식에 대해 몇 가지 주목할 만한 점들을 지적했다. 그는 아이의 성공 공식이 부모의 성공 공식과 일치하지 않을 때 아이와 부모 사이에 갈등이 시작된다고 말했다. 그는 또한 부모가 아이의 공식을 존중하지 않고 자신의 공식을 강요할 때 불화가 생긴다고도 했다. 부모들은 아이의 공식을 존중할 필요가 있다.

아이들에게 돈에 대한 힘을 부여하는 방법에 관해 이야기하기 전에 먼저 어른들에게 들려주고픈 이야기가 있다. 이 전문가는 많은 어른들이 아이 시절에 개발한 공식이 더 이상 이기는 공식이 아님을 알게 될 때 삶에서 문제를 겪을 수 있다고 지적했다. 그럴 때에 많은 어른들이 직장이나 직업을 바꾸려고 한다.

어떤 이들은 자신의 공식이 더 이상 통하지 않는다는 사실을 알면서도 계속 그 공식에 매달린다. 어떤 사람들은 그것이 더 이상 이기는 공식이 아님을 깨닫지 못하고 삶에서 실패했다는 자괴감에 빠져 우울증에 걸린다. 다시 말해 사람들은 자신의 이기는 공식에 만족할 때 행복을 느낀다. 사람들은 자신의 공식에 싫증이 나거나 그 공식이 더 이상 통하지 않거나 또는 그들의 공식이 더 이상 원하는 결과를 가져오지 못할 때에는 삶에서도 만족감을 느끼지 못한다.

철 지난 공식으로 살아가는 사람들

옛날 TV 시트콤인 「못 말리는 번디 가족」은 더 이상 먹히지 않는 공식으로 살아가는 사람들의 전형이다. 나는 이 프로그램을 무척 싫어했다. 그러던 어느 날 내가 이 시트콤을 싫어하는 이유가 현실에 너무 가깝기 때문이라는 사실을 깨달았다. 이 프로그램을 본 적이 없는 사람들을 위해 설명하자면, 주인공인 알 번디는 고등학교 때 미식축구 스타였는데 한 게임에서 네 번의 터치다운을 성공시킨 것으로 유명했다. 그의 부인의 고등학교 시절 이기는 공식에서는 섹스가 가장 큰 비중을 차지하고 있었다. 번디가 미식축구 스타였기 때문에 그녀는 그에게 섹스를 제공했고, 그 결과 임신을 했다. 그들은 결혼해서 아이들을 키웠다. 20년 뒤, 그는 네 번의 터치다운밖에 내세울 게 없는 신발 판매원이 되었다. 그는 아직도 자신이 미식축구 스타인 양 행동하고 생각하고 이야기한다. 그의 부인은 집에 앉아 어리고 섹시한 고교생 같은 옷차림을 하고 텔레비전을 시청한다. 그들의 두 아이들 역시 부모의 전철을 그대로 따르고 있다. 나는 이 프로그램이 왜 웃긴지 이해할 수 있다. 왜냐하면 내 안에도 알 번디가 있음을 인식할 수 있기 때문이다. 나 역시 미식축구장과 해병대에서 보낸 과거의 영광 속에서 살고 있다. 나는 나 자신의 삶과 시트콤을 보고 폭소를 터트리며, 실생활에서 수많은 알 번디와 페기 번디를 본다. 이 코미디 프로는 더 이상 통하지 않는 공식을 보여 주는 전형적인 예다.

'돈에 지는' 공식

돈이 관련될 때, 많은 사람들이 아무런 힘이 없는 이기는 공식을 개발한다. 다시 말해 사람들은 힘이 없기 때문에 '돈에 지는' 공식을 개발하는 것이다. 이상하게 들릴지 몰라도 그들이 이런 공식을 개발하는 이유는 그것이 그들이 아는 유일한 공식이기 때문이다.

예를 들어 얼마 전에 내가 만난 사람은 자신이 싫어하는 일에 붙잡혀 있었다. 그는 아버지 밑에서 자동차 대리점을 운영했다. 수입은 썩 괜찮았지만 그는 별로 행복하지 않았다. 그는 아버지 밑에서 일하는 것이 싫었다. 사장의 아들로 불리는 것도 싫었다. 그래도 그는 거기서 벗어나지 못했다. 내가 그에게 어째서 그 일을 그만두지 않느냐고 묻자 그는 이렇게 대답했다.

"글쎄요, 저 혼자서는 이런 자동차 대리점을 세울 수가 없을 것 같거든요. 그래서 아버지께서 은퇴하실 때까지 버텨 보려고요. 게다가 돈도 많이 버니까요." 그의 공식은 돈에 대해서는 이기는 것이지만, 그런 안정적인 삶에서 벗어나지 못한다면 자신이 얼마나 강력해질 수 있는지 알지 못하고 결국에는 지게 될 것이다.

또 다른 내 친구의 아내는 지는 공식의 또 다른 예를 보여 준다. 그녀는 자신이 좋아하는 일을 하지만 경제적으로는 그다지 앞서 가지 못하고 있다. 하지만 그녀는 새로운 것을 배워 공식을 바꾸는 대신 주말에 부업을 하면서 아이들과 지낼 시간이 충분하지 않다고 불평을 한다. 그녀의 공식은 '좋아하는 일을 열심히 하면서 꾹 참는 것'이다.

이기는 공식을 찾아라

부모들이 할 수 있는 가장 중요한 일 중 하나는 아이들이 이기는 공식을 만들도록 돕는 것이다. 특히 아이의 자기 개발에 간섭하지 않으면서 그렇게 하는 방법을 찾는 것이 중요하다.

얼마 전에 한 대형 교회의 목사가 날 찾아와 강연을 부탁했다. 사실 나는 교회에 잘 가지 않는다. 우리 가족들은 감리교 교회에 다녔지만 나는 열 살이 되자마자 다른 교회에 눈을 돌리기 시작했다. 나는 그때 미국 헌법을 공부하고 있었고, 그래서 정교분리와 종교의 자유에 관심을 갖게 되었기 때문이다. 나는 학교 친구들에게 그들이 어떤 교회에 다니는지, 혹시 나도 갈 수 있는지 물어보았다. 어머니는 그것을 좋아하시지 않았지만 나는 어머니께 헌법에 종교의 자유가 명시되어 있다고 설명했다. 그 뒤로 나는 몇 년 동안 친구들이 다니는 다양한 교회를 돌아다녔다. 나는 작고 단순한 교회, 개인적으로 운영되는 교회, 그리고 심지어 벽도 없이 기둥 네 개와 양철지붕밖에 없는 교회에도 가 봤다. 그런 교회에 앉아 폭우에 흠뻑 젖어 예배를 보는 것은 상당한 경험이었다. 그런 날에는 정말로 영적으로 충만한 기분이 들었다.

나는 그 외에도 온갖 다양한 교파의 의식에 참가했다. 루터교, 침례교, 불교, 유대교, 가톨릭, 오순절교, 이슬람, 힌두교 등등. 그 밖에 다른 시도도 해 보고 싶었지만 내가 살던 작은 마을에는 그 정도가 다였고 그래서 얼마 지나지 않아 방문할 교회도 더 이상 없었다. 그것은 정말 재미난 경험이었다. 하지만 열다섯 살이 되었을 때 교회에 대한 내 관심은 사그라졌고 나는 점점 더 교회에 가지 않게 되었다.

그래서 톰 목사가 내게 강연을 해 달라고 초청했을 때 나는 우쭐한 기분이 들면서도 조금 죄스러운 마음이 들었다. 그래서 나보다 훨씬 더 훌륭한 사람들이 많지 않느냐고 말했다. 그러자 그분은 이렇게 대답했다. "종교에 대한 강연을 해 달라는 게 아닙니다. 돈에 대한 당신의 교훈을 나눠 달라는 겁니다."

그 말을 들었을 때 나는 몸을 뒤로 젖히며 크게 웃었다. 방금 들은 말을 믿을 수가 없었다. "교회에 가서 돈에 대해 이야기하라고요?"

"그래요." 그는 묘한 미소를 지으며 대답했다. "그게 뭐 이상합니까?"

나는 웃었다. 나는 다시 묻지 않을 수가 없었다. "그러니까 저더러 목사님이 계신 교회에 가서, 목사님이 설교하시는 그 설교단에 서서, 신도들에게 돈에 대해 이야기하라고요?"

그는 이번에도 똑같이 대답했다. "그래요. 그게 뭐가 이상합니까?"

나는 미소를 지으며 목사를 바라보았다. 그는 신도가 1만 2000명이나 되는 교회의 목사였다. 나는 그가 정말로 내게 그런 부탁을 하고 있다는 것을 믿을 수가 없었다. "왜냐하면 저는 교회에서 돈에 대한 사랑은 죄악이라고 배웠거든요. 가난한 사람들이 부자보다 천국에 가기가 더 쉽다고도 배웠고요. 부자가 천국에 가는 건 낙타가 바늘구멍에 들어가는 것보다도 더 어렵다고 하지 않습니까. 사실 전 그 이야기가 잘 이해가 가지 않더군요. 마음에도 안 들었고요. 왜냐하면 전 그때도 부자가 되고 싶었거든요. 그래서 저는 목사님이 교회에서 부자가 되는 법에 대해 강연을 해 달라고 부탁하시는 게 무척 이상하게 느껴집니다."

이번에는 톰 목사가 몸을 뒤로 젖히며 웃었다. "글쎄요. 당신이 무슨 교회에 다녔는지는 모르겠지만 저는 제 신도들에게 그렇게 이야기하지 않는데요."

"하지만 돈이 죄악이라고 가르치는 종교 단체들이 있지 않습니까?" 내가 물었다. "가난한 사람들은 부자들보다 더 천국에 가기가 쉽다고 믿는 사람들도 있고요."

"네, 그것은 사실이지요. 교회마다 가르치는 내용이 다르기 마련이니까요. 하지만 그건 제가 우리 신도들에게 가르치고 싶은 것이 아닙니다. 제가 아는 하나님은 부자와 가난한 사람을 똑같이 사랑하시니까요." 목사가 대답했다.

그가 말하는 동안 나는 교회와 관련된 어렸을 때의 경험과 내가 부자가 되고 싶다고 생각했을 때 느꼈던 죄의식을 돌아보았다. 어쩌면 나는 교회의 메시지를 정확하게 해석하지 못했던 것일지도 모른다. 어쩌면 돈에 대한 죄의식 때문에 그런 메시지를 정확하게 받아들이지 못했을지도 모른다. 간단히 말해 내가 죄의식을 느꼈기 때문에 그것이 죄악이라는 메시지로 받아들였던 것이다. 내가 목사에게 이렇게 말하자 그는 또다시 내게 생각할 거리를 던져 주었다. 그가 말했다. "때로는 1그램의 인식을 바꾸는 데 1톤의 교육이 필요한 법이죠."

그 지혜로운 말씀은 내게 큰 영향을 끼쳤다. 나는 그 뒤로도 오랫동안 그 말씀을 생각했다. 그 말의 심오함과 정확성은 놀라운 수준이었다. 석 달 뒤에 나는 그의 교회에 가서 강연을 했다. 그곳 설교단에서 강연을 하는 특권은 개인적으로 내 인식을 크게 바꾼 경험이었다.

때로는 1그램의 인식을 바꾸는 데 1톤의 교훈이 필요하다

부자 아빠는 자주 이렇게 말했다. "가난한 사람들에게 부자가 되는 법을 가르칠 수는 없다. 부자들에게만 부자가 되는 법을 가르칠 수 있지."

내 가난한 아빠는 이렇게 말하곤 했다. "나는 절대로 부자가 되지 못할 거다. 난 돈에 관심이 없거든." 혹은 "나는 그럴 형편이 안 된다." 어쩌면 아버지는 그 수많은 병원 청구서와 성인이 된 후 대부분의 시간을 경제적으로 고생한 삶 때문에 그런 말을 하게 됐는지도 모른다. 하지만 나는 그렇게 생각하지 않는다. 나는 그런 사고방식 자체가 아버지가 재정적 문제를 겪게 된 1그램의 인식이라고 생각한다.

삶에 대한 아이들의 인식에 가장 큰 영향을 미치는 것은 바로 부모다. 앞에서도 말했듯이 내 아내 킴과 나는 아이가 없다. 그래서 나는 감히 부모들에게 더 좋은 부모가 되는 법을 가르칠 수 없다. 나는 단지 돈에 대한 아이들의 인식을 형성하도록 도울 뿐이다. 나는 부모들이 아이들에게 돈의 노예가 되지 않고 돈에 힘을 행사할 수 있다는 인식을 전해 줄 수 있기를 바란다. 부자 아빠의 말대로 "돈이 필요할수록 돈에 대한 영향력은 줄어든다."

가난하게 태어났다고 가난할 필요는 없다

가난한 사람들이 가난한 이유는 가정에서 가난해지는 법을 배우기 때문이다. 부자와 중산층 가정에서 태어난 사람들도 가난한 인식을 발전시킬 수 있다. 삶을 살아가는 과정에서 무슨 일인가가 일어났고, 그래서 그들은 늘 가난할 것이라는 인식을 선택하게 된 것이다. 나는 우리 아버지도 그런 경우라고 생각한다. 앞에서 말했듯이 그런 인식을 바꾸려면 1톤의 교육이 필요하다. 우리 아버지의 경우에는 계속해서 열심히 일하고 더 많은 돈을 벌었다. 하지만 1톤의 돈으로도, 1톤의 교육과 마찬가지로 1그램의 인식을 바꾸지 못할 수 있다.

내가 세운 첫 번째 회사가 망했을 때, 가장 힘들었던 것은 나 자신에 대한 인식을 유지하는 것이었다. 자기 인식에 관한 부자 아버지의 교훈이 아니었다면 나는 그때의 좌절감을 회복하거나 그 경험을 통해 한층 더 굳건해지지 못했을 것이다.

내 친구들 중에도 사업에 실패한 사람들이 있다. 그들은 나중에 경제적으로는 회생했음에도 불구하고 아직도 그 경험에서 비롯된 나약한 자기 인식을 가지고 있다. 따라서 내가 부모들에게 주는 첫 번째 교훈은 바로 아이들의 자기 인식을 파악하고 보호하라는 것이다.

이 책의 상당 부분은 당신의 아이가 어떻게 강력한 자기 인식을 가지고 삶의 굴곡을 헤쳐 나갈 수 있는가에 할애되어 있다. 재정적 문제는 물론이요 학업과 직장, 인간관계, 그리고 살아가면서 부딪칠 수 있는 수많은 일들에 대해서 말이다. 이 책은 당신의 아이가 경제적 난관을 회복하고 더욱 강력한 자기 인식을 갖출 수 있도록 도울 것이다.

나 자신에 대한 인식을 보호하는 것은 두 분 아버지가 내게 가르친 가장 중요한 교훈이었다. 한 아버지는 내가 학문적으로 난관에 부딪쳤을 때 더욱 강인해지는 법을 가르쳤고, 다른 아버지는 내가 경제적으로 더욱 강해질 수 있는 법을 가르쳤다.

많은 사람들이 삶을 살아가면서 점점 더 나약한 자기 인식을 키우게 된다. 예를 들어 사람들은 이렇게 말한다.

- "나는 빚이 너무 많아서 일을 그만둘 수가 없어."
- "난 그만둘 형편이 못 돼."
- "지금보다 몇 달러만 더 벌 수 있다면……."
- "애들이 없다면 사는 게 좀 쉬워질 텐데."
- "난 결코 부자가 되지 못할 거야."
- "난 돈을 잃을 여유가 없어."
- "나도 사업을 하고 싶어. 하지만 지금은 봉급이 필요해."
- "청구서도 못 내는데 어떻게 투자를 할 수가 있겠어?"
- "신용카드 빚을 갚으러 주택담보 대출을 받을 거야."
- "누구나 부자가 되는 건 아냐."
- "난 돈에는 관심 없어. 돈은 나한테 별로 중요하지 않아."
- "만약에 하나님이 내가 부자가 되길 원하셨다면 내게 돈을 주셨을 거야."

부자 아빠는 말했다. "네가 돈을 필요로 할수록 네 힘은 줄어든다." 학교에서 성적이 좋았던 많은 사람들이 고소득 일자리를 얻는다. 하지만 그들은 돈이 그들을 위해 일하게 하는 방법을 배우지 못한 까닭에 돈을 위해 열심히 일만 하다가 기나긴 빚의 수렁에 빠지게 된다. 돈을 필요로 하면 할수록 돈은 더 오래 필요하고, 그들의 자기 인식은 점점 더 불확실해진다.

내 친구들 중에는 직업이 학생인 사람들이 있다. 그중 몇 명은 평생

토록 학교만 다니면서 아직도 직장이 없다. 내 친구 하나는 석사 학위 두 개와 박사 학위 하나를 가지고 있다. 그는 1톤이 아니라 10톤의 교육을 받았지만, 아직도 직업적으로나 재정적으로 곤란을 겪고 있다. 나는 그가 가진 1그램의 인식이 아직도 그의 길을 막고 있다고 생각한다.

돈이 당신을 부자로 만들어 주지는 않는다

많은 사람들이 돈을 모아 부자가 되고 싶어 한다. 어떤 사람들은 학위와 좋은 점수를 모아 똑똑해지려 한다. 나는 개인적으로 집이 가난하다는 인식과 다른 아이들만큼 똑똑하지 못하다는 인식을 극복하기 위해 평생토록 싸워 왔다. 나는 그런 인식을 다른 아이들과 나를 비교하기 전에는 갖지 않았다. 다시 말해 나는 부잣집 아이들을 만나기 전까지는 내가 가난하다는 것을 몰랐고, 나보다 성적이 좋은 아이들과 비교당하기 전까지는 내가 아주 똑똑한 아이가 아니라는 것을 알지 못했다.

나는 모든 아이들이 똑똑하고 부자가 될 잠재력을 갖고 태어난다고 굳게 믿는다. 다만 그러기 위해서는 자기 자신에 대한 인식이 강화되고 학교와 교회, 회사, 언론, 그리고 세상으로부터 받는 여러 가지 방식의 교육으로부터 보호받아야 한다. 삶은 그 자체로도 힘들지만 자신이 똑똑하지 않다거나 결코 부자가 될 수 없다는 자기 인식을 갖고 있다면 더욱더 힘들어질 수 있다. 부모의 가장 중요한 역할은 아이들의 자기 인식을 형성하고 보살피고 보호하는 것이다.

이제까지 배운 것은 잊으라

어른들을 가르치는 교사로서 나는 이미 부자인 사람에게 부자가 되는 것을 가르치거나 똑똑한 사람들에게 더욱 똑똑해지게 가르치는 것이 더 쉽다는 사실을 알게 되었다. 항상 이런 말만 듣는 사람에게 부자가 되기를 가르치는 것은 무척 어렵다.

- "그러다가 돈을 잃게 되면 어쩌려고?"
- "안전하고 안정적인 직업을 가져야지."
- "공짜로 일을 한다니 그게 무슨 뜻이냐? 일을 시켰으면 돈을 줘야지!"
- "절대로 빚을 지지 말아라."
- "착하고 열심히 일해서 돈을 모아야 한다."
- "안전하게 해야 합니다. 위험은 피하고요."
- "부자가 되면 난 건방지고 못된 사람이 될 거야."
- "부자들은 탐욕스럽다."
- "식탁에서는 돈 이야기를 하는 게 아니다."
- "난 돈에 관심이 없어."
- "난 그럴 형편이 안 돼."
- "그건 너무 비쌉니다."

이런 식의 문장이나 질문은 깊게 뿌리박힌 개인적인 인식에서 비롯된다. 나는 내 수업의 수강료를 올리면 이런 말들은 사라지고 만족스럽게 수업을 할 수 있다는 사실을 깨달았다.

"그럴 형편이 안 된다."는 말은 금물

부자 아빠는 전문 치료사는 아니었지만 그럼에도 돈이 하나의 아이디어에 불과하다는 사실을 알았다. 그분은 나와 아들 마이크에게 "나는 그럴 형편이 못 돼."라는 말을 하지 못하도록 금지시켰다. 우리 자신에 대한 인식을 바꾸기 위해서였다. 대신에 그분은 우리에게 이렇게 말하도록 하셨다. "어떻게 하면 그럴 형편이 될 수 있을까?" 나는 "난 그럴 형편이 못 돼."라고 말할 때마다 내 자신이 가난한 사람이라는 인식을 강화하고 있었다는 사실을 깨달았다. "어떻게 하면 그럴 형편이 될 수 있을까?"라고 물음으로써 나는 내 자신이 부자라는 인식을 강화할 수 있었다. 그러므로 아이들 앞에서는 "우리는 그럴 형편이 못 돼."라는 말을 하지 않는 것이 좋다. 그리고 아이들이 돈을 달라고 부탁하면 이렇게 말해라. "법과 도덕을 위반하지 않는 범위 내에서, 네가 나한테 돈을 달라고 하지 않아도 그 일을 할 수 있는 열 가지 방법을 목록으로 만들어 보렴."

이 두 개의 문장을 자세히 들여다본다면 "어떻게 하면 그럴 형편이 될 수 있을까?"가 마음을 열고 돈을 벌 가능성을 찾는 것임을 알 수 있을 것이다. 반면에 "그럴 형편이 못 된다."는 원하는 것을 얻을 가능성에 대해 마음을 굳게 닫는 것이다.

이 책의 서두에서 언급했듯이 '교육education'은 '끄집어낸다'라는 의미를 지닌 라틴어 '에두카레educare'에서 온 것이다. 우리가 어떠한 단어를 사용하는지 인식하고 그것을 바꾸는 것만으로도 나 자신에 대한 인식을 바꿀 수 있다. 그러므로 나는 스스로에게 "어떻게 하면 그럴 형편이 될 수 있을까?"라고 물음으로써 내 안에 존재하는 '부자'를 밖으로 끄집어낼 수 있었다. 반면에 "나는 그럴 형편이 못 돼."라고 말할 때에는 이미 그 안에 있는 '가난한 사람'을 강화하는 것이다.

삶은 자기 인식에서 시작된다

최근에 한 인터뷰에서 기자가 나에게 물었다. "어떻게 백만장자가 되었는지 말씀해 주십시오."

나는 대답했다. "사업체를 만들고 부동산을 구입했지요."

그러자 기자가 말했다. "글쎄요, 누구나 그렇게 할 수 있는 건 아니지요. 저는 그런 일은 못 하거든요. 제가 어떻게 하면 백만장자가 될 수 있을까요?"

나는 대답했다. "지금 하던 일을 계속하면서 부동산을 사면 됩니다."

기자가 말했다. "하지만 부동산 시장은 너무 비쌉니다. 저는 그럴 돈이 없어요. 그리고 전 부동산을 관리하고 싶지도 않고요. 그 밖에 제가 할 수 있는 다른 일은 없을까요?"

그래서 나는 이렇게 말했다. "요즘 주식시장이 상승세인데 주식에 투자를 해 보는 건 어떻습니까?"

"주식은 너무 위험합니다. 언제든 금방 폭락할 수 있어요. 게다가 저한텐 아내와 자식들도 있고 지불해야 할 청구서도 많거든요. 전 당신처럼 돈을 잃을 여유가 없습니다." 그 기자가 말했다.

그제야 나는 내가 부자 아빠가 하지 말라고 가르친 일을 하고 있음을 깨달았다. 나는 무엇보다 먼저 인식의 변화가 필요한 사람에게 대답해 주고 있었다. 그래서 나는 대답하기를 멈추고 질문을 던지기 시작했다. "그렇다면 당신이 어떻게 해야 백만장자가 될 수 있을까요?"

기자가 말했다. "책을 써서 수백만 부를 팔면 되겠죠. 당신처럼요."

"좋아요." 나는 큰 소리로 말했다. "당신은 좋은 작가니까요. 아주 좋은 생각이군요."

"하지만 내 책을 관리할 에이전트를 찾지 못하면요? 만약에 그 에이전트가 나를 등쳐먹으면 어쩌죠? 사실 저는 전에도 책을 쓴 적이 있지만 아무도 읽으려 하지 않았어요." 그 기자는 새로운 화제로 옮겨 갔지만 자기에 대한 인식은 똑같았다.

부모가 할 수 있는 가장 중요한 일은 아이의 자기 인식을 보호하고 개발하는 것이다. 우리는 모두 옳든 그르든 다른 사람들에 대해 특정한 인식을 가지고 있다. 우리는 어떤 사람이 멍청이나 바보, 똑똑한 사람, 혹은 부자라고 생각한다. 고등학교에 다닐 때 나는 한 여자애가 건방지고 잘난 척한다고 생각했다. 그래서 그 애에게 매력을 느끼면서도 데이트 신청을 하지 않았다. 그러던 어느 날 나는 그 애와 이야기를 하게 되었고, 그녀가 무척 친절하고 다정하고 따뜻한 사람임을 알게 되었다. 그녀에 대한 인식이 바뀌고 난 후 나는 그녀에게 데이트 신청을 했는데 그녀는 이렇게 대답했다. "아, 저런. 조금만 더 일찍 묻지 그랬어. 얼마 전에 제리와 데이트를 시작했거든. 지금 우리 사귀는 사이야." 이 이야기의 교훈은 우리가 남들에 대해, 그리고 자기 자신에 대해 어떠한 인식을 가지고 있다는 것이다. 다른 사람에 대한 인식이 바뀔 수 있듯이 우리 자신에 대한 인식도 바뀔 수 있다.

강력한 자기 인식을 갖는다는 것

언젠가 교사인 내 진짜 아버지가 어떤 유명한 연구에 대해 내게 이야기해 주신 적이 있다. 그것은 몇 년 전에 시카고 교육 기관에서 수행한 실험으로, 연구진은 일부 교사들에게 실험 대상이 되어 달라고 요청했다. 그들은 교사들에게 그들이 교사로서의 능력이 탁월하기 때문에 선정된 것이라고 말했고 또 재능이 뛰어난 아이들만이 그들의 학급에 배치될 것이라고 귀띔했다. 교사들은 학생들도 그 부모들도 그러한 실험이 진행된다는 사실을 모를 것이라는 이야기를 들었다. 뛰어난 재능을 가진 아이들이 자신의 재능을 모를 때 어떤 결과를 가져오는지 조사하는 것이 실험의 목적이었기 때문이었다.

예상대로 교사들은 아이들의 성적이 대단히 뛰어나다고 보고했다. 그들은 이런 학생들을 가르치는 것이 너무나도 즐거웠으며 늘 이렇게 비범한 아이들만 가르칠 수 있다면 정말 좋겠다고 말했다.

그러나 이 연구에는 숨겨진 사실이 있었다. 사실 그 교사들은 교사로서의 능력이 뛰어난 것이 아니었다. 그들은 무작위로 선정되었다. 아이들 역시 특별한 재능이 있어서 선택된 것이 아니었고 그들도 무작위로 선정되었다. 그러나 기대치가 높았기 때문에 아이들의 성적은 좋았다. 아이들과 교사들은 뛰어나고 똑똑하다고 인식되었기에 훌륭한 성과를 거뒀던 것이다.

이것은 무엇을 뜻하는 것일까? 그것은 아이들에 대한 당신의 인식이 그들의 삶에 커다란 영향을 끼칠 수 있음을 의미한다. 다시 말해 당신이 당신 아이에게서 천재성을 볼 때, 그 아이가 더욱 똑똑해지도록 도울 수 있다는 이야기다. 당신이 당신 아이를 부자로 본다면 그 아이가 더 부자가 되도록 도와줄 수 있다. 그리고 당신의 아이들이 당신과 똑같은 인식을 갖도록 가르친다면 그들은 세상을 살아가면서 주변에서 그런 모습으로 각인될 것이며 그에 걸맞은 대접을 받을 확률이 높아질 것이다.

아이의 교육은 바로 거기서부터 시작되어야 한다. 그래서 나는 이렇게 말하는 것이다. "아이에게 돈을 주기 전에 힘을 주어라." 아이가 강력한 자기 인식을 갖도록 도와라. 그러면 아이는 똑똑하고 부자가 될 것이다. 아이가 그런 인식을 키우지 못한다면 온 세상의 그 어떤 돈이나 교육도 아이를 돕지는 못할 것이다. 강력한 자기 인식은 더욱 똑똑해지고 부자가 되기 쉽게 만든다.

가장 힘들 때 힘이 되어 주는 부모

내가 받은 최고의 선물은 내가 가장 힘들었을 때 두 분 아버지가 준 것이다. 고등학교 시절 내가 힘든 시간을 겪고 있을 때, 교사인 아버지는 내가 얼마나 똑똑한 아이인지 늘 나를 북돋아 주었다.

내가 경제적으로 어려움에 처했을 때, 내 부자 아버지는 진정한 부자는 한 번 이상 사업에 실패한 경험이 있다고 말씀하셨다. 그분은 또한 가난한 사람들은 돈을 가장 적게 잃지만 갖고 있는 적은 돈마저 잃을까 봐 늘 두려움에 젖어 산다고 했다.

내 진짜 아버지는 내가 학문적인 실패를 강점으로 바꿀 수 있도록 격려했고 부자 아버지는 내가 금전적 손실을 금전적 이득으로 바꿀 수 있게 도와주었다. 두 분은 내게 서로 다른 것을 가르쳤지만 여러 면에서 같은 이야기를 해 주었다.

아이가 자기 자신의 가장 나쁜 점을 볼 때 부모가 할 일은 아이의 가장 좋은 점을 봐 주는 것이다. 이는 비단 어린아이뿐만 아니라 어느 정도 자란 아이들에게도 대단히 유용한 방식이다.

당신의 아이가 삶에서 최악의 상황에 직면했을 때야말로 당신은 부모로서 아이에게 최고의 교사이자 친구가 될 최상의 기회를 얻게 된다.

Chapter 4

부자가 되기 위한 숙제

우리 부모님과 마이크의 부모님은 우리에게 늘 숙제를 해야 한다고 얘기하곤 했다. 차이가 있다면 그분들이 말하는 숙제의 종류가 서로 달랐다는 것이다.

"너 숙제 다 했니?" 어머니가 물었다.

"이 게임만 끝내고 바로 할게요." 내가 대답했다.

"아까부터 계속 놀기만 했잖니! 이제 게임은 그만하고 책을 펼치렴. 성적이 좋지 못하면 대학에 갈 수가 없고, 그러면 좋은 일자리도 얻을 수 없어." 어머니가 꾸짖었다.

"네네, 금방 끝낼게요. 호텔 하나만 더 사고요."

"엄마 말 들어라. 게임은 그만하고. 네가 그걸 얼마나 좋아하는 줄은 알지만 이제는 공부할 시간이다."

그것은 아버지의 목소리였다. 무척 엄한 말투였다. 나는 더 이상은 버틸 수 없다는 것을 깨닫고는 게임을 그만두고 보드를 정리하기 시작했다. 몇 시간이나 걸려 모은 작은 녹색 집과 빨간 호텔, 그리고 땅문서를 치워 버리려니 마음이 아팠다. 조금만 더하면 보드의 한쪽 면 전체가 완전히 내 것이 될 수 있었는데 너무나도 아쉬웠다. 하지만 부모님 말씀이 옳았다. 내일은 시험이 있었고 나는 아직 시험공부를 시작조차 하지 않은 상태였다.

나는 인생의 한 시기에 '모노폴리' 게임에 완전히 매료된 적이 있다. 나는 여덟 살 때부터 열네 살 때까지 평소에도 자주 그 게임을 했고 열네 살 때 고등학교에서 미식축구를 시작하는 바람에 그나마 손을 떼게 되었다. 만약 그때 내 나이 또래의 친구들이 '모노폴리' 게임을 했더라면 나는 그 뒤로도 계속 그 게임을 즐겼을 것이다. 하지만 '모노폴리'는 고등학생이 하기에는 조금 창피한 게임이었다. 비록 게임을 하는 횟수는 줄었지만 나는 언제나 그 게임을 좋아했다. 그리고 나이가 충분히 든 뒤부터 나는 현실 세계에서 그 게임을 하기 시작했다.

부자는 일터가 아니라 집에서 부자가 된다

건전하고 강력한 자기 인식을 갖춘 후 부자가 되기 위해 가장 중요한 요소 중 하나는 바로 숙제를 하는 것이다.

전에 발표한 책들에서 나는 아홉 살 때부터 대학 때까지 내가 어떻게 부자 아버지를 위해 일하며 돈에 대해 배웠는지 설명했다. 부자 아빠는 내가 제공하는 노동에 대한 대가로 나와 그분의 아들 마이크에게 사업의 운영 비결과 투자가가 되는 데 필요한 기술들을 가르쳤다. 나는 토요일마다 친구들과 서핑을 하거나 다른 스포츠를 즐기고 싶은 마음을 꾹 참고 부자 아빠의 사무실에서 미래에 하와이 최고의 부자가 될 그분에게서 가르침을 받았다. 그러던 어느 토요일, 부자 아빠가 나와 마이크에게 이렇게 물었다. "너희는 어째서 내가 나를 위해 일하는 사람들보다 더 부자인지 아느냐?"

마이크와 나는 우두커니 앉아 마음속으로 적절한 답을 찾아 헤맸다. 처음에는 바보 같은 질문처럼 들렸지만, 부자 아빠가 어떤 분인지 아는 우리는 그분의 질문에 중요한 교훈이 숨어 있다는 것을 알고 있었다. 마침내 내가 용기를 내어 당연해 보이는 대답을 내놓았다. "왜냐하면 아저씨는 그 사람들보다 더 많은 돈을 버니까요."

"맞아요." 마이크가 고개를 끄덕이며 말했다. "어쨌든 회사의 주인은 아빠니까 아빠랑 직원들이 얼마를 받는지 직접 결정할 수 있잖아요."

부자 아빠는 몸을 뒤로 기대앉으며 빙긋 웃었다. "내가 사람들이 얼마나 받을지 결정하는 것은 맞다. 하지만 나보다 많은 직원들이 나보다 더 많은 돈을 받는단다."

마이크와 나는 의심스러운 눈빛으로 부자 아빠를 바라보았다. "회사를 소유한 건 아빠인데 어떻게 다른 사람들이 아빠보다 더 많은 돈을 받을 수가 있죠?"

"글쎄, 거기에는 몇 가지 이유가 있지." 부자 아빠가 말했다. "그 이유를 알고 싶니?"

"그럼요." 마이크가 말했다.

"사업을 시작할 때는 종종 현금이 부족하거든. 그런 경우에는 사주가 가장 나중에 돈을 받게 된다."

"그럼 직원들이 늘 먼저 돈을 받는다고요?" 마이크가 물었다.

부자 아빠가 고개를 끄덕였다. "그렇단다. 그들은 나보다 먼저 봉급을 받을 뿐만 아니라 종종 나보다 더 많은 돈을 받지."

"왜요?" 내가 물었다. "가장 늦게 받고 가장 적게 받는다면 뭐하러 사업을 하세요?"

"왜냐하면 성공한 사업체를 만들려는 사업가는 종종 그래야 할 필요가 있거든."

"전 이해가 안 돼요." 내가 말했다. "왜 그래야 하는지 설명해 주실래요?"

"왜냐하면 직원들은 돈을 위해 일하고, 나는 자산을 만들기 위해 일하기 때문이다." 부자 아빠가 말했다.

"그렇게 사업체를 만들면 받는 돈도 많아지나요?" 마이크가 물었다.

"그럴 수도 있고 그렇지 않을 수도 있지. 내가 이런 말을 하는 이유는 너희에게 돈과 자산은 다른 것임을 알려 주고 싶어서란다." 부자 아빠가 말을 이었다. "나는 나중에 돈을 더 받을 수도 있고 받지 못할 수도 있지. 나는 보수를 받기 위해 일하는 게 아니야. 내가 열심히 일하는 것은 자산을 구축해 그 가치를 높이기 위해서다. 나는 언젠가 그 사업체를 수백만 달러에 팔 수도 있고 사장을 고용해서 대신 운영할 수도 있을 거다. 그런 다음에는 또 다른 사업체를 만들겠지."

"그러니까 아저씨한테 사업을 만든다는 건 자산을 만드는 거네요. 그리고 아저씨한테는 자산이 돈보다 더 중요하고요." 나는 돈과 자산의 차이를 이해하려 애쓰며 말했다.

“그렇단다. 내가 돈을 덜 받는 두 번째 이유는 내게 이미 다른 수입원이 있기 때문이다.”

“그러니까 돈이 나오는 다른 자원이 있다는 뜻인가요?” 내가 물었다.

부자 아빠가 고개를 끄덕였다. “바로 그래서 너희들에게 아까 그렇게 물은 거란다. 왜 내가 늘 다른 직원들보다 더 부자가 될 수 있는지 물은 거지. 누가 봉급을 더 많이 받는지는 중요하지 않아. 난 지금 너희들에게 아주 중요한 교훈을 가르치고 있단다.”

“그게 뭔데요?” 마이크가 물었다.

“그 교훈은 바로 ‘일터에서는 부자가 될 수 없다. 하지만 집에서는 부자가 될 수 있다.’란다.” 부자 아빠는 내가 자신의 말을 진지하게 받아들이도록 힘주어 말했다.

“전 모르겠어요.” 내가 말했다. “집에서 부자가 될 수 있다니 그게 무슨 뜻이에요?”

“음, 간단히 말해 일터는 돈을 ‘버는’ 곳이다. 그리고 집은 네가 그 돈으로 무엇을 ‘할’ 것인지 결정하는 곳이지. 돈을 번 뒤에 그 돈으로 무엇을 하느냐에 따라 넌 부자가 될 수도 있고 가난한 사람이 될 수도 있단다.”

“꼭 집에서 하는 숙제homework 같네요.” 마이크가 말했다.

“그렇지.” 부자 아빠가 말했다. “그래서 나도 그걸 숙제라고 부른단다. 나는 부자가 되는 것이 내 숙제라고 말하지.”

“하지만 우리 아빠도 집에 할 일을 많이 가져오시는데요.” 나는 거의 방어적으로 말했다. "하지만 우리 집은 부자가 아니에요."

"너희 아버지는 집에 일을 가져오시는 거지, 숙제를 하시는 게 아니야." 부자 아버지께서 말씀하셨다. "그건 네 어머니가 하시는 집안일 housework과 똑같은 거다. 하지만 내가 말하는 숙제는 그런 게 아니란다."

"정원일yardwork 하고도 다르겠죠."

부자 아빠가 고개를 끄덕였다. "그래. 정원일과, 학교에서 집으로 가져오는 할 일과, 내가 말하는 숙제는 모두 다른 것이다." 나는 그때 부자 아빠가 한 말을 평생 잊지 못한다.

"부자와 가난한 사람, 중산층의 가장 기본적인 차이는 여유 시간에 무엇을 하느냐에 있다."

"여유 시간이요?" 나는 묻듯이 말했다. "여유 시간이라니, 그게 무슨 뜻이에요?"

부자 아빠는 마이크와 내게 미소를 지어 보였다. "너희들은 내가 하는 이 레스토랑 사업이 어디서 시작되었다고 생각하니?" 그분이 물으셨다. "그냥 하루아침에 불쑥 시작되었을까?"

"아뇨." 마이크가 말했다. "엄마 아빠가 우리 집 부엌에서 시작했다고 하셨어요. 아빠가 하는 모든 사업이 거기서 시작됐다고 하셨죠."

"그렇단다." 부자 아빠가 말했다. "우리가 몇 년 전에 문을 연 그 작은 가게 생각나니?" 마이크가 고개를 끄덕였다. "네. 그땐 우리 가족이 정말 힘들었죠. 돈이 거의 없었으니까요."

"그런데 지금은 우리 가게가 몇 개나 되지?" 부자 아빠가 물었다.

"다섯 개요." 마이크가 대답했다.

"우리가 운영하는 레스토랑은 몇 개냐?" 부자 아빠가 물었다.

"일곱 개요."

나는 부자 아버지와 마이크의 대화를 들으며 새로운 것들을 이해하기 시작했다. "그러니까 아저씨가 이 레스토랑에서 돈을 덜 버는 이유는 다른 사업에서 수입이 나오기 때문인가요?"

"부분적으로는 그렇다." 부자 아빠가 싱긋 웃으며 말했다. "나머지 해답은 '모노폴리' 게임에서 찾을 수 있다. '모노폴리' 게임을 이해하는 것은 네가 할 수 있는 가장 좋은 숙제지."

"'모노폴리'요?" 나는 씨익 웃으면서 물었다. 빨리 게임 보드를 치우고 숙제를 하라고 외치는 어머니의 목소리가 아직도 들리는 것 같았다. "'모노폴리'가 숙제라니 그건 무슨 뜻이에요?"

"자, 이걸 보렴." 부자 아빠가 나한테 세상에서 가장 친숙한 게임 보드를 열었다. "여기 있는 '전진Go'을 따라 전체를 한 바퀴 돌면 어떻게 되지?"

"200달러를 받아요." 내가 대답했다.

"그러니까 '전진'을 따라 한 바퀴를 돌 때마다 봉급을 받는 셈이구나. 그렇지?"

"네." 마이크가 대답했다.

"그리고 이 게임에서 이기려면 어떻게 해야 하니?" 부자 아빠가 물었다.

"부동산을 사야 해요." 내가 대답했다.

"그렇지. 부동산을 사는 것이 네가 할 숙제다. 그래야 부자가 될 수 있으니까. 봉급을 받는 것만으로는 부자가 될 수 없단다." 부자 아빠가 말했다.

마이크와 나는 한참 동안 조용히 앉아 있었다. 마침내 내가 용기를 내어 부자 아빠에게 물었다. "그러니까 아무리 많은 봉급을 받아도 부자가 되지는 못한다는 뜻인가요?"

"그렇단다. 봉급은 너를 부자로 만들어 주지 않아. 그 봉급으로 무엇을 하느냐가 너를 부자나 가난한 사람 혹은 중산층으로 만들어 주지." 부자 아빠가 대답했다.

"이해가 안 돼요. 우리 아빠는 항상 봉급이 오르면 우리도 부자가 될 수 있을 거라고 하시거든요." 내가 말했다.

"대부분의 사람들이 그렇게 생각한다. 하지만 현실은 달라. 대부분의 사람들은 돈을 벌면 벌수록 빚더미에 오른단다. 그래서 그들은 계속해서 더 열심히 일해야 하지." 부자 아빠가 말했다.

"왜 그런 거예요?" 내가 물었다.

"그건 그들이 집에서 하는 일 때문이다. 그들이 여가 시간에 하는 일 말이야. 대부분의 사람들은 돈을 번 후에 그것을 사용하는 방도에 대해 빈약한 계획을 세우거나 빈약한 공식을 갖고 있거든." 부자 아빠가 말했다.

"그럼 부자가 되는 좋은 공식은 어디서 찾을 수 있어요?" 마이크가 물었다.

"글쎄, 부자가 되는 좋은 공식 중 하나는 바로 이것 '모노폴리' 게임에서 찾을 수 있다." 부자 아빠가 게임판을 가리키며 말했다.

"무슨 공식인데요?" 내가 물었다.

"흠. 이 게임을 이기려면 어떻게 해야 하지?" 부자 아빠가 물었다.

"부동산을 산 다음에 거기다 건물을 지어야죠." 마이크가 대답했다.

"건물을 몇 개나 지어야 할까?"

"네 개요. 녹색 집 네 개를 지어요." 내가 대답했다.

"그렇지." 부자 아빠가 말했다. "그리고 녹색 집 네 개를 지은 다음에는 어떻게 할 거니?"

"녹색 집 네 개를 빨간 호텔 하나랑 교환해야죠." 내가 대답했다.

"그게 바로 부자가 되는 공식이다." 부자 아빠가 말했다. "바로 이 '모노폴리' 게임에 부자가 되는 세계 최고의 공식이 숨어 있어. 수많은 사람들이 그 공식대로 해서 상상을 초월한 엄청난 부자가 됐지."

"지금 농담하시는 거죠?" 나는 믿을 수 없다는 듯 의심에 가득 찬 목소리로 말했다. "부자가 되는 게 그렇게 간단할 리가 없잖아요."

"아니, 그렇게 간단하단다." 부자 아빠는 이렇게 말했다. "나는 여러 해 동안 사업을 해서 돈을 벌어 부동산을 샀단다. 그러고는 부동산에서 나오는 수입으로 먹고 살면서 꾸준히 사업을 했지. 사업에서 돈을 벌수록 나는 더 많은 돈을 부동산에 투자했다. 많은 사람들이 그 공식을 따라 큰 부자가 되었지."

"부자가 되는 게 그렇게 간단하다면 다른 사람들은 왜 그렇게 안 하는데요?" 마이크가 물었다.

"왜냐하면 그 사람들은 숙제를 안 했거든." 부자 아빠가 말했다.

"그게 부자가 되는 유일한 공식인가요?" 내가 물었다.

"그건 아니다. 하지만 이건 지난 여러 세기 동안 많은 부자들이 사용한 아주 효과적인 계획이야. 고대의 왕족들이 이용한 방법이기도 하고 지금도 수많은 사람들이 성공하는 방법이지. 다른 점이라면 요즘에는 왕족이 아니라도 부동산을 살 수 있다는 것이겠지."

"그럼 아빠는 현실에서도 줄곧 '모노폴리' 게임을 했던 거예요?" 마이크가 물었다.

부자 아버지가 고개를 끄덕였다. "나도 옛날에 어렸을 때 '모노폴리' 게임을 했단다. 나는 먼저 사업을 구축한 다음 그 사업으로 부동산을 사들이는 방식으로 부자가 되기로 결심했지. 그 후로 계속해서 그 일을 실천했지. 가난해서 돈이 하나도 없을 때조차도 집에 가면 투자할 부동산을 찾아보곤 했지."

"꼭 부동산이어야 하나요?" 내가 물었다.

"아니야." 부자 아빠가 대답했다. "하지만 나중에 나이가 들어 기업법과 세법이 얼마나 강력한지 알고 나면 어째서 부동산이 가장 좋은 투자법 중 하나인지 알게 될 거다."

"그밖에 또 어떤 투자 방법이 있는데요?" 마이크가 물었다.

"많은 사람들이 주식과 채권을 좋아한다." 부자 아빠가 말했다.

"아저씨도 주식과 채권을 갖고 계세요?" 내가 물었다.

"물론이야. 하지만 나는 부동산이 더 많단다."

"왜요?" 내가 물었다.

"내가 부동산을 살 때에는 은행이 돈을 빌려 주지만 주식을 살 때에는 대출을 꺼려하거든. 그래서 부동산을 사면 빌린 돈을 최대한 활용할 수 있지. 그리고 세법도 부동산에 유리하게 만들어져 있고. 하지만 이건 요점에서 약간 벗어난 것 같구나."

"그럼 뭐가 요점인데요?" 내가 물었다.

"요점은, 일터가 아니라 집에서 부자가 될 수 있다는 것이다. 너희들이 이 점을 명심했으면 좋겠구나. 너희들이 부동산을 사든 주식이나 채권을 사든 아니면 사업체를 만들든 나는 신경 쓰지 않는다. 내가 신경 쓰는 것은 일터에서 부자가 되는 사람은 드물다는 것이다. 부자가 되려면 집에서 숙제를 해야 해." 부자 아빠가 말했다.

"무슨 뜻인지 알 것 같아요. 그럼 아저씨는 레스토랑에서 일을 마치고 나면 어디에 가세요?" 내가 물었다.

"그걸 물어 줘서 고맙다. 자, 그럼 이야기가 나왔으니 지금 가 볼까? 내 차를 타고 드라이브나 하자꾸나. 내가 일을 마친 후에 어디에 가는지 보여 주마." 부자 아빠가 말했다.

몇 분 뒤에 우리는 수많은 집들이 줄지어 있는 커다란 땅에 도착했다. "이 20에이커의 땅은 알짜배기 부동산이란다." 부자 아빠는 부지를 가리켰다.

"알짜배기라고요?" 나는 냉소적으로 대꾸했다. 나는 겨우 열두 살이었지만 땅값이 싼 동네가 어딘지 정도는 알고 있었다. "완전 형편없어 보이는데요?"

"내가 하는 설명을 잘 들으렴. 저 집들이 '모노폴리' 보드 위에 놓인 녹색 집들이라고 상상해 봐라. 할 수 있겠니?" 부자 아빠가 말했다.

마이크와 나는 천천히 고개를 끄덕이며 한껏 상상력을 발휘했다. 눈

앞에 늘어서 있는 집들은 '모노폴리' 보드의 깔끔하고 보기 좋은 녹색 집들과는 거리가 멀었지만 말이다. "그럼 커다란 빨간 호텔은 어디 있어요?" 우리 둘은 입을 모아 물었다.

"곧 보게 될 거다." 부자 아빠가 말했다. "곧 보게 될 거야. 하지만 엄밀히 말해 빨간 호텔은 아닐 거다. 앞으로 몇 년 후면 우리가 사는 작은 마을이 이쪽 방향으로 점점 팽창하게 될 거야. 시 정부가 이 땅 건너편에 새 공항을 짓겠다고 발표했거든."

"그럼 이 집들은 시내와 공항 사이에 있게 되는 거네요?" 내가 말했다.

"그래, 바로 그거다. 적절한 때가 되면 나는 이 집들을 허물고 산업단지를 조성할 거다. 그렇게 되면 나는 우리 마을에서 가장 값비싼 부동산을 소유하게 되지." 부자 아빠가 말했다.

"그다음엔 어떻게 하실 거예요?" 마이크가 물었다.

"그 뒤로도 똑같은 공식을 따라야지. 더 많은 녹색 집을 사서 적절한 시기에 빨간 호텔이나 산업단지나 임대용 아파트나, 그때그때 사람들이 필요로 하는 것들을 짓는 거야. 난 아주 똑똑한 사람은 아니지만 성공적인 계획을 어떻게 따라야 하는지 정도는 안다. 나는 열심히 일하고, 내가 해야 할 숙제를 하지." 부자 아빠가 말했다.

마이크와 내가 열두 살 때, 부자 아버지는 이미 하와이에서 가장 부자가 되기 위한 길을 차근차근 걷고 있었다. 그분은 벌써 산업용 부지를 구입해 두셨을 뿐만 아니라 똑같은 공식을 이용해 해변가의 좋은 땅도 손에 넣었다. 부자 아버지는 불과 서른넷의 나이에 평범한 사업가에서 유력하고 부유한 사업가로 변신하고 있었던 것이다. 숙제를 했기 때문이었다.

『부자 아빠 가난한 아빠』에서 부자 아빠의 첫 번째 교훈은 부자들은 절대로 돈을 위해 일하지 않는다는 것이다. 부자들은 돈이 그들을 위해 일하도록 하는 데 중점을 둔다. 아직 어린 소년이었던 나는 부자 아버지가 부자들의 삶의 교훈을 '모노폴리' 게임에 비유했던 그때의 충격을 잊을 수가 없다. 부자들은 내 부자 아빠가 '숙제'라고 부르는 것을 함으로써 재산을 모았다. 부자 아빠가 내게 가르쳐 준, 일터가 아니라 집에서 부자가 된다는 가르침은 참으로 강력한 교훈이었다. 내 진짜 아버지는 집에 무수히 많은 일을 가져왔지만 진짜 숙제는 거의 하지 않았다.

1973년에 베트남에서 돌아온 나는 텔레비전에서 광고를 보자마자 곧장 부동산 강좌를 신청했다. 수업료는 385달러였지만 덕분에 나와 내 아내는 백만장자가 될 수 있었다. 우리가 그 강좌에서 배운 공식을 적용해 구입한 부동산은 우리에게 충분한 수입을 안겨 줌으로써 경제적 자유를 선사했다.

내 아내 킴과 나는 부동산 투자에서 나오는 비활성 소득 덕분에 더 이상은 일할 필요가 없다. 그러므로 내가 그 강좌를 듣기 위해 지불한 385달러는 그 돈보다 훨씬 중요하고 가치 있는 것을 내게 선물해 준 셈이다. 강좌에서 얻은 지식과 정보 덕분에 나와 내 아내는 직업적 안정보다 더 중요한 것을 얻을 수 있었다. 우리는 경제적 안정과 경제적 자유를 얻었다. 우리는 열심히 일했고, 또 열심히 숙제를 했다.

부자 아빠의 말처럼, "우리는 일터에서 부자가 되지 않는다. 우리는 집에서 부자가 된다."

게임에서 이기려면 여러 가지 재능이 필요하다

우리의 학교 제도는 주로 언어적 재능에 초점을 맞춘다. 앞에서 나는 아이들이 가진 재능이 언어적 재능, 즉 IQ 검사로 측정할 수 있는 재능이 아닌 경우 그들이 직면하게 될 도전 과제에 대해 이야기했다. 나 역시 학창 시절에 읽기와 쓰기, 듣기, 그리고 혼자서 치르는 시험에 능숙하지 못했다. 교실에 가만히 앉아 있는 것은 고통스러운 일이었다. 지금도 아주 활동적인 나는 신체적, 대인적, 내인적, 공간적, 그리고 수학적 배움과 관련된 재능을 이용할 때 가장 잘 배운다. 나는 직접 몸을 움직이고 이야기를 나누고 집단으로 일하고 협력하고 경쟁하고 재미있을 때 가장 잘 배운다. 물론 읽기 쓰기는 할 수 있지만 그것은 내가 정보를 흡수하고 전파하는 가장 힘들고 고통스러운 방식이다. 그래서 나는 학교에 다니는 것이 힘들었고 어렸을 때는 게임을 좋아했으며, 어른이 된 지금도 좋아한다. 게임을 배우고 이기기 위해서는 하나 이상의 재능이 필요하다. 게임은 종종 교단에 서서 가르치는 선생님보다 훨씬 더 좋은 교사가 될 수 있다.

나는 교실이라는 제한된 공간에 앉아 있는 것을 싫어했다. 나는 지금도 사무실에 앉아 있는 것이 싫다. 사람들은 언제나 이렇게 말한다. "나는 언젠가 양쪽에 커다란 창문이 있는 넓은 사무실에서 일할 거야." 나는 사무실에서 일하고 싶은 적이 단 한 번도 없었다. 나는 사무용 건물을 가지고 있지만 사무실은 없다. 모임을 해야 할 때면 회사 회의실을 이용하거나 레스토랑에 간다. 나는 어렸을 때 갇혀 있는 것을 싫어했고 지금도 갇혀 있는 것을 싫어한다. 내가 갇힌 공간에 머물 수 있는 가장 좋은 방법은 게임을 하는 것이다. 오늘날 나는 일터에 출근해 게임을 한다. 지금 내가 하는 게임은 진짜 돈을 가지고 하는 '모노폴리' 게임이다. 내가 게임을 하는 이유는 그것이 내가 가장 잘 배우는 방법이기 때문이다.

내가 게임과 스포츠를 좋아한다는 사실을 알았을 때, 내 진짜 아버지는 내가 수업을 듣는 것보다 몸으로 할 때 가장 잘 배운다는 사실을 깨달으셨다. 아버지는 내가 학구적인 대학에서는 잘하지 못할 것임을 아셨다. 내가 몸으로 배우는 유형임을 알게 된 아버지는 학생들에게 강의를 하기보다 행동으로 가르치는 학교를 선택하도록 격려하셨고 그래서 나는 미국 해군사관학교와 해양사관학교에 지원해 합격했다. 내가 지원한 학교들은 배를 타고 전 세계를 돌아다니며 공부할 수 있는 곳이었다. 나는 배에서 선원이 되는 법을 배웠다. 학교를 졸업한 뒤에는 해병대에 입대해 비행기 조종을 배웠고, 나는 그것이 무척 마음에 들었다. 나는 배를 타고 배우는 것이 좋았고 비행기를 타고 배우는 것이 좋았다.

내가 제한된 공간인 교실에서의 수업을 참고 견딜 수 있었던 것은 그것이 실생활에서 항해와 비행을 배울 수 있는 길로 이어졌기 때문이다. 내가 교실에서 공부한 것은 뭔가를 배우고 싶었기 때문이었다. 나는 배우고 싶을 때 더 열심히 공부했다. 그러면 공부가 지루하지 않았고 내가 똑똑해진 것 같았으며 성적도 더 좋아졌다. 성적이 좋다는 것은 내가 더 재미있는 것들을 할 수 있다는 의미였다. 이를테면 배를 타거나 비행기를 몰고 타히티나 일본, 알래스카, 오스트레일리아, 뉴질랜드, 유럽, 남아메리카와 아프리카, 그리고 베트남에 가는 것 등 말이다.

아버지가 배움의 다양한 방식에 대해 설명해 주지 않았다면 나는 아마도 학교를 그만두었을 것이다. 나는 평범하게 교실에서 배우는 방식의 대학을 선택했을 테고, 지루함을 느꼈을 것이며, 파티나 하다가 결국 강의를 밥 먹듯 빼먹었을 것이다. 나는 닫힌 공간에 있는 것과 지루한 강의를 듣는 것이 싫었다. 그리고 나는 볼 수도 만질 수도 느낄 수도 없는 과목들을 공부하는 것을 싫어했다. 내 진짜 아버지는 언어적 천재였지만 당신의 자식들은 당신과 같지 않다는 것을 알고 있었다. 본인이 교육감이었음에도 불구하고 우리를 성적 때문에 꾸짖는 법이 없었던 것은 자신의 네 아이들이 모두 서로 다른 방식으로 배운다는 것을 알았기 때문이다. 아버지는 학교 성적이 나쁘다고 우리를 꾸짖는 것이 아니라 우리들 각자가 가장 잘 배울 수 있는 방법을 찾도록 북돋았다.

아버지는 또한 공부가 끝나면 내게 어떠한 보상, 즉 인센티브가 필요하다는 것을 이해했다. 그분은 내가 호전적이고 반항적이기 때문에 "대학에 가라."는 당신의 말을 무조건적으로 따르지 않으리라는 것을 알고 있었다. 내게는 이유가 필요했다. 우리 아버지는 내가 스스로 공부하고 싶은 것들을 가장 잘 배울 수 있는 방법으로 배우고, 그런 후에 내가 좋아하는 보상이 주어지는 것들을 공부해야 한다는 것을 알았다. 아버지는 내가 나 자신의 그런 점을 이해할 수 있도록 도왔다.

아버지는 내가 부자 아버지와 함께 많은 시간 동안 '모노폴리' 게임을 하는 것을 좋아하지 않았다. 하지만 아버지는 내가 그 게임에서 보상을 받을 수 있기 때문에 그것을 한다는 것을 알았다. 그분은 또 내가 내 미래를 볼 수 있다는 것을 알았다. 그래서 아버지는 내게 이렇게 말했다. "학교에 가서 세상을 둘러봐라. 전 세계를 돌아다니며 '모노폴리'를 할 수 있을 테니 말이다. 난 너를 세계 여행을 보내줄 형편은 못 되지만 만일 온 세상에서 공부할 수 있는 학교에 들어간다면 너도 즐겁게 공부를 할 수 있을 거다."

아버지는 내가 그 말에 얼마나 큰 영향을 받을지 알지 못했다. 그분에게 세계를 여행하며 '모노폴리'게임을 하는 것은 이치에 맞지 않는 일이었다. 그렇지만 내가 온 세상을 돌아다니며 공부를 한다는 생각에 흥분한다는 것을 알자 그분은 기꺼이 나를 격려하고 지지했다. 아버지는 내가 무엇에 흥미를 느끼는지 아셨고 심지어 '모노폴리'를 한다는 내 생각도 어느 순간 좋아하게 되었다. 비록 전 세계 부동산에 투자를 한다는 생각은 이해할 수 없었지만 말이다. 그것은 그분의 현실이 아니었다. 하지만 아버지는 그것이 내 현실이 되고 있음을 알았다. 내가 벌써 '모노폴리' 게임을 갖고 있었기 때문에 그분은 항해와 세계 여행에 관한 책들을 가져다주었다.

그래서 나중에는 아버지도 내가 '모노폴리' 게임을 하는 것을 개의치 않았다. 그분은 그것이 재미있을 뿐만 아니라 내가 거기에 흥미를 가지고 있다는 사실을 이해했고 또한 그 게임과 내가 좋아하는 과목들을 연관시킬 수 있다는 것도 깨닫게 되었다. 아버지는 내가 열심히 공부하는 목적, 즉 나에게 보상이 무엇인지를 알게 되었다. 그것은 세상을 여행하고 실생활에서 '모노폴리' 게임을 하는 것이었다. 그분은 그것이 유치하고 어린애 같다고 느꼈지만 그럼에도 그것은 내가 흥미를 느끼는 현실이었다. 아버지는 내가 '모노폴리' 게임을 할 때면 내가 그 게임의 끝에서 내 미래를 보고 있음을 알아차렸다. 당신 자신은 볼 수 없더라도 나는 볼 수 있다는 것을 알게 된 것이다. 그래서 아버지는 내가 볼 수 있는 것, 혹은 내가 보기 시작한 것을 내가 학교에 남아 열심히 공부하게 하는 인센티브로 활용하셨다.

오늘날 나는 전 세계를 돌아다니며 진짜 돈으로 '모노폴리' 게임을 한다. 내 읽기나 쓰기 능력은 그리 대단하지 않지만 그래도 내가 지금처럼 읽고 쓸 수 있는 것은 우리 아버지 덕분이다. 교사인 우리 아버지는 현명하게도 내가 흥미를 느끼는 분야를 찾아내고, 내가 관심 없는 분야의 읽기와 쓰기는 강요하지 않았다.

모노폴리 게임에서 배운 것들

내가 '모노폴리' 게임에서 배운 가장 중요한 것은 바로 이기는 공식이다. 나는 녹색 집 네 개를 사서 빨간 호텔로 바꾸기만 하면 된다는 것을 알았다. 구체적인 방법은 몰라도 어쨌든 내가 그것을 할 수 있다는 것은 알았다. 적어도 그 당시에 나 자신에 대한 자기 인식은 그랬다. 다시 말해 나는 아홉 살부터 열다섯 살 사이에 내가 내 친구인 개미 앤디처럼 학문적 천재는 아니라는 것을 알았다. '모노폴리' 게임에서 공식을 발견하고 부자 아빠의 녹색 집을 실제로 보고 만지고 느끼게 되었을 때, 나는 나 자신에게 맞는 이기는 공식을 발견하게 되었다. 나는 가난한 아빠의 '열심히 공부하고 열심히 일해서 안정적인 일자리를 얻고 하루 종일 사무실에 앉아 있는' 공식은 내게 맞지 않는다는 것을 알고 있었다. 그러므로 그것은 좋은 소식이었다. 하지만 앞에서도 말했듯이 동전에는 늘 양면이 있다. 나쁜 소식은 내가 열다섯 살이 되었을 즈음 “열심히 공부해서 좋은 성적을 얻지 못하면 좋은 일자리를 얻을 수도 없고, 그러면 결코 성공하지 못할 것이다.”라는 협박이 내가 좋아하지 않는 과목들을 공부할 동기를 자극하지 못했다는 것이다.

오늘날 나는 시험 점수가 점점 떨어지는 아이들을 볼 때마다 그 아이들도 나처럼 공부할 동기나 이유가 부족한 건 아닌가 생각한다. 아이들은 바보가 아니다. 사실 아이들은 많은 어른들보다도 현실 세계에 대해 더 잘 알고 있다. 기존의 학교 체제가 아이들을 가르치는 데 곤란을 겪는 이유 중 하나는 누구도 아이들에게 열심히 공부하고 재미있게 학교를 다닐 만한 신나는 이유를 제공하지 않았기 때문이다. 나는 1학년 학생들에게 ‘모노폴리’ 게임을 가르치고 ‘졸업 후에 백만장자가 되고 싶은 사람들을 위해’라는 강좌를 신설하면 많은 아이들이 공부에 흥미를 느낄 것이라고 생각한다. 어떤 아이가 정말로 백만장자가 되고 싶어 한다면 내가 어렸을 때 배운 것과 똑같은 것들을 가르쳐 주면 된다. 그 아이는 진심으로 그것을 공부하고 싶어 할 것이다. 왜냐하면 그 후에 받는 보상이 재미있고, 공부할 만한 가치를 제공하기 때문이다.

그러므로 좋은 소식은 내가 ‘모노폴리’ 게임을 하면서 나만의 이기는 공식을 발견했다는 것이다. 게임이 끝날 때마다 나는 내 미래를 볼 수 있었다. 나도 그런 일들을 할 수 있다는 것을 깨닫자 나는 진심으로 백만장자가 되고 싶었다. 그렇게 생각하자 나는 신이 났고, 열심히 공부해서 그 목표를 이루고 싶어졌다. 하지만 부자가 되는 것보다도 더욱 중요한 것은 내가 경제적으로 안정적이고 자유로운 미래를 내다볼 수 있었다는 것이다. 나는 안정적인 직업을 갖고 나면 국가나 회사가 나중에 내 삶을 돌봐 줄 것이라는 인식은 갖고 있지 않았다. 열다섯 살 때 나는 언젠가 내가 부자가 되리라는 것을 알고 있었다. 단순히 생각하는 게 아니었다. 나는 그것을 알고 있었다. 그리고 그것을 알게 되자, 나 자신에 대한 인식이 더욱 강력해졌다. 나는 설사 내가 학교 성적이 좋지 못하거나 좋은 대학에 가지 못해도, 설령 좋은 직장을 얻지 못한다고 해도 결국은 내가 부자가 될 것임을 알았다.

나쁜 소식은 내가 점점 더 조바심이 났다는 것이다. 교사인 우리 아버지와 부자 아버지가 학교에 계속 다니고 대학을 졸업하라고 격려하지 않았다면 나는 일찍이 학교를 떠났을지도 모른다. 나는 두 분 아버지와 그 힘든 시기에 나를 꾸짖지 않고 기꺼이 이끌어 준 고등학교 시절의 몇몇 선생님들의 선견지명에 감사한다. 나는 그분들의 도움으로 학교에 남아 좋은 학생이 될 수 있는 기회를 찾을 수 있었다. 그분들은 내가 가장 잘 배울 수 있는 방법을 찾게 도와주었지만, 학교 체제가 원하는 방식대로 배워야 한다고 내게 강요하지 않았다.

교사인 우리 아버지는 내가 읽기와 듣기보다 몸으로 움직일 때 더 잘 배운다는 사실을 알았기 때문에 세계 여행이라는 내 꿈에 불을 붙였고, 그 꿈과 '모노폴리' 게임을 연결해 주었다. 아버지는 내가 학교에 계속 다닐 수 있게 격려하고 내 학습 방식과 가장 잘 맞는 학교를 찾도록 도왔다. 그분은 내 성적이 낮아도 상관하지 않았고 내가 명문학교에 가야 한다고 생각하지도 않았다. 그저 내가 학교에 계속 다니고, 대학을 졸업하고, 무엇보다 평생토록 배움을 계속하길 바랐다. 다시 말해 내 진짜 아버지는 부모로서 그분의 숙제를 했던 것이다.

부자 아빠는 '모노폴리' 게임을 이용해 내게 다른 것들을 가르쳤다. 그분은 내게 부자들의 이기는 공식을 가르치셨고 학교 성적이 좋지 못하거나 고소득 일자리를 얻지 못해도 삶이라는 게임에서 이길 수 있다고 나 자신에 대한 인식을 바꿔 주었다. 그분은 내게 그분의 이기는 공식을 가르쳤고, 나는 평생 그 공식을 활용했다. 다시 말해 부자 아빠 또한 그분의 숙제를 한 것이다. 그분은 종종 이렇게 말했다.

"일터에서 부자가 되는 것이 아니다. 집에서 숙제를 함으로써 부자가 되는 것이지."

부자이고 똑똑한 아이들 가르치기

나는 한 유명한 마케팅 회사로부터 이른바 '다음 세대'들에게 투자에 관해 가르쳐 달라는 부탁을 받은 적이 있다. 그들이 말하는 다음 세대는 바로 네트워크 마케팅 사업에서 성공을 거둔 부모들의 자식이었다. 내가 왜 그 아이들이 투자에 관해 배워야 하는지 묻자 그들은 이렇게 대답했다. "왜냐하면 이 젊은이들 중 대다수가 수백만 달러, 어떤 경우에는 수십억 달러의 사업을 물려받게 되기 때문이죠. 우리는 이제껏 그들에게 사업 기술을 가르쳤는데, 이제는 당신이 그들에게 투자 기술을 가르쳐야 할 것 같습니다." 그 대답을 듣자 어째서 그들이 내게 연락을 했는지 알 것 같았다.

나는 스키 휴양지에서 이틀 동안 열다섯 살에서 서른다섯 살에 이르기까지 75명의 다양한 젊은이들을 앞에 놓고 투자의 중요성에 대해 이야기했다. "투자할 돈은 어떻게 벌죠?" 같은 질문을 들을 필요가 없으니 그렇게 좋을 수가 없었다. 부자 아빠는 이렇게 말했다. "돈 문제에는 두 가지 종류가 있다. 한 가지는 돈이 충분치 못한 것이고 다른 하나는 돈이 너무 많은 것이지." 이 젊은이들은 두 번째 문제를 겪고 있었다.

강좌의 두 번째 날에 나는 이들 젊은이들이 얼마나 다른지 깨닫지 않을 수 없었다. 이들은 내가 이제껏 만나본 다른 젊은이들과는 많이 달랐다. 심지어 십 대들과도 마치 어른들과 이야기를 하듯 돈과 사업, 그리고 투자에 관해 이야기를 나눌 수 있었다. 거의 내 자식뻘의 나이인데도 회의실에서 동료와 대화를 나누는 듯한 기분이 들 때도 많았다. 그러다 나는 이들이 사업을 하면서 자라났다는 사실을 깨달았다. 그들 중 상당수가 내가 가진 것보다도 더 큰 규모의 현금 흐름과 투자 포트폴리오를 관리하고 있었다. 나 자신이 약간 초라하게 느껴지는 순간이었다. 그러나 이들 젊은이들은 이미 부자임에도 내가 일부 젊은이들로부터 가끔 느끼는 오만함이나 쌀쌀맞은 태도가 없었다. 그들 가운데 많은 이들이 집에서 부모님의 사업을 도우며 성장했고, 따라서 어른들이 익숙할 뿐만 아니라 어른들과 함께 돈과 사업에 관해 이야기하는 것에도 익숙했다. 나는 전에도 이런 젊은이들이, 가령 불과 열네 살밖에 안 된 소년이 4만 명의 군중 앞에서 연설을 하고 그들로부터 열띤 반응을 불러일으키는 것을 본 적이 있었다. 나는 서른여덟 살이 되어서야 처음 강단에 섰고, 내 강연은 지루하기까지 했는데 말이다.

이틀간의 일정이 끝나고 차를 몰고 산을 내려가 다시 공항으로 향할 때에야 나는 내 가장 친한 친구인 마이크와 내가 그들과 똑같은 경험을 했다는 것을 깨달았다. 마이크가 대학에서 열심히 공부를 한 이유는 경영대학원이라는 공부의 끝에 수백만 달러짜리 사업체라는 보상이 기다리고 있었기 때문이다. 한편 나 역시 집에서 열심히 일하고 그의 아들과 내게 진짜 세계에서 통용되는 삶의 기술을 가르쳐 준 부자 아버지의 덕을 보았다.

나는 네트워크 마케팅에서 프랜차이즈에 이르기까지 무엇이든 집에서 하는 사업을 고려하는 사람들에게 내가 그때 만났던 젊은이들에 대해 이야기해 준다. 재택 사업은 추가 소득과 세금 감면 외에도 많은 혜택들을 제공한다. 그러한 혜택 중 일부는 값을 매길 수도 없을 정도로 엄청나다. 자녀를 키우는 일부 사람들에게, 재택 사업은 그들의 숙제를 하고 아이들에게도 같은 것을 가르칠 수 있는 방법이다. 부자 아빠는 말했다. "일터에서 부자가 되는 것이 아니라 집에서 부자가 된다." 거기에는 돈보다도 더욱 중요한 재산이 포함된다.

역사상 많은 부자들이 집에서 사업을 시작했다. 헨리 포드는 차고에서 사업을 시작했다. 휴렛패커드 역시 차고에서 시작되었다. 마이클 델은 기숙사 방에서 창업을 했고 샌더스 대령은 자신이 운영하던 레스토랑 위로 고속도로가 건설되어 사업이 망한 뒤에야 부자가 되었다. ㅅ일터에서는 부자가 될 수 없다는 부자 아버지의 충고는 많은 부자들에게 적용되는 말이다.

참고로 내가 만든 보드 게임 '캐시플로 101'은 우리 집 식탁에서 탄생했다. 『부자 아빠 가난한 아빠』는 산속에 있는 오두막에서 썼다. 나는 아직도 사무실이 없다. 왜냐하면 지금도 내가 좁은 공간에 갇히는 것을 싫어하기 때문이다. 나는 아직도 두 분 아버지에게서 배운 공식을 활용하고 있으며 세상을 여행하고 진짜 돈으로 '모노폴리' 게임을 한다. 다시 말해 나는 여전히 숙제를 하고 있는 것이다.

Chapter 5

적어도 세 개의 이기는 공식이 필요하다

부자 아버지와 가난한 아버지의 삶을 돌아보면서 나는 한 분이 다른 한 분보다 성공한 이유가 그분이 더 이기는 공식을 더 많이 갖고 있었기 때문임을 깨달았다.

얼마 전에 친구 하나가 내게 전화를 걸어 조언을 구한 적이 있다. 애드리언은 여러 해 동안 대기업에서 근무했는데 1990년대 초에 구조조정을 당했다. 그녀는 늘 자기 사업을 하고 싶어 했기 때문에 당황하지 않고 이제껏 모은 저축과 퇴직금으로 여행사 지점을 하나 인수했다. 그런데 그녀가 사업을 시작하자마자 항공사들이 여행사가 판매하는 비행기 표에 지불하는 수수료를 깎기 시작하는 것 아닌가. 지금까지 800달러의 수수료를 지불하던 항공사가 갑자기 100달러, 아니면 심지어 겨우 50달러를 지급했다. 이제 애드리언은 여행사를 닫아야 할 위기에 처했다. 하지만 이번에는 저축한 돈도 없고 퇴직금도 없었다. 그녀는 여행사를 팔려고 내놓았지만 수수료가 감소한 까닭에 여행사의 가치 또한 크게 떨어졌다.

애드리언이 중년이 넘어 곤경에 빠진 이유는 그녀가 오랜 삶에 대비할 공식을 충분히 갖고 있지 않기 때문이다. 이기는 공식이 부족해 고생하는 사람은 애드리언뿐만이 아니다. 많은 이들이 학교에서는 잘해도 이기는 공식이 부족해 실제 삶에서 곤란을 겪는다. 다음 장은 삶이라는 게임에서 이길 수 있도록 아이들에게 충분한 공식을 준비해 주려는 부모들을 위해 쓴 것이다.

적어도 세 개의 이기는 공식이 필요하다

다음은 당신의 아이가 직업적으로 그리고 경제적으로 성공하기 위해 반드시 배워야 할 가장 기본적인 공식 세 가지이다.

1. '학습'에서 이기는 공식
2. '직업'에서 이기는 공식
3. '경제'에서 이기는 공식

당신 자녀의 학습 공식을 찾아라

내 친구 애드리언이 학교에서 잘한 이유는 그녀가 빨리 배우고 학교를 좋아했기 때문이었다. 애드리언은 읽기와 쓰기, 산수가 쉽다고 느꼈고 졸업 후에는 대학에 진학해 문학사 학위를 받았다. 애드리언은 학교에서 잘했기 때문에 학교를 좋아했고, 그것은 그녀에게 매우 긍정적인 경험이었다. 그녀가 학교에서 긍정적인 경험을 했기 때문에 나는 그녀에게 여행사를 팔고 다시 학교로 돌아가 직업적으로 이기는 새로운 공식을 배울 것을 권했다. 그녀는 지금 쉰넷의 나이에 학교로 돌아가 로스쿨에 지원하기 위해 공부 중이다.

애드리언은 사람들마다 학습에서 이기는 공식이 모두 다르다는 우리 아버지의 말씀을 입증하는 실례 중 하나이다. 애드리언의 이기는 학습 공식은 그녀에게는 잘 맞겠지만 내게는 아마 통하지 않을 것이다. 나는 학교를 좋아하지 않았고, 내가 다시 학생이 되어 교육의 전당으로 돌아갈 일이 절대로 없다.

이기는 학습 공식을 개발하라

태어나서 대략 열다섯 살이 될 때까지의 기간은 아이들에게 대단히 중요하다. 이 시기에 아이들은 자신만의 학습 공식을 개발하기 때문이다. 학교생활을 좋아하고 쉽게 배우고 좋은 점수를 얻는 아이들은 학습에서 이기는 공식을 비교적 잘 개발할 것이다. 반면에 언어적 재능이 뛰어나지 않거나 다른 이유로 읽기, 쓰기, 산수를 배우는 것이 힘겨운 아이들은 학교생활이 힘겨울 수 있다. 학교생활 초기에 어려움을 겪거나 다른 아이들만큼 똑똑하지 않다고 느끼게 되면 자존감이 낮아지고 학교에 대해 부정적인 태도를 갖게 된다. 그런 아이들은 자신이 멍청하다고 느끼거나 혹은 교육 체제 안에서 살아남을 수 없다고 느낄 수도 있다. 또는 이른바 핸디캡을 가진 아이로 낙인찍힐 수도 있다. ADD라든가 '멍청하다'라고 불리며, '재능이 있다.'라든가 '천재' 혹은 '똑똑하다'라는 평가를 받지 못하는 것이다. 어른인 나도 멍청하다는 말을 듣거나 열등감을 느끼는 것이 싫은데, 열두 살도 안 된 어린아이들이 그런 말을 들으면 기분이 어떻겠는가? 정신적으로, 감정적으로, 그리고 신체적으로 그들은 어떤 희생을 치르게 될까?

학업 수준에 등급을 매기는 교육 시스템은 아이들이 학문적으로 불안을 느끼는 또 다른 이유이다. 종형 곡선 그래프에 열 명의 아이들이 있다고 치자. 그런 경우 보통 두 명은 곡선의 꼭대기에, 두 명은 바닥에 있을 것이며 나머지 여섯 명은 중간에 위치한다. 나는 일반적인 성취도 평가에서 잠재력은 상위 2퍼센트에 속하지만 점수는 하위 2퍼센트에 속했다. 교사인 우리 아버지는 학생들을 평가하는 이 종형 그래프를 두고 이렇게 말씀하시곤 했다. "우리의 학교 제도는 교육 시스템이 아니라 제거 시스템이다." 부모로서 그분의 임무는 내게 정신적, 감정적인 안정감을 주고 내가 학교 제도에서 제거되지 않도록 하는 것이었다.

아홉 살의 변화

루돌프 슈타이너는 자주 논란의 도마에 오르는 교육자이다. 그의 교육철학은 현재 발도로프 학교에서 활용되고 있다. 슈타이너는 그가 '아홉 살의 변화'라고 부르는 개념에 대해 자주 언급했는데, 그것은 아이들이 아홉 살 즈음이면 부모의 정체성에서 벗어나 자기 자신의 정체성을 찾기 시작한다는 것이다. 슈타이너는 그 시기에 아이들이 대개 외로움을 느끼며 고립감을 인식하게 된다고 생각했다. 아이들은 가족으로서의 '우리'가 아니라 자기 자신으로서의 '나'를 추구하기 시작한다. 이

기간 아이들은 실용적인 생존 기술을 배울 필요가 있다. 그런 이유로 발도로프 학교에 다니는 아이들은 그 나이에 정원을 가꾸고 집을 짓고 빵을 굽고 그 밖에 다양한 것들을 배우는 것이다. 아이들이 그런 기술을 배우는 것은 미래에 직업으로 삼기 위해서가 아니다. 그것은 아이들이 혼자서 생존할 수 있다는 개인적인 확신을 키우기 위해서다. 정체성을 찾는 이 시기에 아이들은 자신이 스스로 살아남을 수 있음을 알아야 한다. 이 시기에 개인적인 안정감을 발달시키지 못한다면 아이의 미래와 삶의 선택에 극적인 영향을 미칠 수 있다. 당연한 이야기지만 아이들은 이러한 정체성 위기에 저마다 다른 방식으로 대응하고, 때문에 부모의 예민한 관찰과 세심한 태도가 필요하다. 이 같은 시기에는 한꺼번에 서른 명의 아이들을 보살펴야 하는 교사가 아이들 각자의 선택과 필요를 모두 인지하기는 어렵다.

교사인 우리 아버지는 루돌프 슈타이너의 연구에 대해서는 알지 못했지만 그 시기에 아이들이 어떻게 발달하는지 잘 알았다. 내가 학교에서 그리 뛰어난 학생이 아니고, 친구인 개미 앤디는 천재인 반면 나는 그렇지 않다는 사실이 내게 큰 영향을 끼칠 수 있음을 깨달았을 때, 아버지는 나를 한층 더 면밀히 관찰하며 인도해 주었다. 그분은 내가 스포츠를 더 많이 하도록 격려했고 나도 나 나름의 방식으로 학교에서 살아남을 수 있다는 것을 알려 주고 싶어 하셨다. 아버지는 내가 학교에서 자신감을 유지할 방법을 찾기를 바랐다. 설사 그것이 공부가 아니라 운동일지라도 말이다.

우리 가족은 또 그 시기에 돈 문제를 갖고 있었다. 나는 우리 똑똑한 아버지가 당신이 돈을 충분히 벌지 못한다는 사실이 내게 얼마나 큰 영향을 미쳤는지 아셨다고 생각한다. 아버지는 내가 집에 오면 종종 어머니가 청구서를 앞에 두고 울고 있는 모습을 본다는 것을 알았다. 또한 내가 아버지와 다른 정체성을 추구하기 시작했다는 것을 알았을 것이고 실제로도 그랬다. 나는 아홉 살 때부터 부자 아버지와 함께 공부를 하기 시작했다. 지금 와서 돌이켜 보면 나는 경제적 어려움을 겪던 그 때 어떻게 하면 우리 집을 도울 수 있는지 나름대로 해답을 찾고 있었던 것 같다. 나는 분명 내 부모님과는 다른 정체성을 찾고 있었다.

모든 아이에게는 자신만의 학습 공식이 있어야 한다

애드리언의 학교 경험은 긍정적이었기 때문에 그녀가 교육의 전당으로 돌아가 새로운 직업을 얻기 위해 공부하는 것은 이해할 수 있는 일이다. 하지만 내 학습 공식은 다르다. 아홉 살 때 배운 내 학습 공식은 내 스승이 되어줄 수 있는 스승을 구해 직접 체험함으로써 배우는 것이다. 나는 내가 하고 싶은 일을 이미 해낸 스승을 찾거나 혹은 그들이 한 일을 들을 수 있는 오디오테이프를 듣는다. 가끔 책을 읽기도 하지만 그것은 최후의 수단이다. 나는 경영대학원에서 경영 지식을 배우는 대신 나만의 사업을 이룩했다. 왜냐하면 나는 교실에 앉아 수업을 듣는 것보다 체험을 함으로써 더 많이 배우기 때문이다. 나는 스승을 찾고 행동하고 실수를 저지르고 그런 다음 내가 무엇을 잘못했고 내 실수로부터 무엇을 배울 수 있는지 알려 주는 책이나 테이프를 찾는다. 예를 들어 내가 운영하는 사업의 마케팅 캠페인이 실패했을 때, 나는 새로운 해답을 찾기 위해 연구 조사에 매달렸다. 오늘날 나는 썩 괜찮은 마케터지만 만약 내가 교실에 앉아 책을 읽고 실제로 사업을 해 본 적도 없는 교사들의 말을 들었더라면 결코 그럴 수 없었을 것이다.

모든 아이에게는 자신만의 독특한 학습 공식이 있어야 한다. 부모의 임무는 아이가 자기에게 가장 잘 맞는 공식을 선택하도록 늘 관찰하고 돕는 것이다. 당신의 아이가 학교에서 잘하지 못한다면 옆에서 긴밀하게 지내면서도 지나치게 강요하지 말고, 아이가 가장 잘 배울 수 있는 방법을 발견하도록 도와야 한다.

당신의 아이가 학교에서 잘하고 학교를 좋아한다면 다행이라고 생각해라. 아이들이 앞서 가면서 학교생활을 즐길 수 있게 내버려 두어라. 만일 당신의 아이가 학교를 좋아하지 않는다면 그들 역시 천재라는 사실을 알려 주고 오직 하나의 천재성만 인정하는 시스템에서 나름의 학습 방법을 찾을 수 있게 북돋아라. 그렇게 하는 방법을 배운 아이들은 훌륭한 생존 기술을 익혀 여러 개의 천재성이 필요한 현실 세계에서도 살아남을 수 있을 것이다.

내 진짜 아버지는 내게 그렇게 하도록 격려했다. 그분은 학교에서 배우는 것들을 싫어하는 내게 나만의 학습 방식을 찾을 수 있게 도와주셨다. 그것은 진짜 세상에 대비하는 훌륭한 훈련이었다.

'직업 학생'이 되려면

나는 대부분의 사람들이 세상에서 살아남을 수 없을지도 모른다는 두려움 때문에 학교에서 잘한다는 사실을 알게 되었다. 아이들은 학교에서 좋은 점수를 얻어야 가장 잘 살아남을 수 있다고 배운다. 그래서 아이들은 '좋은 점수 따기'라고 부르는 생존 기술을 익힌다. 어렸을 때는 이런 방식이 통하겠지만 나이가 들고 학교를 떠나 현실에서 살아남는 데 필요한 다른 생존 기술이 필요할 때가 되면 문제가 발생한다.

내가 볼 때 학교에서 잘함으로써 생존하는 법을 배운 아이들은 직업 학생이 되기 쉽다. 그리고 그중 일부는 시스템을 결코 떠나지 않는 경우도 있다. 어떤 이들은 박사 학위를 따고 교수가 되어 안정을 찾으려고 한다. 똑똑한 내 진짜 아버지도 그 길을 가다가 가족들이 모두 앓아누우면서 본의 아니게 현실 세상으로 돌아가야 했다. 아버지는 이렇게 말했다. "진짜 세상에서 보호받기 위해 학계라는 벽이 필요할 경우에 그 안에 머무는 것은 쉬운 일이다."

자기 인식의 부족

나는 빚과 경제적 안정감의 부족이 경제 및 금융과 관련된 자기 인식을 훼손할 수 있다고 말한 바 있다. 다시 말해 금전적 문제가 많거나 일자리와 봉급이라는 덫에 얽매여 있는 기분이 든다면 당신의 경제적 자기 인식은 상당히 불안정할 수 있다는 뜻이다. 어떤 아이가 다른 아이들만큼 똑똑하지 않다는 말을 듣게 되면 학업에서 이와 똑같은 일이 일어날 수 있다. 우리 아버지의 도움이 아니었다면 나는 학교를 일찍 그만두었을 것이다. 자기가 멍청하다는 느낌이 드는 걸 좋아할 사람은 없기 때문이다. 나는 내가 멍청하지 않다는 것을 알고 있었다. 하지만 나는 내가 학교에서 배우는 과목들이 지루했고, 아무런 흥미도 느낄 수 없다는 것을 알고 있었다. 그럼에도 학교 성적이 나쁘다는 사실은 학업에 대한 내 자기 인식을 훼손했다. 그 힘든 시기에 나를 보호한 것은 내 진짜 아버지였다. 내가 성적이 나쁠 때에도, 심지어 낙제 성적을 받아 왔을 때에도 아버지는 내가 나름의 방식대로 똑똑하다는 사실을 주지시켰고, 학교에서 살아남으려면 내 나름의 학습 방법을 찾아낼 필요가 있다고 끊임없이 말씀하셨다. 아버지의 사랑과 지혜가 아니었다면 나는 학교를 그만두고, 상처입고 화가 난 상태로 학교에서 잘하는 아이들에게 열등감을 느꼈을 것이다. 달리 말해 내 똑똑한 친아버지가 아니었다면 나는 패배자의 공식을 배운 채 학교를 떠났을 것이다.

당신의 아이가 학교에서 잘하든 그렇지 않든, 아이를 관찰하며 그 아이가 자신의 공식을 찾도록 격려하라. 왜냐하면 진짜 교육은 학교를 떠나 현실 세계에 들어간 후에 시작되기 때문이다.

부모가 자기 아이를 교육할 권리

가정 학습은 오랫동안 일부 급진적인 부모들의 전유물이었다. 그러나 이제는 아이들을 기존의 교육 제도에 맡기지 않고 집에서 가르치려는 부모들이 점점 더 늘고 있다. 보도에 따르면 가정 학습을 향한 움직임은 매년 15퍼센트씩 늘고 있다고 한다. 전에는 집에서는 좋은 교육을 받을 수 없다는 것이 통념이었다. 그러나 집에서 공부한 학생들이 각종 철자경연대회나 지리경연대회에서 더 좋은 성적을 내고 하버드 대학교나 프린스턴 대학교, 사관학교 같은 명문대에 합격하는 경우도 많다.

차터스쿨 또한 빠른 속도로 늘고 있으며 몬테소리나 발도르프 학교가 인기를 얻고 있다. 다시 말해 부모들이 자신의 아이를 교육할 권리를 정부로부터 다시 돌려받고 있는 것이다.

학교 시스템의 결함

여러 해 전에 교사인 우리 아버지는 학교 시스템을 개혁하기 위해 노력하셨다. 아버지는 아이들이 각자 다른 천재성이 있다는 것과 기존의 학교 체제가 '모든 것을 하나에 맞추는' 시스템임을 알았다. 그런 시스템은 30퍼센트의 아이들에게는 알맞을지 몰라도 나머지 다른 아이들에게는 끔찍한 것이다. 아버지는 종종 이렇게 말했다. "이건 공룡보다도 더 나쁜 시스템이다. 적어도 공룡은 멸종했지만 학교 시스템은 사라지지 않을 테니 말이다. 그러니 그건 공룡보다도 더 나쁜 거지. 학교 제도는 말하자면 악어와 비슷해. 공룡이 멸종한 후에도 살아남은 파충류 말이다." 아버지는 계속해서 이렇게 말했다. "학교 제도가 바뀌지 않는 이유는 그것이 바뀌도록 만들어진 시스템이 아니기 때문이란다. 그건 살아남기 위해 만들어진 시스템이야."

우리는 교사들이 아이들의 교육에 최선을 다하고 있다는 사실을 안다. 문제는 그 교사들이 변화하지 않도록 만들어진 시스템 안에서 일하고 있다는 사실이다. 그것은 생존하기 위한 시스템이다. 속도를 높여 스스로를 변화시키기보다 아이들에게 약을 먹여 느리게 만드는 시스템이다. 이 시스템은 활동적인 아이들에게 약을 먹이고는 "약(마약)을 하지 마라."고 말한다. 내가 볼 때 이것은 말도 안 되는 시스템이다. 이 시스템은 내가 아는 한 고객들이 원하는 것은 주지 않으면서 사업의 실패를 고객 탓으로 돌리는 유일한 사업이다. 그들은 "우리 시스템은 지루합니다." 또는 "우리 시스템에는 교육 장애가 있습니다."라고 인정하는 대신에 이렇게 말한다. "당신 아이들은 학습 장애가 있습니다." 방금도 말했듯이, 이것은 자신들의 실패를 고객의 탓으로 돌리는 유일한 사업이다.

여러 해 전 내 진짜 아버지는 학교 시스템에 커다란 결함이 있음을 깨달았다. 그분은 대부분의 영어권 국가에서 사용하는 교육 제도가 원래 수백 년 전 프러시아에서 시작된 것임을 알고 당혹감을 느꼈다. 아버지는 당신이 일하는 시스템이 아이들을 교육하기 위한 것이 아니라 좋은 군인과 직원들을 배출하기 위한 시스템임을 알고 크게 낙담했다. 어느 날 아버지는 내게 이렇게 말씀하셨다. "우리의 교육 제도에 '유치원kindergarten' 같은 단어가 있는 것은 그것이 원래 수백 년 전에 프러시아에서 시작되었기 때문이란다. 'Kinder'는 프러시아 말로 '아이들children'을 뜻하고 'garten'은 '정원garden'을 뜻하지. 다시 말해서 국가가 아이들을 교육하는 혹은 '주입하는' 아이들의 정원이라는 뜻이다. 이것은 국가가 부모로부터 아이들을 교육하는 역할을 빼앗아 국가의 욕구와 필요에 가장 잘 봉사하는 아이들로 교육시킬 목적으로 만들어진 시스템이야."

'초등학교elementary'라는 단어는 어디서 시작되었는가?

아버지는 또 이렇게 말했다. "학교 제도의 가장 첫 단계가 '초등학교elementary'라고 불리는 이유는 우리 교육자들이 학습 과정에서 흥미로운 부분들을 제거하고 가장 기본적인 요소들elements로 쪼개 놓았기 때문이다. 학습 과정에서 흥미로운 것들을 제거하면 교육은 재미없고 지루한 것이 되고 말거든. 예를 들어 아이들이 집에 관심이 있다고 하자. 하지만 학교 시스템에서는 '집'이라는 주제는 제외되고 그것을 기본적인 것들로 쪼갠 수학과 과학, 쓰기와 그리기 같은 것들밖에 남지 않지. 그래서 학교에서 잘하는 학생들은 하나의 과목으로서의 수학이나 쓰기, 혹은 과학에 관심을 가진 아이들이다. 그렇지만 보다 크고 통합적인 것들, 예를 들어 집에 관심이 있는 아이들은 지루함을 느끼기 쉽다. 왜냐하면 그 아이들이 흥미를 느끼는 주제가 사라져 버렸으니까 말이다. 그 아이들은 그것들을 구성하는 기본 요소들을 공부해야 하지. 그래서 우리는 초등학교를 'elementary school' 이라고 부르는 거란다. 그리고 그래서 많은 학생들이 학교가 재미없다고 느끼는 거다. 그 아이들이 흥미를 느낄 만한 요소들이 없으니까 말이다."

나는 요즘 들어 가정 학습과 사립학교가 각광받는 몇 가지 이유도 여기에 있다고 생각한다. 그들은 국가로부터 아이들을 교육할 힘을 되찾아 부모와 아이들에게 돌려준다.

배움에 흥미를 잃는 아이들

내 아버지는 무사武士 집안 출신이다. 일본 봉건제도하에서 사무라이 계급이었다. 그러다 서양의 페리 제독이 일본에 개방을 요구했고, 그 후로 일본의 봉건제도는 사그라지기 시작했다. 아버지의 가문은 무사로서의 삶을 그만두고 의사의 길로 나아가기 시작했다. 우리 할아버지,

그러니까 아버지의 아버지는 의사가 되어야 했다. 하지만 그분은 의사가 되는 대신 하와이로 건너왔다. 할아버지는 의사가 되지 않았지만 우리 아버지가 의대에 가길 바라셨다. 그렇지만 그분의 아들인 아버지 역시 주어진 길을 벗어났다.

내가 아버지에게 어째서 의사가 되지 않았느냐고 묻자 그분은 이렇게 대답했다. "고등학교에 다닐 때 나는 왜 친구들이 갑자기 학교에서 보이지 않는지 궁금했다. 많은 아이들이 오늘은 학교에 나왔다가도 다음날이면 사라지는 식이었지. 난 그 이유가 궁금해서 학교 행정실에 물어보았다. 그리곤 그게 다 사탕수수 농장과 파인애플 농장 때문이라는 걸 알게 되었지. 학교가 아시아계 이민자 자녀들의 최소 20퍼센트를 그만두게 하는 거였다. 그래야 농장에서 학력이 낮은 노동자들을 꾸준히 고용할 수 있으니까 말이다. 그 사실을 알고 나니 피가 끓는 것 같더구나. 그래서 난 의학을 공부하는 것이 아니라 교육계에 종사하기로 결심했다. 나는 모든 아이들이 좋은 교육을 받을 기회를 얻을 수 있기를 원했다. 아이들이 최고의 교육을 받게 하기 위해서라면 대기업이나 정부하고도 기꺼이 싸울 각오가 되어 있었지."

우리 아버지는 평생 동안 교육 시스템을 바꾸기 위해 싸웠지만 결국에는 지고 말았다. 아버지는 말년에 하와이 150년 공립학교 역사에서 가장 뛰어난 두 교육자 가운데 한 명으로 선정되었다. 교육계 사람들은 아버지의 그 과감한 용기와 결단력을 칭송했지만 교육 시스템 자체는 아직도 대부분이 변화하지 않고 그대로 남아 있다. 내가 말했듯이 우리의 교육 시스템은 변화하기보다 생존하기 위해 만들어진 것이다. 그렇다고 교육 제도가 많은 사람들에게 좋은 일을 하지 않았다는 것이 아니다. 우리의 교육 제도는 그 안에 있는 사람들 가운데 약 30퍼센트에게는 아주 훌륭한 일을 해 주었다. 문제는 지금 시행되고 있는 제도가 수백 년 전 농경시대에 만들어진 것이라는 점이다. 자동차와 비행기, 라디오, 텔레비전, 컴퓨터, 인터넷이 없던 까마득한 시절에 말이다. 이 제도는 기술적 변화는 물론 사회적 변화에도 적응하지 못했다. 그것은 공룡보다 강하고 악어만큼이나 생명력이 질긴 시스템이다. 그래서 우리 아버지는 집에서 우리를 교육시키는 데 열심이었으며 자녀들에게 종종 이렇게 말했다. "좋은 성적보다 너희들의 재능을 발견하는 것이 더 중요하다." 다시 말해 아이들은 모두 나름의 방식대로 배운다. 부모의 역할은 아이들이 가장 잘 배우는 방법이 무엇인지 관찰하고, 자신만의 이기는 학습 방법을 개발하도록 격려하는 것이다.

나는 아이들을 볼 때마다 배움에 흥분하는 어린 천재들을 본다. 그러다 몇 년이 지나면 어린 천재들은 학교에서 지루함을 느끼고, 어째서 자신과 별 상관도 없는 것들을 억지로 배워야 하는지 의아해한다. 많은 학생들이 흥미도 없는 과목 때문에 상처를 입는다.

많은 학생들이 흥미도 없는 과목에서 등급이 매겨지고, 그에 따라 똑똑하거나 똑똑하지 않다는 낙인이 찍히는 데 모욕감을 느낀다. 한 젊은이는 내게 이렇게 말했다. "내가 똑똑하지 않은 게 아니에요. 단지 거기에 흥미가 없을 뿐이라고요. 먼저 내가 왜 그 과목에 흥미를 느껴야 하는지, 그리고 그걸 어디에 활용할 수 있는지부터 말해 줘야 하는 거 아닙니까. 그러면 저도 그걸 공부하게 되겠죠."

문제는 단순히 점수가 나쁘다는 것 그 이상이다. 내 똑똑한 아버지는 학교 점수가 학생들의 미래에 긍정적 혹은 부정적인 영향을 미친다는 것을 알았다. 하지만 그분은 점수가 나쁘다는 사실이 아이들의 자기 인식과 자기 확신에 미칠 영향에 대해서도 똑같이 걱정했다. 아버지는 자주 이렇게 말했다. "많은 학생들이 배움에 대한 기대감에 부풀어 학교에 들어가지만 얼마 지나지 않아 학교를 싫어하는 법만 배우고 학교를 떠난다." 아버지는 또 이렇게 충고했다. "만일 아이가 학교를 싫어하는 법을 배우는 아이라면, 부모가 해야 할 가장 중요한 일은 아이가 좋은 점수를 받게 하는 것이 아니다. 부모의 가장 중요한 역할은 아이가 배움에 대한 애정을 유지하도록 하는 것이다."

당신 아이의 천부적인 재능을 발견하고, 아이가 흥미를 느끼는 것을 발견하고, 계속해서 배움에 흥미를 느끼도록 해야 한다. 설사 그것이 학교 공부가 아니라 할지라도 말이다.

앞으로 우리의 아이들은 우리보다 훨씬 더 많은 것을 배워야 할 것이다. 그렇지 하지 않으면 다음 장에서 살펴볼 두 가지 이기는 공식에서 뒤처지게 될 것이기 때문이다. 그러므로 나는 당신 아이의 학습 공식을 개발하는 것이 학교에서 받는 점수보다 더 중요하다고 생각한다. 내 똑똑한 아버지와 부자 아버지는 두 분 다 이렇게 말했다.

"진짜 교육은 학교를 졸업하고 진짜 세상에 들어갈 때 시작된다."

Chapter 6

당신의 아이는 나이 서른에 퇴물이 될지도 모른다

어렸을 때 내 부모님은 내가 학교를 졸업하고 취직을 한 다음 충성스러운 직장인이 되어 승진가도를 달리다가 퇴직을 할 때까지 쭉 한 직장에 머무를 것이라고 생각했다. 회사에서 금시계를 받고 퇴직을 하고 나면 조용하고 평온한 동네에서 골프나 치며 석양 속으로 골프 카트를 몰고 사라질 것이라고 말이다.

나이가 들수록 가치가 떨어지는 시대

평생 한 직장에서 일한다는 생각은 산업 시대의 관점이다. 1989년에 베를린 장벽이 무너지고 인터넷이 등장하면서 세상과 고용의 법칙이 변했다. 그렇게 바뀐 규칙 중 한 가지는 이것이다. "나이가 들수록 (사업에서) 당신의 가치는 증가한다." 산업 시대에서는 그랬을지도 모른다. 그러나 오늘날에는 정반대로 바뀌었다. 정보 시대에는 많은 사람들이 나이가 들수록 가치가 '떨어진다'. 그래서 아이들에게 이기는 공식을 가르쳐야 하는 것이다. 시시각각으로 변화하는 변화를 따라잡으려면 말이다.

이기는 학습 공식은 잘 준비된 공식이어야 한다. 그래야만 아이들은 '직업' 공식에서 나타나는 변화를 따라잡을 수 있다. 당신의 아이는 나이 서른이 되면 시대에 뒤떨어진 사람이 될 것이고, 시장이 필요로 하는 직업적 변화를 따라가려면 새로운 직업 공식을 배워야 할 것이다. 달리 말해 당신의 아이가 평생직장이라는 낡은 생각을 갖고 있으며 빠르게 배우고 변할 준비가 되어 있지 않다면 시간이 갈수록 점점 더 뒤처질 것이다.

좋은 점수는 필요 없다

미래는 가장 좋은 성적으로 학교를 졸업하는 아이의 것이 아니다. 미래는 최고의 학습 공식과 최신의 기술적 아이디어를 가진 아이의 것이다. 높은 점수를 얻기 위해 시험 치르는 법을 배우는 것보다 더 중요한 것은 배우는 법을 배우고, 변하는 법을 배우고, 학급 친구들보다 더 빨리 적응하는 법을 배우는 것이다. 왜냐고? 왜냐하면 미래에 기업과 사업가들이 큰돈을 지불할 지식과 기술들은 오늘날 학교에서 가르치는 것들이 아니기 때문이다. 오늘날의 사업 세계를 보라. 수요가 가장 많은 사람들은 인터넷을 이해하는 사람들인데, 인터넷은 몇 년 전만 해도 학교에서 가르치는 과목이 아니었다. 가장 수요가 적은 사람들은 나와 같은 세대의 사람들이다. 보수는 많이 바라면서도 정보 시대에는 뒤처진 사람들 말이다.

흥망성쇠

경제의 흥망성쇠를 이해하는 가장 간단한 방법은 역사를 되짚어 보는 것이다.

- 1900년에는 485개의 자동차 제조사가 존재했다. 1908년에는 그중 절반만이 살아남았다. 485개의 자동차 제조사 중 오늘날까지 남아 있는 것은 실질적으로 세 곳뿐이다.
- 1983년에 미국에는 약 40개의 컴퓨터 제조사가 있었다. 현재는 네 곳뿐이다.
- 1983년에 새롭게 부상한 컴퓨터 기술업계의 리더는 버로즈,Burroughs 코모도,Commodore 제니스Zenith였다. 오늘날 컴퓨터 업계에서 일하는 젊은이들 가운데 상당수는 이 회사들의 이름을 들어 보지도 못했을 것이다.

기술은 대륙을 초월한다. 내가 여행한 거의 모든 나라에는 '실리콘밸리'라고 불리는 지역이 있었다. 미래에 당신의 아이와 일자리를 놓고 다툴 경쟁자는 미국에 거주하지 않을 수도 있다. 그리고 당신의 아이와 똑같은 연봉을 요구하지도 않을 것이다.

우리는 언제 늙은 것일까?

내가 오스트레일리아에 있을 때 지역 신문인 《웨스트 오스트레일리안》에서 기사 하나를 읽은 적이 있다. 그 기사는 내가 오래전부터 이야기하고 싶었던, 우리가 '너무 늙은 시점'은 언제인가에 관한 것이었다. 그 기사는 현대에는 우리의 나이가 직업과 깊은 연관이 있다고 말하고 있었다.

기사의 헤드라인은 "당신은 쓸모 있는가?"였고, 그 밑에는 젊은 그래픽 디자이너, 체조 선수, 변호사, 모델의 사진이 있었다. 그리고 각각의 사진 아래에는 검은 캡션 상자가 붙어 있었다.

- 체조 선수: 14세 이후 무용지물
- 모델: 25세 이후 무용지물
- 그래픽 디자이너: 30세 이후 무용지물
- 변호사: 35세 이후 무용지물

각각의 직업군에서 언급된 나이가 지나면 당신은 너무 나이가 많은 것이다. 이 기사는 한 주에 2,000달러를 버는 한 모델에 관한 이야기로 시작했다. 스물여덟 살이 되자 그녀에게는 더 이상 일감이 들어오지 않았다. 기사는 계속해서 설명한다.

> 많은 직업들에는 스무 살, 스물다섯 살, 서른 살, 혹은 마흔 살이라는 한계선이 있다. 한계선이 몇 살이든 그것은 대개 은퇴 연령보다 앞선다. 신체적인 것이

장해가 될 수도 있다. 모델들의 외모는 점점 나이 들고, 운동선수의 몸은 예전 같지 않다. 정신적인 측면이 문제가 될 수도 있다. 수학자들은 실수가 늘고, 광고나 디자인 전문가는 더 이상 돈이 될 만한 아이디어를 내놓지 못한다. 어쩌면 에너지와 관련이 있을지도 모른다. 투자 전문가와 변호사들은 나이 마흔이 되면 지치고, 이혼하고 열정이 식어 버린다(또는 세 가지 전부일 수도 있다). 그렇다고 이 분야를 영원히 떠나야 한다는 의미는 아니다. 하지만 최고가 될 수 있는 기회는 이미 지났다. 당신은 그저 그렇고 그런 사람이 될 것이다.

기사는 계속해서 이어진다.

스무 살에 사회생활을 시작해 꾸준히 일하다가 서서히 상승을 거듭하여 마침내 쉰다섯에 최고의 자리에 오르던 시대는 더 이상 없다. 이제는 마흔 살까지 성공하지 못한다면 성공할 가능성이 거의 없다는 뜻이다. 일부 분야에서는 스무 살이나 스물다섯 살이 되면 업계를 떠나야 할지를 고민해야 한다. 언젠가는 업계를 떠나야 할지 말지 심각하게 고민할 시기가 찾아온다. 시골에는 그림을 그리거나 도자기를 구워 팔거나 심지어 빵집을 운영하는 나이 든 그래픽 디자이너들이 넘쳐 난다.

멜버른 대학교의 진로상담가인 라칭거 박사는 "마흔 살에 정점을 찍은 후 점점 하락하는 현대의 추세는 항상 다음 직업을 위해 일하고 노력하며 새로운 일자리를 위해 재훈련을 받거나 인맥을 구성해야 한다는 의미"라고 말한다. 그녀는 그래픽 디자인을 비롯한 일부 직업들이 젊고 참신한 분야로 인식되기 때문에 마흔 살이 넘으면 업계에서 배제된다고 말한다.

그렇다면 이렇게 나이 든 근로자들은 어떻게 될까? 기사는 이렇게 평하고 있다.

> 그러나 이처럼 시대에 발맞춰 최첨단을 유지해야 하는 산업 분야의 첨병들은 멜리사와 비슷한 경향을 지닌다. 젊고 야심차며, 하루 12시간은 일할 준비가 되어 있는 것이다.
>
> 유능한 나이 든 노동자들은 계속 앞으로 나아가며 관리직을 향해 상승하는 반면, 나머지는 밀려난다. 그리고 노병들의 발목을 꺾는 것은 너무나도 간단하다. 지난 9월 국내의 한 컴퓨터 회사가 프로그래머 모집 공고를 냈다. 당연하게도 회사에 접수된 모든 지원서에는 지원자들이 얼마나 현란한 컴퓨터 능력을 보유하고 있는지 빽빽하게 열거되어 있었다.

그리고 물론 그들은 모두 그 업무를 쉽게 해낼 것이다. 그렇다면 면접자들은 어떻게 이 수많은 지원서들을 골라냈을까?

간단하다. "지원서의 생년월일을 보고 서른다섯 살 이하와 서른다섯 살 이상으로 분류했지요." 내부 제보자가 말했다. "그런 다음 서른다섯 살 이상은 모두 '거절'란에 집어넣었습니다. 불법이라는 건 알아요. 하지만 이만큼 편리한 분류법이 또 있나요?" 나이 든 이들은 적자생존의 법칙에 의해 도태된다.

내 똑똑한 아버지의 한계선

내 전작을 읽은 사람들은 내가 일자리의 '한계선'에 얼마나 민감한지 알고 있을 것이다. 하와이 주의 교육감이었던 내 똑똑한 아버지는 쉰 살이 되었을 때 한계선에 직면했다. 그분은 훌륭한 교육을 받았고 정직하고 성실했으며 하와이 주의 교육 시스템을 개선하는 데 헌신했다. 그러나 그분은 쉰 살의 나이에 직장을 잃고 차가운 세상으로 내몰렸고, 교육계 밖에서 살아남는 데 필요한 진짜 생존 기술을 하나도 가지지 못했다. 그분은 학교에서 좋은 학생이었고 훌륭한 학습 공식을 가지고 있었지만 말이다. 아버지의 이기는 학습 공식은 당신의 직업 공식이 실패했을 때 진짜 세상에서 살아남을 수 있게 재교육해 주지는 못했다.

장래성 없는 일자리에서 열심히 일하기

나는 지난 여러 해 동안 나와 같은 계급의 사람들에게 이렇게 말했다. "대부분의 사람들은 '학교에 가서, 좋은 성적을 받아서, 안전하고 안정적인 일자리를 얻어라.'라는 부모님의 말씀에 따른다. 하지만 그것은 산업 시대에나 통하던 낡은 생각이다. 문제는 그런 충고를 따른 사람들이 결국 막다른 궁지에 몰리게 된다는 사실이다. 그들은 학교에서 좋은 성적을 받고 안전하고 안정적인 일자리를 찾고 많은 돈을 벌 수 있을지도 모른다. 문제는 그런 직장에는 사다리가 없다는 점이다."

많은 사람들이 열성적으로 일하고 많은 돈을 벌고 있지만…… 심신은 피곤하고 기력은 소진된다. 그리고 거기서 빠져나가거나 꼭대기로 오를 사다리도 없다. 여기까지 오는 도중 어디선가 한계선에 걸려 넘어지고도 그것을 깨닫지 못했던 것이다. 아직 일자리가 있고 어쩌면 그들이 운영하는 사업이 온전하게 돌아가고 있을지도 모르지만 그럼에도 불구하고 꼭대기로 오르는 사다리는 어디론가 사라지고 없다.

나는 학교에서 훌륭한 성적을 거둬 대학원에 가고, 마흔 즈음에 성공 가도를 걷다가 갑자기 마법이 사라져 내리막길로 치달은 친구들을 많이 알고 있다. 이런 경우에 나는 그들의 직업에서 이기는 공식이 갑자기 작동을 중단했다고 말한다. 왜냐하면 그들의 학습 공식이 더 이상 쓸모가 없기 때문이다. 내 친구들은 모두 똑같은 학습 공식을 활용했고, 그 공식이 직업적으로 더 이상 효능을 발휘하지 못하게 된 것이다.

7년 만에 파산하다

고등학교 시절에 공부를 아주 잘했던 친구가 하나 있다. 그 친구는 동부의 명문대학을 졸업하고 다시 하와이로 돌아왔다. 그는 곧장 자기 아버지가 다니는 컨트리 클럽에 합류했고, 그 클럽에 다니는 아버지를 둔 여자와 결혼했고 아이들을 낳았다. 이제는 그의 아이들이 그가 다녔던 사립학교에 다닌다.

몇 년 동안 일을 하고 약간의 사업 경험을 쌓고 적절한 사람들과 골프를 치고 난 후에 그는 아주 커다란 부동산 거래에 손을 대게 되었다. 친구의 웃는 얼굴이 지역 경제 잡지의 표지를 장식했고, 그는 차세대의 유망한 비즈니스 지도자 중 한 명으로 각광받았다. 마흔 살이 되기도 전에 그는 인생의 탄탄대로를 걷게 되었다. 그러던 중 1980년대에 일본인들이 투자금을 회수하면서 하와이의 부동산 시장이 침체하기 시작했다. 내 친구는 재산의 대부분을 잃었다. 게다가 그는 바람을 피우는 바람에 아내와도 헤어졌으며, 이제는 두 가정에 생활비를 댄다. 그는 엄청난 청구서에 깔려 마흔일곱의 나이에 빈털터리가 되었다.

그리고 몇 달 전에 나는 그를 다시 만나게 되었다. 그는 막 쉰 살이 되었으며 대부분의 손실을 회복하고 심지어 새 여자 친구까지 생긴 상태였다. 하지만 모든 일이 잘되고 있다는 그의 말에도 불구하고 나는 그의 열정이 사라졌다는 것을 느낄 수 있었다. 그의 내부에서 뭔가가 변했다. 그가 열심히 일하는 것은 오직 과거의 이미지를 유지하기 위해서였다. 그는 그 어느 때보다도 냉소적이고 예민해 보였다.

어느 날 저녁식사를 하다가 그의 여자 친구가 우리에게 그녀가 시작한 새 인터넷 사업에 관해 말해 주었다. 그녀는 아주 신이 나 있었다. 그녀의 사업은 아주 잘되고 있는 것 같았고 전 세계에서 주문을 받고 있다고 했다. 그러자 내 친구가 갑자기 폭발했다. 술을 너무 많이 마셨는지 친구의 내면에 숨어 있던 압박감이 늘 침착해 보이기만 하던 그의 껍데기를 돌연 깨트리고 터져 나온 것이다. 그는 여자 친구의 성공이 못마땅했는지 아니면 자신의 실패가 못마땅했는지 이렇게 말했다. "당신이 어떻게 잘할 수가 있겠어? 명문대를 나오지도 않았고 석사 학위도 없는 주제에. 나처럼 인맥이 좋은 것도 아니잖아."

그날 저녁 집으로 돌아오는 길에 내 아내 킴이 말했다. "그 사람은 아직도 자기의 낡은 성공 공식을 이용하려고 애를 쓰고 있는데 그게 통하는 것 같지가 않네요."

나는 고개를 끄덕이며 오스트레일리아 신문에서 읽었던 한계선 이야기를 떠올렸다. 나는 서른다섯 살 이하와 서른다섯 살 이상으로 분류되는 지원서들을 생각했다. 나는 구조조정을 당하고 여행사를 인수했다가 지금은 쉰일곱 살에 로스쿨에서 변호사 공부를 하고 있는 애드리언을 떠올렸다. 그리고 나는 우리 아버지를 떠올렸다. 그분은 좋은 교육의 힘을 굳게 믿었지만 당신이 받은 좋은 교육은 결국 그분을 구해 주지 못했다. 마침내 그런 생각에서 벗어난 나는 킴에게 말했다. "마치 낡은 경제관념과 새로운 경제관념이 부딪치고 있는 것 같아."

"그 여자 친구는 새로운 경제관념을 갖고 있고, 당신 친구는 낡은 경제관념을 갖고 있다는 건가요?" 아내가 물었다.

나는 고개를 끄덕였다. "'경제'라는 말은 빼도 될 것 같은데. 그냥 그녀는 새로운 생각을 갖고 있고 그 친구는 아직도 고등학교 때 갖고 있던 생각에 사로잡혀 있는 거지. 두 사람은 몇 년밖에 차이가 안 나지만 그녀는 새로운 인식을 갖고 있어. 독창적이지는 않을지 몰라도 적어도 새롭고 신선하고, 그리고 흥미로운 생각을 갖고 있지. 그래서 그 여자는 새롭고 참신해 보이는 거야. 반면에 그 친구의 생각은 새롭지도 않고, 독창적이지도 않아. 그리고 어렸을 때부터 자그마치 40년 동안 계속 갖고 있었던 거고."

"그러니까 사람이 낡은 게 아니라 사람들의 생각이 낡아지는 거네요."

"그래. 그런 거지. 더욱 엄밀히 말하자면 그들의 공식이 낡아진 거야." 내가 대답했다. "그 친구는 아침에 일어나 일터에 가지만 이제는 새로운 생각을 가진 참신한 실력가가 아니라 낡고 진부한 견해를 가진 나이 든 사람에 불과해. 아직 쉰 살밖에 안 되었는데도 말이야. 문제는 그 친구가 벌써 10년 전부터 진부하고 시대에 뒤처진 사람이 되었다는 거지. 그런데도 자기 자신은 그걸 전혀 모르고 있어. 그 친구는 아직도 옛날의 공식을 가지고 일하고 있지. 그 공식을 바꿀 생각도 없고. 그래서 이젠 이력서를 들고 돌아다니며 자기 자식뻘의 아이들과 일자리를 놓고 경쟁해야 해."

"'학교에 가서 좋은 점수를 얻고 좋은 일자리를 얻어라.'는 그 사람이 어렸을 때는 좋은 충고였지만 어른이 된 지금은 좋은 충고가 아니죠." 킴이 말했다.

"그리고 문제는 그 친구가 자신의 공식에 갇혀 있으면서도 그걸 모른다는 거야." 나는 부드럽게 덧붙였다. "그 친구는 과거에 유용했던 충고가 지금은 나쁜 충고라는 걸 모르고 있어. 그래서 그의 미래는 암담하지."

"갇혀 있으면서도 그걸 모른다고요?" 아내가 물었다.

"우리 아버지도 쉰 살에 그런 일을 겪으셨어. '학교에 가서 일자리를 얻어라.'는 충고는 그분이 어렸을 때에는 좋은 충고였지. 그건 훌륭한 공식이었어. 그분은 좋은 성적을 얻었고, 훌륭한 일자리를 얻었고, 마침내 정상에 올랐지. 하지만 나중에 그 공식의 효과가 없어지면서 내리막길을 걷기 시작하셨어."

"그런데도 똑같은 공식을 계속 사용하셨고요." 아내가 말했다.

"같은 공식을 계속 사용하셨을 뿐만 아니라 효과가 없을수록 점점 더 불안해지셨지. 그래서 아버지는 다른 사람들에게 당신의 공식을 따라야 한다고 점점 더 자주 말씀하셨어. 설령 그것이 당신께는 효과가 없을지라도 말이야."

"효과가 없을수록 다른 사람들에게 자신의 충고를 따르라고 이야기하셨다고요?" 킴은 거의 혼잣말을 하듯 중얼거렸다.

"내 생각에 아버지는 두 세계에 갇혀 계셨던 것 같아. 아버지는 더 이상 통하지 않는 세계에 갇혀 있었고, 그래서 좌절감을 느끼고 피곤해지셨지. 그런데도 그분은 계속해서 똑같이 하셨어. 그리고 아버지는 과거에도 갇혀 계셨지. 그분의 공식이 통하던 시절에 말이야. 그것이 과거에는 통했기 때문에 아버지는 현재에도 자신이 옳은 일을 하고 있다고 확신하고 싶어 하신 거야."

"그래서 아버님은 다른 사람들에게도 당신이 하신 일을 하라고 말씀하셨던 거군요. 그것이 효과가 없는데도 말이에요." 킴이 말했다.

"내가 볼 때 아버지가 그렇게 말씀하신 건 그게 그분이 아는 유일한 공식이었기 때문일거야. 무엇이 효과가 없는지 알아내질 못하신 거지."

"그걸 알고 나면 아버님은 다른 사람들에게 자신이 하지 않은 것을 하라고 말씀하시겠죠." 킴이 말했다. "어쩌면 새로운 방식을 전하는 전도사가 되실지도 몰라요. 그걸 알아내면 그분은 세상에 이렇게 소리칠 거예요. '난 방법을 알아냈어! 알아냈다고!' 하지만 그때까지는, 그분의 삶을 위한 새로운 이기는 공식을 발견하기 전까지는 옛날 방식을 계속 설교하실 거예요."

"만약에 발견하신다면 말이지." 내가 대답했다. "학교를 졸업할 때, 우리에게 성공의 지도를 건네 주는 사람은 아무도 없어. 길이 사라지고 나면 우리 중 많은 사람들이 다시 길이 나타나길 바라며 힘들게 정글을 헤쳐 나가지. 어떤 사람들은 다시 길을 발견하지만 어떤 사람들은 그렇지 못해. 그리고 새로운 길을 찾지 못하면 우린 가만히 앉아 옛날에 알던 길을 생각하기 마련이야. 그게 진짜 삶이라는 거지."

끊임없이 변화하고 빨리 배우는 능력

앞에서 나는 「못 말리는 번디 가족」의 알 번디에 대해 언급한 바 있다. 알 번디는 고등학교 시절에는 영웅이었지만 그때의 공식을 바꾸지 못한 이들을 우스꽝스럽게 그려낸 캐릭터다. 시트콤에서 알 번디는 자기가 운영하는 신발 가게에서 고등학교 시절에 네 번의 터치다운으로 팀을 승리로 이끌었던 시절을 회상한다. 우리 모두는 언젠가 알 번디처럼 될 것이다. 흔들의자에 앉아 마법과도 같았던 순간을 곱씹는 사람들 말이다. 문제는 우리가 아직 과거를 회상할 준비는 되어 있지 않으면서 아직 삶에서 무언가를 성취하고 싶을 때 일어난다. 문제는 현재에 화려했던 과거를 되살리고 싶어 할 때 발생한다. 멈춰야 할 때 멈추지 못하는 사람들은 링 위에 올라가 젊은 도전자에게 두들겨 맞는 나이 든 복싱선수와 같다. 그들은 과거의 공식으로 싸우면서, 나이 든 복싱선수처럼 지나간 시절을 추억한다.

많은 사람들이 학교나 지난 번 직장에서는 잘나갔더라도 더 이상은 그것이 통하지 않는 시점에 도달한다. 고등학교 동창회는 학창 시절의 미식축구 스타가 초라해지거나 수재들이 더 이상 잘나가지 못하는 것을 볼 수 있는 좋은 기회이다. 그들을 10년 뒤, 20년 뒤, 또는 30년 뒤에 만나면 마법이 사라진 것을 알게 된다. 만일 그들이 행복하지 않다면, 이제는 낡은 직업 공식을 변화시키고 오래된 학습 공식을 변화시켜야 할 필요가 있다는 사실을 깨달아야 할 때이다. 오늘날 중요한 것은 당신의 아이가 변화가 미래의 일부임을 알게 하는 것이다. 또한 아이가 변화하고 빨리 배우는 능력이야말로 학교에서 배우는 것보다 더욱 중요하다는 사실을 알려 주는 것이다.

부모가 가져야 할 생각들

몇 년 전 나는 어머니가 딸을 직장에 데려가 자신이 일하는 모습을 보여 주는 프로그램을 봤다. TV 평론가는 그 프로그램이 엄청난 아이디어라며 이렇게 말했다. "이것은 정말 대담하고 참신한 발상입니다. 어머니가 딸들에게 미래에 훌륭한 노동자가 되는 법을 가르치는 거죠."

그리고 거기에 대해 내가 할 수 있는 말은 이것이다. "정말 진부한 발상이군."

오늘날 나는 어린 청소년들을 만날 때마다 그들이 사용하는 이기는 공식은 누구의 것이냐고 묻는다. 그들 자신의 공식인가, 아니면 그들 부모의 공식인가?

1960년대에 내가 아직 어렸을 때, 대부분의 부모들은 불안이 가득 찬 목소리로 아이들에게 이렇게 말했다. "좋은 교육을 받아서 좋은 일자리를 얻으렴." 그러한 불안감의 원인은 많은 부모들이 실업률이 높던 대공황 시대에 성장했다는 데 있었다. 내 부모님 세대인 대략 1900년에서 1935년 사이에 태어난 많은 이들이 갖고 있던 감정적 공포, 즉 실업과 가난에 대한 두려움은 그들의 사고와 언어, 행동에 크나큰 영향을 미쳤다.

"하지만 사람이 직장은 있어야죠." 누군가 이렇게 말하는 것을 들을 때마다 나는 이렇게 말한다.

"진정해요. 마음을 가라앉히십시오. 자, 심호흡을 해 봐요. 대공황은 지났어요. 정보 시대에 옛날 이야기는 하지 맙시다. 잠시 마음을 가라앉히고 곰곰이 생각해 보십시오."

어떤 사람들은 침착함을 되찾지만 일부는 그렇지 못한다. 내가 만난 대부분의 사람들은 직장이 없다는 사실에 대해, 집에 돈이 들어오지 않는다는 점에서 공포감을 느꼈다. 그리고 대부분의 사람들이 부모로부터 아이에게 전해 내려온 오래된 공포심 때문에 이성적으로 사고하지 못했다.

부모가 할 수 있는 가장 중요한 일은 멈춰 서서 생각하고 미래를 내다보는 것이다. 과거의 사건에 기반을 둔 충고를 하는 것이 아니라 말이다. 아까도 말했듯이, 대공황은 끝났다.

많은 아이들이 학교를 중퇴하거나 자신의 교육에 대해 진지하게 생각하지 않는 이유는 안정적이고 안전한 일자리를 얻기 위해 학교에 가야 한다는 협박이 더 이상 통하지 않기 때문이다. 학교에 있는 학생들은 더 이상 학문 분야의 스타들이 많은 돈을 벌지 않는다는 사실을 안다. 아이들은 가장 많은 돈을 버는 사람들이 스포츠, 음악, 혹은 영화계의 스타임을 알고 있다. 이제 그들은 자신의 부모들이 직장에 가고, 열심히 일하고, 집에 오지 않고 유모를 고용하는 것을 보고 이렇게 말한다. "내가 학교에 다니는 게 결국 저런 일을 하기 위해서란 말이야? 정말로 저게 내가 원하는 삶인가? 나는 내 아이들에게 저렇게 하길 원하는가?"

내가 잘하는 일을 그만두어야 했다

1994년, 내가 마흔일곱의 나이로 은퇴했을 때, 내 마음속에 가장 무겁게 자리 잡은 질문은 "남은 일생 동안 무엇을 할 것인가?"였다. 그래서 나는 쉬지 않고 1년 동안 스스로를 '재탄생'시키기로 결심했다. 그것은 기존의 내 학습 공식과 직업 공식을 바꾼다는 것을 의미했다. 그렇게 하지 않는다면 나는 1년 동안 쉬었다가 링 위에 오르는 나이 든 복싱선수가 되고 말 것이다. 나 자신을 재탄생시킴으로써 나는 내가 잘하고 좋아했던 일을 그만두어야 했다. 그것은 내가 사업 및 투자 세미나에서 가르치는 것을 그만두어야만 한다는 의미였다.

나 자신을 재탄생시키기 위해, 다시 말해 내가 이제껏 해 온 방식을 바꾸기 위해 나는 무언가를 새로 배워야 했다. 그리고 그렇게 하기 위해 나는 내가 가르치던 것들을 가르칠 수 있는 보드 게임을 발명하고, 고등학교 시절에 두 번이나 낙제한 경험이 있는 글쓰기를 배워야 했다. 오늘날 나는 과거에 내가 거쳤던 그 어떤 직업보다도 작가로 더 잘 알려져 있다. 학습, 직업, 그리고 경제적으로 이기는 공식이 없었더라면 나는 삶에서 앞으로 나아가는 호사를 누리지 못했을 것이다. 앞으로 나아가지 못했다면 나는 마흔일곱이라는 나이에 시대에 뒤처진 사람이 되어 평생 동안 지나간 옛 시절과 과거의 성공을 회상하며 보냈을 것이다.

직업적 안정은 당신의 가족에게 무엇을 가져다주었는가?

오늘날 부모들은 더 똑똑해져야 할 필요가 있다. 왜냐하면 그들의 아이들이 더 똑똑해졌기 때문이다. 부모들은 학교와 직업적 안정성을 넘어 멀리 볼 필요가 있다. 왜냐하면 아이들이 그 이상을 보기 때문이다. 그들은 직업적 안정이 가족생활에 어떠한 영향을 끼쳤는지 볼 수 있다. 아이들은 자신의 부모가 직장을 갖고 있을 뿐 삶은 누리지 못하고 있다는 것을 알 수 있다. 하지만 그것은 아이들이 원하는 미래가 아니다. 성공적인 부모로서 아이들과 성공적인 관계를 유지하려면, 부모들은 수정 구슬을 들여다볼 줄 알아야 한다. 하지만 그것은 부모들의 수정 구슬이 아니다. 오늘날의 부모들은 쉴 새 없이 아이들의 수정 구슬을 들여다보아야 한다. 오늘날의 부모는 미래에 대한 아이들의 비전을 공유해야 하며, 아이들이 부모의 비전을 보도록 강요하지 말아야 한다. 부모들의 비전은 주로 과거에 기반을 두고 있기 때문이다.

부모 자식 간의 말다툼은 대개 부모의 이기는 공식과 아이의 이기는 공식이 충돌하는 데서 비롯된다. 예를 들어 부모가 "넌 반드시 학교에 가야 한다."고 말하면 아이는 "전 학교를 그만둘 거예요."라고 말한다. 이것은 두 개의 공식이 충돌하는 것이다. 자녀들과 성공적인 관계를 갖고 싶은 부모는 최선을 다해 아이가 보는 것을 보도록 노력해야 한다. 왜냐하면 아이는 나름대로의 비전을 가지고 있으며, 좋은 교육은 아이가 가진 비전의 일부가 아니기 때문이다. 그렇다고 부모가 아이가 원하는 것이라면 무조건 하게 내버려 둬야 한다고 말하는 것은 아니다. 다만 나는 부모가 두 공식의 충돌과 갈등 그 너머에 있는 것을 보고 당신 아이의 머릿속에 어떤 비전이 들어 있는지 알아내는 데 최선을 다해야 한다고 말하는 것이다. 물론 그것은 쉬운 일이 아닐 테지만, 나는 그래도 그쪽이 애들과 싸우는 것보다는 낫다고 생각한다.

아이가 무엇을 보고 어디로 가고 싶어 하는지 알게 되면, 부모는 아이와 대화를 하고 어쩌면 조언을 할 기회까지도 얻을 수 있을 것이다. 이것은 대단히 중요한데, 왜냐하면 부모가 아이에게 "나는 네가 그렇게 하길 원하지 않는다."라고 말하는 순간 아이는 그것을 하게 되거나 이미 했을 것이기 때문이다. 부모와 아이가 비전을 공유하고 공식들의 충돌을 최소화하는 것은 장기적인 관계에서 대단히 중요하다.

일단 아이와 긍정적인 의사소통이 형성되고 나면, 아이가 앞으로 살아가면서 평생 하나의 일자리가 아니라 여러 개의 직업들을 갖게 될 것임을 알려 주어라. 그런 개념을 이해하게 된 아이는 교육을 보다 존중하게 될 것이다.

만일 아이가 교육과 평생 학습을 존중하는 태도를 형성하게 되면 이기는 학습 공식을 개발하고 학교에 머무르는 것이 어째서 그렇게 중요한지 한층 더 쉽게 설명할 수 있다. 나는 그것이 무척 중요하다고 생각한다. 왜냐하면 어떤 부모도 자신의 아이들이 더 이상 갈 곳 없는 일자리에 갇혀 나이가 들수록 가치가 떨어지는 것을 원치 않기 때문이다.

서로 다른 아이디어

산업 시대	정보 시대
안정적인 직업, 평생직업	프리랜서, 가상 기업
연공서열	성과에 따른 보상
하나의 일자리	다수의 일자리
예순다섯 살까지 일하기	일찍 은퇴하기
출근부에 도장 찍기	일하고 싶을 때 일하기
학교	세미나
학위와 상장	핵심 재능
낡은 지식	새로운 생각
기업의 은퇴 계획	자신이 결정한 포트폴리오
정부의 은퇴 계획	필요하지 않음
정부의 의료 계획	필요하지 않음
회사에서 일하기	집에서 일하기

간단히 말해 당신과 당신의 아이는 부모 세대보다 더 많은 선택권을 갖게 된다. 위에서 설명한 산업 시대의 선택은 정보 시대의 선택보다 낫지 않거나 혹은 못하다. 중요한 점은 오늘날에는 더 많은 선택의 여지가 있고 아이들도 그것을 알고 있다는 것이다. 문제는 우리의 학교 제도와 부모들이 아이들이 가능한 한 많은 선택을 할 수 있도록 필수적인 학습을 준비시키는 것이다. 어떤 부모도 자기 아이가 "학교에 가서 일자리를 얻으라."는 부모의 조언에 따랐다가 신발 가게에 갇히는 것은

원하지 않을 것이다. 오늘날의 아이들은 그보다 더 나은 교육을 받아야 할 필요가 있다.

구시대의 충고

나는 어른들을 가르친다. 내가 어른 학생들에게 "학교에 가서 일자리를 얻어라."는 충고가 그들을 가두고 있다고 말하자 많은 이들이 앞 다투어 손을 들며 "그것이 무슨 뜻이냐?"고 물었다.

한 수업에서는 학생들끼리 토론을 하기도 했다. 한 사람이 이렇게 물었다. "어떻게 좋은 일자리가 사람을 가둘 수 있죠?"

"좋은 질문입니다." 내가 대답했다. "일자리가 가두는 게 아닙니다. 그보다는 '학교에 가서 일자리를 얻어라.'라는 말에 따라 붙는 문구가 당신을 가두는 것이죠."

"문구요? 어떤 문구요?"

"'안전하게 하고 실수를 저지르지 마라.'는 추가 문구죠."

Chapter 7

현실에 대비하지 못한 채 학교를 졸업하는 아이들

언젠가 나는 부자 아빠에게 어떻게 그런 부자가 될 수 있느냐고 물었다. 부자 아빠는 이렇게 대답했다. "내가 빨리 은퇴했기 때문이란다. 일을 할 필요가 없으면 부자가 될 시간이 아주 많아지지."

거울 너머의 세상

숙제에 관한 장에서 부자 아빠는 이렇게 말했다. "일터에서 부자가 되는 것이 아니다. 집에서 부자가 되는 것이지. 그래서 숙제를 해야 하는 거란다." 부자 아빠는 내게 '모노폴리' 게임을 통해 부자가 될 수 있는 공식을 가르침으로써 자신의 숙제를 했다. 그는 마이크와 나와 함께 게임을 함으로써 오직 소수의 사람들만이 볼 수 있는 것들을 보도록 우리의 사고방식을 변화시켰다. 아홉 살에서 열다섯 살 사이에 나는 가난한 아버지의 세상을 넘어 부자 아버지의 세상으로 들어갔다. 그것은 모두가 볼 수 있는 전과 똑같은 세상이었다. 다만 그것을 바라보는 관점이 다를 뿐이었다. 나는 전에는 보지 못했던 것들을 볼 수 있게 되었다.

루이스 캐럴의 작품 『거울 나라의 앨리스』에서 앨리스는 거울 너머에 있는 낯선 세상으로 들어가게 된다. 부자 아빠는 '모노폴리' 게임을 이용해 나를 자신의 거울 너머 세상으로 데려가 부자 아빠의 눈과 관점을 통해 세상을 볼 수 있게 해 주셨다. 또한 "학교에 가서 좋은 점수를 얻고, 안전하고 안정적인 일자리를 얻으라."고 말하는 대신 내 마음을 바꾸고 남들과 다르게 생각하도록 격려했다. 부자 아빠는 늘 이렇게 말했다. "네 개의 녹색 집을 사서 그것을 팔아 빨간 호텔 하나를 사라. 그 공식을 사용하면 커서 부자가 될 수 있을 거다." 나는 부자 아빠가 내게 무엇을 보게 하고 싶어 했는지 몰랐지만, 그가 자신은 알지만 나는 보지 못하는 무언가를 내게 보여 주고 싶어 한다는 것은 알 수 있었다.

나는 어렸기에 부자 아빠가 무엇을 하려고 하는지 이해하지 못했다. 그저 그가 녹색 집 넷을 사서 그것을 팔고 빨간 호텔 하나를 사는 것이 무척 중요한 아이디어라고 생각한다는 것만을 알 뿐이었다. 나는 부자 아빠와 꾸준히 '모노폴리'를 하고 그것을 단순한 애들용 게임이 아니라 뭔가 중요한 것으로 여기면서 생각을 바꾸게 되었다. 나는 세상을 다르게 보기 시작했다. 그러던 어느 날, 부자 아빠와 함께 그의 담당 은행가를 만났을 때 변화의 순간이 찾아왔다. 나는 부자 아빠의 마음을 들여다볼 수 있었다. 그가 보는 세상을 볼 수 있었다. 나는 거울 너머를 보고 있었다.

자기 인식의 변화

내 정신적 변화는 부자 아빠가 담당 은행가와 부동산 중개인과 만나는 자리에 합석했을 때 찾아왔다. 그들은 몇몇 세부사항을 논의하고 몇 장의 서류에 서명했고, 부자 아빠가 은행가에게 수표를 건네자 부동산 중개인이 몇 개의 열쇠를 넘겨 주었다. 나는 그것을 보고 부자 아빠가 또 하나의 녹색 집을 샀다는 것을 알았다. 부자 아빠와 은행가, 부동산 중개인, 나, 마이크는 자동차를 타고 그분의 새 녹색 집을 보러 갔다. 차를 타고 가는 동안 나는 내가 '모노폴리' 게임판 위에서 일어나는 일을 현실로 보고 있음을 깨달았다. 차에서 내린 뒤 나는 부자 아빠가 집으로 걸어가 문에 열쇠를 넣고 돌린 다음 문을 열고 안으로 들어가는 모습을 지켜보았다. 그는 문 안으로 들어선 뒤 이렇게 말씀하셨다. "이 집은 내 거다."

이미 말했듯이 나는 보고 만지고 느끼고 직접 해 봄으로써 가장 잘 배운다. 나는 앉아서 듣고 읽고 시험지를 푸는 방식으로는 잘 배우지 못한다. 보드 게임과 작은 녹색 집과 부자 아빠가 방금 구입한 집 사이의 현실적인 관계를 이해한 순간, 내 마음이 변화했고 내 세상이 변화했다. 왜냐하면 나 자신에 대한 인식이 변화했기 때문이다. 나는 더 이상 경제적 어려움을 겪는 가난한 집 아이가 아니었다. 나는 부자 아이가 되고 있었다. 나는 더 이상 부자가 되기를 바라지 않았다. 영혼 깊은 곳에서 나는 내가 부자라는 사실을 확실히 알기 시작했기 때문이다. 나는 이미 부자였다. 부자 아빠의 눈을 통해 세상을 보기 시작했기 때문이었다.

나는 부자 아빠가 수표를 끊고 서류에 서명을 하고 열쇠를 받는 것을 보았을 때, 그 게임과 행동들과 작은 녹색 집 사이의 관계를 이해할 수 있었다. 나는 나 자신에게 말했다. "나도 할 수 있어. 별로 어려운 일도 아니잖아. 똑똑한 사람만 부자가 되는 건 아니야. 성적이 좋을 필요도 없다고." 그것은 마치 내가 거울을 통과해 건너편 세상으로 들어가는 것과 비슷했다. 하지만 새로운 세상에 발을 들여놓는 것은 내가 떠나온 세상에 몇 가지 문제가 발생한다는 것을 뜻했다. 나는 나만의 이기는 공식을 발견했다. 그것은 학습에서, 직업에서, 경제적 측면에서 이기는 공식을 요구하는 것이었다. 그것은 내가 앞으로 평생 따르게 될 공식이었다. 바로 그 순간 나는 내가 부자가 될 것임을 알았다. 의심의 여지조차 없었다. 나는 '모노폴리' 게임을 이해했다. 나는 '모노폴리' 게임을 좋아했다. 나는 부자 아빠가 진짜 돈으로 그 게임을 하는 것을 봤다. 그리고 그분이 할 수 있다면 나도 할 수 있었다.

두 세상 사이를 오가며

나는 거울 사이로 두 개의 세상을 오고 갔다. 문제는 내가 새로 들어가고 있는 세상, 그러니까 부자 아빠의 세상이 더욱 일리가 있어 보였다는 것이다. 내가 뒤에 남기고 온 세상은 말도 안 되는 미친 곳 같았다. 내가 학교에 갈 때마다 들어가야 하는 세상은 미친 모자장수와 카드 병사들, 그리고 체셔 고양이의 세상이었다. 월요일마다 선생님은 우리에게 숙제를 제출하라고 하셨다. 그리곤 더 많은 숙제를 내주면서 내가 볼 수도, 만질 수도 느낄 수도 없는 것들을 공부해야 한다고 말했다. 나는 현실 세상에서는 절대로 사용할 일이 없는 복잡한 수학 공식을 공부해야 했다. 나는 부자 아빠가 녹색 집을 살 때 얼마만큼 복잡한 수학을 이용하는지 봤다. 그가 사용하는 것은 간단한 덧셈과 뺄셈이 다였다. 나는 녹색 집 네 개를 사는 것이 별로 힘들지 않음을 알았다. 일단 녹색 집 네 개를 사고 나면, 빨간 호텔 하나를 사는 것은 쉽고 간단하고, 심지어 논리적으로 보였다. 하지만 그것은 당신이 부자가 되고 더 많은 자유 시간을 원할 때에만 논리적으로 보인다. 커다란 호텔 하나는 더 적은 노력으로 더 많은 돈을 벌어다 준다. 나는 혼란스러웠다. 왜냐하면 거울 너머를 내다볼 때마다 한쪽이 다른 한쪽보다 더 정상적으로 보였기 때문이다.

나는 왜 우리가 결코 사용하지 않을, 혹은 그것을 어떻게 사용해야 할지 절대로 알지 못할 과목들을 공부해야 하는지 이해할 수 없었다.

내가 관심도 없는 과목들의 시험을 치고, 그 결과에 따라 똑똑하거나 멍청하다고 낙인찍히는 것은 정말로 앨리스의 '이상한 나라' 같았다.

왜 그런 쓸데없는 과목들을 공부하는가?

어느 날 나는 오랫동안 궁금해하던 것을 물어보기로 결심했다. 나는 마침내 용기를 내어 선생님에게 물었다. "어째서 제가 관심도 없고 나중에 활용하지도 않을 과목들을 공부하고 시험을 쳐야 하나요?"

선생님은 이렇게 대답했다. "좋은 점수를 받지 못하면 좋은 일자리를 얻지 못하기 때문이지."

그것은 내가 친아버지한테 들은 것과 같은 대답이었다. 마치 메아리처럼 똑같았다. 문제는 나는 그 대답을 이해할 수 없었다는 것이다. 내가 관심도 없고 앞으로 사용하지도 않을 과목들을 공부하는 것이 일자리를 얻는 것과 무슨 상관이란 말인가? 이제 나는 내 이기는 공식을 발견했으므로 학교에 가서 쓸모없는 과목들, 내가 얻지도 않을 일자리를 얻는 데 필요한 과목들을 공부하는 것은 더더구나 말도 안 되는 것 같았다. 나는 한참 동안 생각에 잠겼다가 대꾸했다. "하지만 제가 일자리를 얻고 싶지 않다면요?"

내게 돌아온 대답은 "자리에 앉아 공부나 하렴."이었다.

경제적으로 이기는 공식을 모른 채 학교를 졸업하는 아이들

그렇다고 당신의 아이를 학교에서 데리고 나와 '모노폴리' 게임을 사 주라는 이야기는 아니다. 견실한 교육은 대단히 중요하다. 학교는 기본적인 학문과 학습 방법을 가르치고, 그런 다음 직업 기술을 가르친다. 비록 나는 학교 제도가 가르치는 내용과 그 방식에 전적으로 동의하지는 않지만 학교에 가고 대학이나 직업학교에 가는 것은 오늘날 성공하는 데 가장 기본적인 일이다.

문제는 학교가 경제에 관한 기본 지식을 가르치지 않는다는 데 있다. 학교가 그런 것들을 가르치지 않기 때문에 많은 아이들이 경제적으로 이기는 공식을 모른 채 학교를 졸업한다. 아니, 사실 많은 아이들이 경제적으로 '지는' 공식을 가지고 학교를 졸업한다. 오늘날에는 많은 젊은이들이 신용카드 빚과 학자금 부채를 진 채 학교를 졸업한다. 많은 이들이 빚에서 결코 벗어나지 못하고, 학교를 졸업한 후에는 자동차, 주택, 보트와 같은 것들을 산다. 많은 사람들이 그 빚을 자식들에게 물려주며 세상을 떠날 것이다. 다시 말해 그들은 좋은 교육을 받고 학교를 졸업하지만 동시에 한 가지 중요한 공식을 갖추지 못한 채 학교를 떠난다. 그들은 삶에서 이기는 '금융 공식'을 놓치는 것이다.

학교는 돈을 가르치지 않는다

교사였던 내 아버지는 우리의 교육 제도에 뭔가가 빠져 있다는 사실을 깨달았지만 그것이 무엇인지는 알아내지 못했다.

부자 아버지는 빠진 부분이 무엇인지 알았다. 그분은 학교가 돈에 대해 거의 가르치지 않는다는 것을 알았다. 그분은 사람들이 이기는 경제 공식을 갖고 있지 않기 때문에 열심히 일하고, 안정적인 직업에 매달리고, 경제적으로 결코 앞서나가지 못한다는 사실을 알았다. 내가 부자 아빠에게 농장주들이 학교 제도를 이용해 일정수의 노동자들을 공급받고 있다는 이야기를 했을 때 그는 조용한 목소리로 이렇게 말했다. "별로 바뀐 게 없군." 부자 아빠는 그 사람들이 일자리에 매달려 열심히 일하는 것이 그러는 수밖에 없기 때문이라는 것을 알고 있었다. 그는 자신이 늘 일정한 노동력을 제공받을 수 있다는 것을 알고 있었던 것이다.

부자 아빠는 자신을 위해 일하는 사람들의 재정 상황에 대해 우려했다. 밑에서 일하는 사람들이 열심히 일하면서도 집에 가서 더 많은 빚을 지는 것을 볼 때마다 마음 아파했다. 부자 아빠는 이렇게 말했다. "일터에서 부자가 되는 것이 아니다. 집에서 부자가 되는 것이지. 그러니 반드시 숙제를 해야 한다." 부자 아빠는 또한 직원들 대부분이 가장 기본적인 금융 교육을 받지 못했기 때문에 숙제를 할 여력이 없음을 알고 있었다. 그것은 그를 근심스럽고 슬프게 만드는 일이었다.

부자 아빠의 교육 방식

나는 부자 아빠로부터 많은 것을 배웠다. 그분은 독특한 방식으로, 내가 가장 잘 배울 수 있는 방식으로 가르쳐 주었다.

다시 한 번 『부자 아빠 가난한 아빠』 이야기를 꺼내야겠다. 그 책에서 부자 아빠는 내게 부자가 되는 법을 가르쳐 주시겠다고 약속하고는 시급 10센트를 지불했다. 그 뒤로 나는 3주일 동안 토요일마다 세 시간씩 그분을 위해 일했고 총 90센트를 벌었다. 마침내 화가 난 나는 부자 아빠를 찾아가 그분이 나를 이용했다고 비난했다. 아홉 살 난 소년이었던 나는 눈물을 흘리고 도리질을 치며 그분의 책상 앞에서 빨리 약속을 지키라고 떼를 썼다.

"저한테 부자가 되는 법을 가르쳐 주신다면서요. 전 벌써 3주일이나 일을 했는데 아저씨는 찾아오지도 않았어요. 와서 제가 일하는 걸 보지도 않았고, 뭘 가르쳐 주시지도 않았다고요. 전 토요일마다 30센트를 받는데 그것만으로는 부자가 될 수 없을 거예요. 저한테 뭘 가르쳐 주시긴 할 거예요?"

부자 아빠는 의자를 뒤로 밀치더니 책상 너머로 아홉 살 소년을 바라보았다. 그는 한참 동안 침묵 속에 앉아 있다가 마침내 빙그레 웃으며 내게 말했다. "난 지금 널 가르치고 있는 거란다. 네가 부자가 되고 싶다면 배워야 할 교훈 중에서도 가장 중요한 것을 가르치고 있지. 대부분의 사람들은 평생 동안 일하고도 지금 네가 배우고 있는 교훈을 배우지 못한다. 물론 네가 그 교훈을 배우고 있다면 말이지만." 부자 아빠는 입을 다물더니 의자에서 잠자코 몸을 흔들었다. 그러고는 나를 물끄러미 응시하며 내가 그 말을 이해하길 기다렸다.

"제가 그 교훈을 배우고 있다면이라는 말이 무슨 뜻이에요? 무슨 교훈을 배워요? 제가 다른 사람은 모르는 뭘 배워야 하는 건데요?" 나는 티셔츠 소매로 코를 문지르며 물었다. 점차 흥분이 가라앉고 마음이 진정되고 있었다. 그렇지만 부자 아빠가 내게 뭔가를 가르치고 있다는 말은 나를 당혹스럽게 만들었다. 나는 부자 아빠를 위해 일하기 시작한 뒤로 그의 얼굴조차 본 적이 없었다. 그런데도 그는 내게 뭔가를 가르치고 있다고 말했다.

오랜 시간이 지난 후에 나는 그의 가르침이 얼마나 중요했는지 깨달았다. 그것은 바로 열심히 일하고 안정적인 일자리와 돈을 위해 일하는 사람들은 대부분 부자가 되지 못한다는 것이었다. 돈을 위해 일하는 것과 돈이 나를 위해 일하도록 하는 것의 차이를 이해하자 나는 조금 더 똑똑해졌다. 나는 학교가 우리에게 돈을 위해 일하는 법을 가르친다는 사실을 깨달았다. 내가 진정 부자가 되고 싶다면 나는 돈이 나를 위해 일하게 만들어야 했다. 그것은 작은 차이였지만, 내가 시간을 들여 무엇을 공부할 것인가와 교육에 대한 내 선택을 변화시켰다.

지능은 보다 미세한 구분을 하는 능력이다. 그리고 부자가 되고 싶다면 나는 어떻게 돈이 나를 위해 일하게 만들 것인가라는 차이를 배워야 했다. 학급 친구들이 일자리를 얻기 위해 열심히 일하고 있다면, 나는 일자리를 필요로 하지 않기 위해 열심히 공부했다.

나는 부자 아빠가 어째서 "대부분의 사람들은 그 교훈을 배우지 못한다."고 말씀하셨는지 이해할 수 있을 것 같았다. 부자 아빠는 내게 나중에 설명했다.

대부분의 사람들은 일터에 가서 봉급을 받고, 일터에 가서 봉급을 받고, 일터에 가서……를 영원토록 반복하면서 부자 아빠가 내게 가르친 교훈을 결코 배우지 못한다. 그는 이렇게 말했다. "네가 부자가 되는 방법을 알려 달라고 부탁했을 때, 나는 이 첫 번째 교훈을 가르치는 가장 간단한 방법은 네가 돈을 위해 일한다면 부자가 되지 못한다는 것을 배우는 데 얼마가 걸리는지 보여 주는 것이라고 생각했다. 너는 3주일이 걸렸구나. 대부분의 사람들은 평생 일하고도 이 깨달음을 얻지 못한다. 대부분의 사람들은 돌아가서 시급을 올려 달라고 요청하지. 그 사람들은 돈은 더 많이 벌 수 있을지 몰라도 배움은 얻지 못한단다."

이것이 바로 부자 아버지가 내게 교훈을 가르친 방식이다. 첫 번째는 행동, 두 번째는 실수, 그리고 세 번째에 가르침이 오는 것이다. 그런 다음 부자 아빠는 내게 주던 시급 10센트마저 주지 않았고, 나는 공짜로 일을 해야 했다. 두 번째 가르침이 시작된 것이다. 하지만 이 역시 내가 원했을 때에만 배울 수 있는 것이었다.

탁자의 반대편

내게 커다란 영향을 끼친 부자 아빠의 또 다른 가르침은 내가 '탁자의 반대편'이라고 부르는 교훈이다. 내가 아홉 살의 나이에 첫 번째 교훈을 깨치자 부자 아빠는 내가 부자가 되는 법을 배우는 것을 대단히 진지하게 받아들이고 있음을 알게 되셨다. 그래서 내가 옆에서 무엇을 하는지 지켜볼 수 있게 해 주었다. 가령 부자 아빠는 임대용 주택을 사는 것을 지켜보게 했다. 내가 열 살이 되었을 때, 부자 아빠는 직원을 고용하는 면접을 볼 때 그 자리에 합석할 수 있게 해 주었다. 나는 부자 아빠와 함께 탁자의 반대편에 앉아 지원자를 마주보며, 부자 아빠가 구직자의 이력서나 회사에서 일하는 마음가짐에 대한 질문을 던지는 모습을 관찰했다. 그것은 참으로 흥미로운 과정이었다. 나는 고등학교 졸업장도 없는 사람들이 한 시간에 1달러도 안 되는 급료를 위해 일하려고 하는 것을 보았다. 아직 어린 소년에 불과했지만 나는 1일 8달러밖에 안 되는 세전稅前 수입으로는 가족을 부양할 수 없음을 알고 있었다. 그들의 이력서나 지원서에서 그들이 부양할 자식들이 얼마나 많은지 볼 때마다 내 마음은 더욱 무거워졌다. 나는 경제적으로 곤란을 겪고 있는 것이 우리 집뿐만이 아님을 알게 되었다. 나는 우리 가족들만큼이나 그들도 도와주고 싶었다. 하지만 뭘 어떻게 해야 할지 알 수가 없었다.

좋은 교육의 가치

내가 부자 아버지의 옆에 앉아서 배운 중요한 한 가지는 서로 다른 급여 체계가 존재한다는 것이었다. 고등학교 졸업장도 없는 근로자와 대학 학위가 있는 근로자가 받는 급여의 차이는 내가 학교를 계속 다닐 수 있는 인센티브 중 하나였다. 그 사실을 알게 된 후로 나는 학교를 그만두고 싶어질 때면 그런 기본 급여의 차이를 떠올리며 좋은 교육이 얼마나 중요한지를 기억했다.

하지만 내가 가장 놀랐던 사실은 석사 학위, 혹은 심지어 박사 학위를 가진 사람들까지도 낮은 급여의 일자리에 지원한다는 것이었다. 나는 잘 알지는 못해도 여러 분야에서 나오는 수입을 모두 합치면 부자 아빠가 교육을 많이 받은 사람들보다 훨씬 많은 돈을 번다는 것을 알고 있었다. 나는 또 부자 아빠가 고등학교도 졸업하지 않았다는 것을 알았다. 고등학교도 나오지 못한 사람과 대학 교육을 받은 사람이 서로 다른 수준의 급여를 받는 것은 사실이지만, 나는 부자 아빠가 좋은 교육을 받은 사람들은 모르는 무언가를 안다는 것을 알고 있었다.

탁자의 반대편에 앉아 이 같은 과정을 한 다섯 번쯤 반복한 후에 나는 마침내 부자 아빠에게 어째서 나를 거기에 앉혀 두었느냐고 물어보았다. 그는 이렇게 말했다. "언제쯤 물어볼까 했다. 너는 내가 왜 직원들 면접을 볼 때 너를 옆에 앉혀 두었다고 생각하는 거냐?"

"모르겠어요. 전 그냥 아저씨가 절 좋아하는 줄 알았죠." 나는 대답했다.

부자 아빠는 웃으며 말했다. "난 절대 그런 시간 낭비는 하지 않아. 내가 너한테 부자가 되는 법을 가르쳐 주겠다고 했잖니. 그래서 네가 알고 싶은 것을 가르쳐 주는 거다. 자, 그럼 지금까지 뭘 배웠느냐?"

면접자가 다 가 버린 지금, 부자 아빠의 탁자 건너편은 텅 비어 있었다. 나는 부자 아빠의 질문을 곰곰이 생각했다. "모르겠어요." 내가 대답했다. "이게 수업일 거라고는 생각도 못했거든요."

부자 아빠는 껄껄거리며 웃더니 이렇게 말했다. "넌 지금 아주 중요한 교훈을 배우고 있다. 다시 말하지만 대부분의 사람들은 내가 너에게 가르치는 이런 교훈들을 배울 기회를 얻지 못해. 왜냐하면 그 사람들은 탁자의 반대편에서만 세상을 바라보거든." 부자 아빠는 우리 앞에 놓인 빈 의자를 가리켰다.

"오직 소수의 사람들만이 탁자의 이쪽을 볼 수 있단다. 넌 지금 진짜 세상을 보고 있는 거다. 사람들이 학교를 졸업하고 나면 맞닥뜨리게 될 현실 말이다. 하지만 넌 학교를 졸업하기도 전에 탁자의 이쪽에서 그걸 볼 수 있는 기회를 잡은 셈이다."

"제가 부자가 되고 싶다면 탁자의 이쪽에 앉아야 하는 건가요?" 내가 물었다.

부자 아빠는 고개를 저었다. 그분은 천천히, 그리고 신중하게 입을 열었다. "단순히 탁자의 이쪽에 앉는 데 그치는 게 아니라, 탁자의 이쪽에 앉기 위해서는 무엇이 필요한지 공부하고 또 배워야 한다. 이런 걸 학교에서 배우는 경우는 드물어. 학교에서는 탁자의 저쪽에 앉도록 가르치거든."

"그래요?" 나는 약간 어리둥절해서 물었다. "왜 그러는데요?"

"글쎄다. 너희 아버지는 너에게 왜 학교에 가라고 말씀하시지?" 부자 아빠가 물었다.

"그래야 일자리를 얻을 수 있으니까요." 나는 조용히 대답했다. "여기 온 사람들도 그걸 원하는 거 아닌가요?"

부자 아빠는 고개를 끄덕였다. "그래서 그 사람들은 탁자의 저쪽 편에 앉는 거란다. 탁자의 한쪽이 다른 한쪽보다 더 낫다는 말은 아니다. 내가 말하고 싶은 건 탁자의 이쪽과 저쪽에는 차이가 있다는 거야. 대부분의 사람들은 그 차이점을 알지 못한다. 이게 바로 너에게 가르쳐 주고 싶은 거란다. 나는 네가 탁자의 어느 쪽에 앉을지 선택권을 주고 싶은 거야. 만약 네가 젊은 나이에 부자가 되고 싶다면, 탁자의 이쪽 편에 앉는 편이 더 쉽게 목표를 이룰 수 있을 거다. 네가 진심으로 부자가 되고 싶고 평생 동안 힘들게 일하고 싶지 않다면 어떻게 해야 하는지 네게 그 방법을 가르쳐 주마. 하지만 탁자의 저쪽 편에 앉고 싶다면 네 친아버지의 조언을 따르도록 해라."

내가 배운 교훈들

그것은 내 삶의 방향을 결정한 중요한 교훈이었다. 부자 아빠는 탁자의 어느 쪽에 앉아야 하는지 말해 주지 않았다. 그는 내게 선택의 기회를 주었고, 나는 스스로 결정을 내렸다. 나는 내가 무엇을 공부하고 싶은지 선택했지, 내가 공부해야 할 것에 대항해 고전분투하지 않았다. 그것이 바로 부자 아빠가 여러 해에 걸쳐 내게 가르쳐 준 방식이다. 첫 번째는 행동, 두 번째는 실수, 그리고 세 번째는 교훈. 그 교훈을 가르치신 후에 그는 내가 배운 것으로 무엇을 하고 싶은지 선택할 수 있게 해 주었다.

피고용인이 되는 훈련

'탁자의 반대편' 교훈은 삶을 뒤바꿀 또 다른 교훈을 담고 있었다. 지능은 미세하게 구분하는 능력, 혹은 나눠서 곱을 만드는 능력이다. 나는 부자 아빠와 같은 탁자에 앉아 눈앞에서 벌어지는 일들을 관찰하고 또 배우며 세세한 구분을 하고 새로운 교훈을 배우기 시작했다. 나는 오랫동안 가만히 앉아 보기만 할 뿐 아무것도 배우지 못하고 있었다. 하지만 부자 아빠가 탁자의 이쪽과 저쪽이 있다는 사실을 지적하고 나자 나는 양쪽 면 모두의 자기 인식이 필요하다는 사실을 느낄 수 있었다. 시간이 지나면서 나는 탁자의 맞은편에 있는 사람들이 그저 그들이 배운 대로 행동하고 있음을 깨달았다. 바로 밖에 나가서 일자리를 찾으라는 것 말이다. 그들은 학교에서 '고용주들이 원하는 기술'을 갖추도록 배운 것이다.

그들은 탁자의 이쪽에 앉아 있을 수 있는 기술을 배우지 못했다. 일찌감치 그렇게 훈련된 탓에, 대부분의 사람들이 평생 동안 탁자의 반대쪽에 앉아 시간을 보낸다. 만약에 사람들이 "금융 기술을 배워 탁자를 소유해라."와 같은 말을 들으며 자랐다면 삶이 바뀌지 않았을까?

마음 훈련하기

나는 또한 사람들이 저마다 다른 것을 찾는다는 것을 배웠다. 부자 아빠는 이렇게 말했다. "대부분의 사람들이 학교를 졸업하고 일자리를 찾는다. 그래서 그 사람들은 일자리를 발견하지." 그분은 내가 지극한 마음으로 찾는다면 현실 세상에서 무엇이든 발견할 수 있다고 말했다. "일자리를 찾는 사람들은 일자리를 발견하지. 하지만 나는 일자리를 찾지 않는다. 나는 사업 기회와 투자 기회를 찾도록 내 마음을 훈련시켰지. 나는 이미 오래전부터 우리가 발견하는 것은 결국 우리가 찾기 위해 마음으로 훈련시킨 것이라는 사실을 배웠다. 부자가 되고 싶다면 너를 부자로 만들어 줄 것들을 찾도록 두뇌를 교육시킬 필요가 있어. 일자리는 너를 부자로 만들어 주지 못할 거다. 그러니 일자리를 찾지 마라."

내가 사람들에게 서구 사회의 교육 제도가 프러시아에서 시작되었다고 말하면 많은 사람들이 그 말을 한 귀로 듣고 흘린다. 하지만 내가 프러시아의 그 시스템이 직원과 군인을 만드는 것이 목적이라고 말하면 많은 이들이 관심을 기울이며 냉소적이고 때로는 적대적이고 회의적으로 내 말에 반박한다. 가장 크게 화를 내는 사람들은 시스템 내에서 잘 적응했던 이들이다. 누군가 내 말에 근거를 대라고 하면 나는 대개 이렇게 되묻는다. "학생들이 학교를 졸업하고 가장 먼저 하는 일 중 하나는 뭐지요?" 대답은 항상 이렇다. "일자리를 찾는 거죠." 그들이 일자리를 찾는 이유는 그렇게 하도록 훈련되었기 때문이다. 그들은 명령에 복종하는 병사들처럼 반응한다. 내가 이렇게 말하는 이유는 이제 프러시아는 없지만 그 오래된 생각은 아직도 남아 있기 때문이다.

우리는 지금 정보 시대에 살고 있다. 이제는 사람들에게 안전하고 안정적인 직업 너머를 바라보도록 가르쳐야 할 때이다. 정보 시대에 우리는 단순히 고용주가 필요로 하는 기술 그 이상의 것을 교육하고 교육받아야 한다. 정보 시대에 당신의 아이는 나이 서른에 이미 시대에 뒤처질 수 있다. 그렇다면 그들에게 금융 기술을 가르쳐 서른이 되기 전에 은퇴할 수 있게 해 주는 게 좋지 않겠는가?

볼 수 없다면 바꿀 수 없다

나는 봉급을 받는 직원이나 군인이 좋거나 나쁘다고, 혹은 옳거나 그르다고 말하는 것이 아니다. 나도 한때 직원이었고 또 군인이었다. 나는 다만 학교 교사였던 내 친아버지가 교육 제도에 문제가 있음을 깨닫고 그것을 바꾸려고 노력했다고 말하고 싶은 것뿐이다. 그는 학생들을 현실 세계에 더욱 잘 대비시킬 수 있는 방법을 찾기를 바랐다. 문제는 그가 당신이 바꾸고자 하는 바로 그 시스템에서 교육받았다는 점이다. 아버지는 자신이 볼 수 없는 것은 알 수가 없었다.

부자 아버지가 교사인 아버지와 다른 눈으로 볼 수 있었던 까닭은 그 자신이 시스템의 산물이 아니었기 때문이다. 그는 아버지가 돌아가시는 바람에 가족 사업을 물려받기 위해 열세 살에 학교를 중퇴해야 했고, 탁자의 다른 쪽에 앉는 데 필요한 기술을 배웠다.

학습 피라미드

일단 탁자에 양쪽 면이 있다는 사실을 깨닫고 나자 나는 나 자신을 교육시키는 데 더욱 큰 관심을 갖게 되었다. 나는 어떻게 해야 부자 아빠와 같은 쪽에 앉을 수 있을지 궁금했다. 얼마 지나지 않아 나는 공부해야 할 것이 아주 많음을 깨달았다. 나는 학교에서 가르치는 과목들을 공부해야 할 뿐만 아니라 학교에서 가르치지 않는 과목들도 공부해야 했다. 나는 내 교육에 훨씬 집중하게 되었다. 학교에서 가르치는 것보다 훨씬 많은 것을 배워야만 학교에만 다니는 사람들과 다른 쪽에 앉을 수 있었다. 탁자의 다른 편에 앉으려면 학교에서 똑똑한 아이들보다 훨씬 더 똑똑해져야 했다. 나는 고용주가 원하는 일자리 기술보다 더 많은 것을 배울 필요가 있었다.

마침내 나는 내게 도전이 되고 공부할 이유가 되는 것, 내가 공부에 흥미를 느끼는 것을 발견했다. 아홉 살과 열다섯 살 사이 어느 때인가, 나는 진짜 공부를 시작했다. 나는 학교를 떠난 후에도 계속해서 공부를 해야 한다는 사실을 아는 평생 학생이 되었다. 또한 나는 내 친아버지가 찾고 있던 것, 우리의 교육 제도에서 부족한 것을 발견했다. 우리의 교육 제도는 안전하고 안정적인 일자리를 원하는 근로자들을 꾸준히 제공하기 위한 것이며, 탁자의 다른 쪽에 앉아 있는 부자들이 아는 것은 절대로 가르치지 않는다.

학습 피라미드

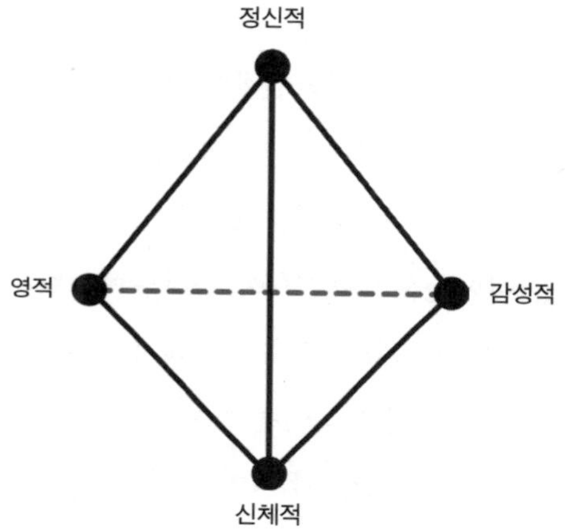

나는 교육과 학습에 대해 이야기할 때 이 그림을 자주 사용한다. 나는 이것을 '학습 피라미드'라고 부르는데, 이것은 가드너의 일곱 가지 재능과 내가 창업 및 투자를 가르치며 겪은 일부 개인적인 경험들을 결합한 것이다. 이 그림은 엄밀히 말해 학문적 개념에 기반을 두고 있지는 않지만 논의에 필요한 유용한 정보를 제공한다.

나는 '모노폴리' 게임을 하면서 개인적으로 많은 것을 배웠다. 왜냐하면 그 게임은 나를 정신적, 감성적, 신체적으로 몰입시켰기 때문이다. 나는 게임을 하면서 정신적으로 생각하고, 감성적으로 고양되었으며, 신체적으로도 움직여야 했다. 그 게임은 여러 모로 내 관심을 사로잡았다. 특히 나는 경쟁적인 성격이었기 때문에 더욱 그랬다.

나는 가만히 교실에 앉아 나와는 아무 상관도 없고 흥미도 없는 과목에 대해 이야기를 들을 때면 감정적으로 화가 나고 지루함을 느꼈다.

신체적으로는 몸을 꼼지락거리거나 정신 및 감성적 고통에서 탈출하려는 시도로 꾸벅꾸벅 졸았다. 나는 가만히 앉아 정신적으로 정보를 받아들이는 일은 잘하지 못한다. 특히 내가 관심이 없거나 말하는 사람이 지루할 때에는 더더욱 그렇다. 그래서 학교와 부모들이 점점 더 많은 약을 사용해 활동적인 아이들을 억지로 가만히 의자에 앉아 있게 만드는 것일까? 그런 아이들은 아마도 몸으로 배우는 부류로, 학교에서 배워야 하는 것들에 관심이 없을 것이다. 그래서 학생들이 반항하면 학교 시스템은 그 아이들에게 약을 먹이는 것이 아닐까?

영적인 배움은 반드시 종교적인 의미로 말하는 것이 아니다. 물론 그쪽에서도 배움이 이루어질 수는 있을 테지만 말이다. 내가 말하는 영적 배움이란 장애인 올림픽 같은 곳에서 육체적 장애를 가진 아이들이 자신의 온몸과 마음, 영혼을 다해 달리거나 휠체어를 미는 모습을 볼 때 우리가 받는 느낌이다. 나는 장애인 경기를 보러 간 적이 있는데 모든 관중들이 그 젊은이들의 영혼에 감명을 받은 것 같았다. 나도 그들이 아무 문제도 없는 내 몸을 움직이는 것보다도 더욱 격렬하게 그들의 신체적으로 도전적인 몸을 앞으로 밀어내는 것을 보며 자리에서 일어나 박수갈채를 보냈다. 그렇게 그들의 영혼은 우리 모두의 영혼을 어루만졌다. 그 젊은 영혼들은 우리 모두에게 우리가 누구인지, 그리고 우리가 무엇으로 만들어졌는지를 기억하게 했다. 그것이 바로 내가 말하는 영적인 배움이다.

나는 베트남에서 젊은 병사들이 자기가 죽어 가고 있다는 것을 알면서도 계속해서 싸우는 모습을 보았다. 그들의 영혼은 그들을 계속 움직이게 했고, 동료들을 위해 자신의 목숨을 희생하게 했다. 나는 또 베트남에서 여기서는 차마 말할 수도 없는 괴상한 것들도 목격했다. 그럼에도 나는 그들이 정신적, 감성적, 혹은 신체적 관점에서는 설명하기 힘든 일들을 해내는 것을 보았다. 그것이 바로 내가 말하는 영적인 힘이다.

나는 결혼식에서 두 사람이 혼인하는 것이 두 육체적인 존재가 하느님 앞에서 영적으로 결합되는 것이라고 생각한다. 그것은 두 영혼이 하나로 결합해 세상으로 나아간다는 약속이다. 불행히도 이혼율이 이렇게 높은 지금은 많은 이들이 정신적, 감성적, 신체적으로는 하나가 되더라도 영적으로는 하나가 되지 못하는 것 같다. 그래서 그들은 삶이 힘들어지면 갈라서는 것이다. 어쨌든 이상적인 관점에서 볼 때, 그것이 바로 내가 말하는 영적 교육이다. 나는 누구를 비난하자는 것도 아니고 내 개인적인 견해를 다른 이들의 종교적 또는 영적 의견에 강요하고 싶은 것도 아니다. 나는 다만 우리의 정신적, 감성적, 신체적 한계를 넘어서는 힘에 대해 말하고 있을 뿐이다.

인식의 변화

나는 아홉 살과 열두 살 사이의 중간 어디선가 내 개인적인 학습 피라미드에 근본적인 변화를 겪었다. 나는 정신적, 감성적, 신체적, 그리고 영적으로 내 자신에 대한 인식을 변화시켰다. 부자 아빠가 서류에 서명하고 수표를 건네고 열쇠를 받는 것을 봤을 때, 내 안의 무언가가 변했던 것이다. 그리고 그 순간 '모노폴리' 게임과 진짜 세계의 관계가 현실이 되었다. 내가 똑똑하지 않아서, 적어도 내 똑똑한 아버지와 개미 앤디만큼 똑똑하지 않다는 생각 때문에 오랫동안 나 자신을 초라하게 생각했건만, 나 자신에 대한 인식이 드디어 변한 것이다. 나는 내가 마음에 들었다. 나는 내가 성공할 수 있을 것이라는 것을 알았다. 내가 살아남을 수 있으리라는 것을 알았다. 나는 내가 내 나름의 방식으로 성공할 것임을 알았다. 나는 고소득 일자리를 얻거나 심지어 돈이 없어도 경제적으로 잘 해나갈 수 있을 터였다. 나는 마침내 잘하고 싶은 무언가를 보게 되었고, 내가 잘할 수 있으리라는 것을 알았다. 나는 내가 공부하고 싶은 것을 발견했다. 앞서 이야기했듯이 내 안에서 영적으로 무언가가 변한 것이다. 나는 이제 자신감과 흥분, 나 자신에 대한 자부심을 느꼈다. 나는 학교에서나 어머니가 청구서를 쌓아 놓고 우는 모습을 보는 집에서, 이렇게 기분 좋게 느껴 본 적이 없었다. 가슴속이 따뜻해지는 것 같았다. 나는 내가 누구인지, 내가 무엇이 될 것인지 확신할 수 있었다. 나는 부자가 될 것이다. 부모님을 도울 방법을 찾을 것이다. 어떻게 그렇게 할지는 아직 몰랐지만, 그렇게 되리라는 것은 분명했다. 나는 다른 사람이 내가 성공해야 한다고 말하는 분야에서 성공하려고 노력하는 것이 아니라, 나 자신이 성공하고 싶은 분야에서 성공하게 될 것임을 알았다. 나는 내 새로운 정체성을 발견한 것이다.

아홉 살의 변화

내게 루돌프 슈타이너의 연구 내용을 알려 준 사람은 더그와 헤더 부부였다. 그 두 사람은 알래스카에 있는 발도르프 학교 이사회의 일원인데 내게 슈타이너의 이론과 '아홉 살의 변화'에 관한 논문들을 말해 주었다. 그들의 이야기를 들었을 때, 나는 퍼즐의 더 많은 조각을 찾아낸 듯한 기분이 들었다.

더그가 나에게 그 학교가 아이들에게 무엇을 가르치고 왜 그런 것들을 가르치는지 말해 주었을 때에는 더욱 잘 이해할 수 있었다. 더그는 학교에서 왜 아이들에게 망치와 톱, 못을 사용해 작은 집을 짓는 법을 가르치는지 설명해 주었다. 그것은 진짜 세상에서 생존하는 방법을 알려 주기 위해서였다. 똑같은 이유로 학교는 아이들에게 정원 가꾸기와 채소 재배, 요리와 빵 굽기를 가르쳤다. 그것은 신체적, 정신적, 감성적, 영적 교육을 아우르는 것이다. 그러한 교육은 슈타이너가 '아홉 살의 변화'라고 말한 삶의 중요한 시기에 아이의 모든 것을 참여시킨다.

그 시기에 아이는 더 이상 부모의 정체성의 일부가 되는 것이 아니라 자기만의 정체성을 찾고 싶어 한다. 그 시기는 종종 삶에서 외로움과 두려움을 느끼는 때이며 불확실성의 시기이기도 하다. 아이는 미지의 세계로 들어가 부모가 원하는 자기가 아니라 자기 자신이 정말로 누구인지를 발견한다. 정신적, 신체적, 감성적, 그리고 영적으로 배움으로써 스스로 생존하는 법을 아는 것은 아이들의 자기 인식에 대단히 중요한 요소이다.

많은 교육자들은 아홉 살의 변화에 대한 슈타이너의 이론에 동의하지 않을 것이다. 그리고 나는 그들의 마음을 변화시키려는 것이 아니다. 내가 여기서 할 수 있는 것은 내 자신의 경험을 말하는 것뿐이다. 나는 아홉 살에 뭔가 다른 것을 찾아 나서기 시작했다. 우리 부모님이 하는 일이 효과가 없다는 사실을 알았고, 그래서 그분들의 뒤를 따르고 싶지 않았다. 나는 아직도 그때 우리 집에서 돈 이야기가 나올 때마다 두려움을 느꼈던 기억이 난다. 어머니와 아버지가 돈 때문에 논쟁을 벌이던 일도 기억한다. 아버지는 이렇게 말씀하셨다. "난 돈에는 관심이 없어. 난 있는 힘을 다해 열심히 일하고 있다고. 그 밖에 또 뭘 해야 할지는 모르겠단 말이오." 나는 그 밖에 다른 어떤 일을 해야 적어도 금전적으로는 우리 부모님처럼 되지 않을지 궁금했다. 무엇보다 나는 어머니를 돕고 싶었다. 어머니가 청구서 더미처럼 바보 같은 것 때문에 우는 걸 보면 정말 가슴이 아팠다. 아버지가 내게 "열심히 공부해서 좋은 직장을 얻어야지."라고 말씀하실 때마다, 나는 내 안의 무언가가 그분의 조언을 거부하고 있다는 것을 알았다. 나는 뭔가가 빠져 있다는 것을 알 수 있었다. 그래서 나는 새로운 해답과 나만의 현실을 찾아 나섰던 것이다.

부자 아버지에게서 가르침을 받고 '모노폴리'를 1년에 거의 50여 번씩 반복하면서 나는 내 마음이 움직이는 방식을 변화시키고 있었다. 나는 아버지와 어머니가 보지 못하는 세상을 보기 시작한 것 같았다. 눈앞에 있지만 그분들은 보지 못하는 거울 너머의 세상 말이다. 지금 생각해 보면 나는 그분들이 부자 아버지가 보는 세상을 보지 못했던 것은 다음과 같은 이유 때문이라고 생각한다.

- '정신적으로' 그분들은 일자리를 찾도록 배웠다.
- '감정적으로' 그분들은 안정적인 것을 찾도록 배웠다.
- '신체적으로' 그분들은 열심히 일하도록 배웠다.

그분들은 경제적으로 이기는 공식을 갖고 있지 않았기 때문에 경제적인 자기 인식이 계속해서 약해졌고 청구서는 쉴 새 없이 쌓여 갔다. 아버지는 한층 더 열심히 일했고 몇 번이나 봉급이 인상되었지만, 경제적으로 결코 앞서 나가지는 못했다. 쉰 살이 되어 그분의 경력이 절정에 달했을 때, 그리고 직업적으로 더 이상 할 일이 없었고 그것을 회복하지 못했을 때 그분의 영혼은 크게 상처입고 부서져 버렸다.

준비되지 않은 채 학교를 떠나다

학교는 오늘날의 세상에서 필요한 생존 기술을 가르치지 않는다. 대부분의 학생들은 경제적으로 절박한 상태에서 학교를 졸업하고, 그래서 안정과 안전을 추구한다. 그러나 안정은 외부에서 찾을 수 있는 것이 아니다. 안정은 바로 내부에 있다. 많은 학생들이 정신적, 감성적, 신체적, 영적으로 준비되지 않은 채 학교를 떠난다. 학교는 회사와 군대에서 일자리를 찾는 봉급생활자들과 군인들을 꾸준히 공급함으로써 그들의 의무를 수행한다. 나의 두 분 아버지는 모두 그 사실을 알았지만 그것을 바라보는 관점은 서로 달랐다. 한 아버지는 탁자의 이쪽에 있었고 다른 아버지는 그 반대쪽에 있었기 때문이다.

나는 사람들에게 이렇게 말한다. "안정적인 일자리에 기대지 마십시오. 회사가 당신을 경제적으로 돌봐 줄 거라고 기대하지 마십시오. 당신이 은퇴했을 때 정부가 당신을 책임져 줄 것이라고 기대하지도 마십시오." 내가 이렇게 말하면 사람들은 몸을 움찔거리거나 움츠린다. 나는 흥분과 열정이 아니라 두려움을 본다. 사람들은 그들의 능력을 믿는 것이 아니라 안정적인 일자리에 매달린다. 그들이 이렇게 안정을 추구하는 이유는 자신들의 새로운 정체성을 찾지도 못했고 스스로의 생존 능력을 믿지도 않기 때문이다. 그들은 그저 부모의 전철을 따라 부모가 하던 일을 하고, "학교에 가서 고용주들이 원하는 직업 기술을 배워라."는 부모님의 충고에 따른다. 일자리를 구하는 사람은 많지만 그들이 실제로 원하는 안정적인 직업을 얻는 사람은 소수에 불과하다. 당신의 생존이 남에게, 다시 말해 탁자의 반대쪽에 앉아 있는 사람에게 달려 있을 때에는 진정한 안정을 찾기가 어렵다.

얼마 전 한 인터뷰에서 내가 교육에 대해 이렇게 말하자 기자가 화를 낸 적이 있다. 그는 학창 시절에 성적이 좋았으며 지금은 훌륭하고 안정적인 일자리를 가지고 있었다. 그는 화난 목소리로 이렇게 말했다. "당신은 사람들에게 봉급을 받으며 일하면 안 된다고 말하는 겁니까? 하지만 만약에 근로자가 아무도 없다면 어떻게 될까요? 아마 세상이 멈출 겁니다."

나는 그와 같은 생각이었다. 나는 잠시 숨을 고른 다음 입을 열었다. "나도 이 세상에 근로자들이 필요하다는 데에는 동의합니다. 그리고 그들 모두가 아주 중요한 일을 하고 있다고도 믿고요. 청소 관리인이 없다면 회사 사장도 자기 할 일을 할 수 없겠지요. 전 그들에게 아무 유감도 없습니다. 저도 일종의 근로자니까요."

"그렇다면 학교 제도가 사람들에게 직원이나 군인이 되라고 가르치는 게 뭐가 잘못입니까?" 기자가 물었다. "세상에는 직원들이 필요합니다." 나는 이번에도 그의 말에 동의했다. "그렇습니다. 세상에는 교육 받은 직원들이 필요하죠. 하지만 교육받은 노예가 필요하지는 않아요. 저는 이제는 학생들이 그들을 자유롭게 해방시킬 교육을 받을 때가 되었다고 봅니다."

봉급 인상을 요구하지 말라

봉급 인상이 문제를 해결할 것이라고 생각한다면 나는 내 직원들에게 봉급을 인상해 달라고 요구하라고 말할 것이다. 하지만 직원들이 회사에 제공하는 노동력에 비해 너무 많은 돈을 요구한다면 탁자의 다른 쪽에 있는 사람은 새로운 근로자를 구하고자 할 것이다. 비용이 너무 많이 들면 회사의 미래가 불투명해지기 때문이다. 많은 회사들이 망한 이유는 그들이 노동비용을 감당하지 못했기 때문이다. 기업체들이 해외로 이전하는 가장 큰 이유는 노동비용을 절감하기 위해서이며 여행사나 주식 중개인 같은 많은 일자리가 이제는 첨단 기술로 대체되고 있다.

하지만 내가 "봉급 인상을 요구하지 말라."고 말하는 주된 이유는 대부분의 경우 돈은 문제를 해결해 주지 않기 때문이다. 봉급이 오르면 세금도 오르고, 그러면 사람들은 더 많은 빚을 지게 된다. 내 책과 보드게임은 사람들의 자기 인식을 바꾸기 위한 것이다. 진정한 경제적 안정을 바란다면 당신에게는 정신적, 감성적, 신체적, 영적 변화가 필요하다. 일단 정신적으로 적절한 금융 교육을 배우게 되면 감성적으로, 신체적으로, 영적으로 변하기 시작할 것이다. 그리고 자기 인식이 개선되면 사람들은 일자리가 필요하다는 생각을 덜 하게 되고 그들만의 숙제를 하기 시작할 것이다. 부자 아빠는 이렇게 말했다. "우리는 일터에서 부자가 되는 것이 아니다. 집에서 부자가 된다."

당신이 해야 할 숙제

나는 부모들에게 그들이 집에서 아이들에게 가르치는 것들이 학교가 아이들에게 가르치는 것만큼이나 중요하다고 말한다. 나는 부모들에게 그들의 자식들이 서른 살 이전에 은퇴하는 법을 찾도록 격려하라고 권유한다. 정말로 중요한 것은 서른 살에 은퇴하는 것이 아니다. 하지만 그렇게 하면 아이들의 사고방식을 바꿀 수 있다.

서른 살까지 일하고 은퇴할 시간이 겨우 몇 년밖에 없음을 깨닫고 나면 아이들은 이렇게 자문하게 될 것이다. "내가 어떻게 서른 살에 은퇴할 수 있지?" 그런 질문을 하는 순간 그들은 거울 너머의 세상으로 들어가게 된다. 학교를 졸업하고 직업 안정성의 세상을 찾는 것이 아니라 경제적 자유의 세상을 찾게 되는 것이다. 어쩌면 그들이 정말로 그것을 찾게 될지 누가 알겠는가? 그들이 할 일은 숙제를 하는 것뿐이다.

졸업한 후에도 A학점이 유지될까?

우리가 받은 교육의 가치는 성적표에 표기되지 않는다. 학교에서는 A학점을 받아도 삶에서는 F학점을 받는 사람들이 많지 않은가.

우리가 받은 교육의 가치를 평가하는 방법은 다양하지만, 그중에서 가장 좋은 척도 중 하나는 학교를 졸업한 후에 경제적으로 얼마나 성공했는지를 보는 것이다. 우리가 정부로부터 받는 정식 교육을 보충해야 하는 이유에 대해 내가 주로 제시하는 가장 흥미로운 자료 중 하나는 앞에서 이미 소개한 바 있는 정부의 조사 자료이다. 그에 따르면 미국에 거주하는 65세 이상의 성인 백 명 가운데 한 사람은 부자이고 네 사람은 안락한 삶을 살고 있으며 다섯 명은 아직도 일하고 쉰여섯 명은 정부나 가족의 지원이 필요하고 나머지는 죽었다.

내가 볼 때 이것은 별로 좋은 성적표가 아니다. 특히 우리가 교육에 들인 수십억 달러와 어마어마한 시간을 고려하면 더더욱 그렇다. 간단히 말해 내가 졸업한 학교의 700명의 학생들 가운데 일곱 명은 부자가 되고 392명은 정부나 가족의 지원이 필요할 것이라는 의미가 아닌가. 이것은 좋지 않다. 그리고 여기서 알아 둬야 하는 점이 한 가지 더 있다. 일곱 명의 부자들 중에서 대략 두 명은 자신의 노력이 아니라 유산을 통해 그렇게 된다는 점이다.

《USA 투데이》의 "쉽게 벌기 힘든 돈"이라는 제목의 기사에서 대니 세리던은 1백만 달러를 벌 수 있는 가능성을 일곱 가지로 분류해 계산했다.

• 작은 사업체를 소유	1,000 대 1
• 기업공개 닷컴 기업에서 근무	10,000 대 1
• 30년 동안 매월 8백 달러를 저축	1,500,000 대 1
• 퀴즈대회에서 우승	4,000,000 대 1
• 카지노에서 슬롯머신 하기	6,000,000 대 1
• 복권 당첨	12,000,000 대 1

• 백만 달러의 유산을 상속 12,000,000 대 1

이 통계자료는 유산으로 백만장자가 되는 사람이 가장 적다는 사실을 보여 준다. 즉 당신의 아이가 백만장자가 될 가장 큰 확률은 사업체를 소유해 그것을 성공시키는 것이다.

아이들에게 그들 스스로 생존하고 경제적으로 번창할 수 있으며, 그러기 위해서는 돈을 관리하는 법을 알아야 하고 소비자 부채의 덫에 걸리지 말아야 하며, 일자리가 필요 없어야 한다고 가르칠 수 있다면 당신은 아이들이 다가오는 세상에 대비하게 만들 수 있을 것이다.

삶의 끝자락에서 사람들을 의존적으로 만드는 교육 제도는 오늘날과 같은 현실에 대비하도록 만들 수 없다. 말년이 되었을 때 회사나 정부가 당신을 돌봐 주리라는 생각은 이미 낡은 개념이다. 당신의 아이는 당신의 도움이 있어야만 앞으로 필요한 금융 지식과 기술을 개발할 수 있다.

부모의 가장 중요한 임무

이 책의 1부의 요점은 돈이 아이디어에 불과하다는 것이다. 교육 역시 마찬가지다. 아이들의 자기 인식, 혹은 경제적, 학업적으로 그들 자신에 대해 갖고 있는 생각은 아이들의 미래에 커다란 영향을 끼친다. 그러므로 부모의 가장 중요한 임무는 아이들의 자기 인식을 관찰하고 인도하고 보호하는 것이다.

| 2부 |

돈은 당신을 부자로 만들어 주지 않는다

부자 아빠는 이렇게 말했다. “돈은 너를 부자로 만들어 주지는 않는다.” 그는 돈이 우리를 부자로 만들 수도 있고 가난하게 만들 수도 있다고 얘기했다. 대부분의 사람들은 돈을 벌수록 오히려 가난해진다. 부자 아빠는 복권이 인기가 있는 것을 보고는 “돈이 사람을 부자로 만들어 준다면 복권에 당첨된 사람들이 왜 빈털터리가 되겠니?”라고 말했다.

내 똑똑한 아버지도 성적에 대해 비슷하게 말했다. 좋은 성적으로 학교를 졸업한 아이가 사회에 나가서 반드시 성공한다는 보장이 있을까? 자녀가 학계에서 성공한다고 해서 현실 세계에서도 성공할 수 있을까?

2부는 당신의 아이가 진짜 세상에서 성공하도록 준비시키는 것에 관해 다룰 것이다.

Chapter 8

현실 세계에서는 '경제 성적표'가 필요하다

나는 열다섯 살 때 영어 과목에서 낙제점을 받았다. 내가 낙제점을 얻은 것은 내 철자 실력이 엉망이었고 작문을 잘하지 못했거나 혹은 영어 선생님이 내 작문 내용을 좋아하지 않았기 때문이었다. 그것은 내가 한 학년을 더 다녀야 한다는 뜻이었다.

그것은 여러모로 당혹스럽고 감정적으로 고통스러운 일이었다. 무엇보다 당시에 우리 아버지는 하와이의 교육감이었다. 그분은 하와이 섬 전체의 교육 정책과 40개 이상의 학교를 책임지고 있었다. 교육감의 아들이 공부를 못한다는 소식은 교육계에 있는 사람들 사이에서 속닥거림과 비웃음을 야기했다. 둘째로, 낙제를 했다는 것은 내가 여동생과 같은 학년이 된다는 뜻이었다. 말하자면 그 애는 앞으로 나아가고 있는데 나는 뒤로 후퇴하고 있었다. 셋째로 그것은 내가 대학에 가서 미식축구 팀에 들어갈 수 있는 추천서를 받지 못한다는 뜻이기도 했다. 미식축구는 내가 몸과 영혼을 바쳐 열중하는 운동이었는데 말이다. 성적표에서 F를 본 날, 나는 화학 실험실이 있는 건물 뒤로 홀로 숨었다. 나는 차가운 콘크리트 바닥에 앉아 무릎을 가슴까지 끌어당긴 채 나무 벽에 등을 기대고 펑펑 울었다. 몇 달 전부터 F학점이 나올 거라고 예상은 하고 있었지만 막상 종이 위에서 그것을 보니 순간 주체할 수 없는 감정이 북받쳐 올랐다. 나는 한 시간이 넘도록 그렇게 건물 뒤쪽에 처박혀 있었다.

부자 아버지의 아들이자 내 가장 친한 친구인 마이크도 F를 받았다. 마이크마저 낙제를 했다는 것은 좋은 소식은 아니었지만 적어도 이렇게 슬프고 고통스러울 때 때 동반자가 있다는 것은 반가운 일이었다. 나는 마이크가 집으로 가는 차를 타러 교정을 가로지르는 것을 보고 손을 흔들었지만 그는 그저 고개를 흔들며 기다리고 있는 차 쪽으로 걸어가 버렸다.

그날 저녁 다른 형제자매들이 잠자리에 든 후에 나는 어머니와 아버지에게 영어에서 낙제 점수를 받았고 그래서 한 학년을 한 번 더 다녀야 한다고 털어놓았다. 당시의 교육 체제에서는 영어나 사회 과목에서 낙제를 한 학생은 한 학년 전체를 다시 다녀야 했다. 아버지는 그 정책에 대해 잘 알고 있었다. 왜냐하면 그분이야말로 그 정책을 시행하는 분이었기 때문이다. 부모님은 그 소식을 예상하고 계셨지만 그래도 막상 내가 낙제했다는 사실을 현실로 받아들이기는 힘들어하셨다. 아버지는 무표정한 얼굴로 묵묵히 고개를 끄덕였다. 어머니는 이 소식을 훨씬 힘겹게 받아들였다. 나는 어머니의 얼굴에 나타나는 감정이 슬픔에서 분노로 변해 가는 것을 지켜보았다. 어머니는 아버지에게 말씀하셨다. "이제 어떻게 되는 거죠? 그렇게 1년을 버리는 건가요?" 아버지는 그저 이렇게 대답하셨다. "그게 우리 방침이오. 하지만 결정을 내리기 전에 잘 숙고해 보지."

그 후로 며칠 동안 아버지는 이 문제에 대해 곰곰이 연구했다. 그분은 우리 반 학생 서른두 명 중에서 열다섯 명이 낙제했다는 사실을 알게 되었다. D를 받은 학생도 여덟 명이나 되었다. A는 한 명이었고 B는 네 명이었으며 나머지는 C였다. 낙제생이 너무 많다는 사실을 알게 된 아버지는 한 학생의 아버지로서가 아니라 교육감으로서 조치를 취하기 시작했다. 그분의 첫 번째 행보는 학교 교장에게 정식 조사를 요구한 것이었다. 관련 조사는 학생들과의 인터뷰로 시작되었고, 결과는 선생님이 다른 학교로 전출되는 것으로 끝났다. 학교에는 성적을 높이고 싶은 학생들에게 기회를 제공하기 위한 여름 특별학교가 개설되었다. 나는 여름 방학의 3주일을 투자해 내 점수를 D로 올렸고, 다른 급우들과 함께 11학년으로 진급했다.

최종적으로 아버지는 교사와 학생들 양쪽 모두에게 잘못이 있다는 결론을 내렸다. 아버지를 당혹케 한 것은 영어에 낙제점을 받은 대부분의 아이들이 대학을 가기 위해 공부하는 상위권 학생들이라는 점이었다. 그래서 그분은 어느 편도 들지 않고 내게 이렇게 말씀하셨다. "이번에 낙제한 일을 네 삶에서 중요한 교훈으로 삼아라. 이번 일로 너는 많은 것을 배울 수도 있고 그렇지 않을 수도 있다. 화를 내고 선생님을 탓하면서 앙심을 품을 수도 있지. 아니면 네 행동을 돌이켜 보고 너 자신에 대해 더 많은 것을 배우고 그 경험을 통해 한 단계 성장할 수도 있을 거다. 내가 볼 때 네 선생님은 그렇게 많은 학생들에게 낙제점을 주는 게 아니었다. 하지만 너와 네 친구들도 학생으로서 더욱 잘해야 할 필요가 있어. 이번 일을 계기로 학생과 교사가 모두 성장할 수 있으면 좋겠구나."

사실 나는 앙심을 품었었다. 나는 아직도 그 선생님을 좋아하지 않는다. 그리고 그 뒤로는 학교에 가는 것이 너무나도 싫어졌다. 나는 별로 관심도 없고 학교를 졸업하고 나면 절대로 사용하지도 않을 과목을 공부하는 것이 싫었다. 비록 감정적인 상처는 깊었지만, 나는 성질을 조금 누그러뜨렸고 태도도 변했으며 공부 습관도 조금 나아졌다. 그리고 나는 예정대로 고등학교를 졸업했다.

무엇보다 나는 아버지의 충고를 받아들여 나쁜 상황에서 최선을 이끌어 냈다. 지금 돌이켜 보면 10학년 때 낙제한 것은 어쩌면 내게는 축복이었는지도 모른다. 그 사건 덕분에 나는 내 태도와 공부 습관을 바꿀 수 있었기 때문이다. 그때 그런 변화를 겪지 않았더라면 나는 틀림없이 대학에서 낙제를 하고 말았을 것이다.

어머니의 우려

당시에 우리 어머니는 무척 힘들어하는 것 같았다. 어머니는 몇 번이고 거듭해서 이렇게 말했다. "학교 성적은 아주 중요해. 좋은 성적을 받지 못하면 좋은 대학에 갈 수가 없고, 그러면 좋은 직장을 얻을 수가 없단다. 학교 성적은 네 인생에서 무척 중요한 거야." 어머니는 전에도 몇 번이고 이런 이야기를 한 적이 있었다. 하지만 그 끔찍하고 힘든 시기에 어머니의 목소리에는 전보다 훨씬 더 큰 두려움과 불안이 깃들어 있었다.

그때는 나도 아주 힘들었다. 낙제 점수를 받았을 뿐만 아니라 그 점수를 만회하고 다른 급우들과 진급하기 위해 여름학교에 다녀야 했기 때문이다. 나는 여름학교가 싫었다. 수업은 지루했고 교실은 무덥고 후텁지근했다. 수업에 집중하는 것은 어려운 일이었다. 나는 멍하니 창밖을 내다보며 저 야자수 너머 친구들이 서핑을 즐기고 있을 해변가를 상상했다. 설상가상으로 많은 내 서핑 친구들이 나와 마이크를 만날 때마다 비웃으면서 '멍청이'라고 놀려 댔다.

네 시간짜리 수업이 끝나면 마이크와 나는 마을 반대쪽에 있는 부자 아버지의 사무실로 가서 몇 시간 동안 그분이 시키는 일을 했다. 그러던 어느 날 부자 아버지를 기다리는 도중에 마이크와 나는 학교 성적이 나쁘다는 사실이 우리의 미래에 어떤 영향을 끼칠지 이야기를 나누었다. 낙제를 하고 '멍청이'라는 놀림을 받는 것은 우리에게 너무 끔찍한 경험이었기 때문이다.

"친구들이 우릴 놀리는 건 우리보다 성적이 더 좋기 때문이야. 자기들이 우리보다 더 좋은 대학에 갈 수 있을 테니까." 마이크가 말했다.

"나도 그런 말 들었어." 내가 대답했다. "그럼 넌 우리가 인생을 망쳤다고 생각하니?"

이제 겨우 열다섯이 된 우리는 현실 세상에 대해 아는 바가 전혀 없었다. 우리는 '멍청이'와 '낙제생'이라는 낙인이 우리의 마음에 심각한

타격을 입혔음을 느꼈다. 우리는 감정적으로 상처를 입었고, 정신적으로는 우리의 학업 능력에 의심을 품게 되었다. 미래가 아주 암울해 보였다. 우리 어머니 역시 우리와 생각이 같은 것 같았다.

부자 아빠의 비밀

부자 아버지는 우리가 낙제했다는 사실을 잘 알고 있었다. 그분도 아들이 영어에서 F학점을 받았다는 사실에 마음이 상했다. 부자 아버지는 우리 아버지 덕분에 여름학교가 개설되어 우리가 낙제 점수를 만회한 것을 대단히 다행이라고 생각했다. 우리의 두 분 아버지는 늘 긍정적인 면을 보셨고, 우리가 그 경험으로부터 교훈을 배우기를 바랐다. 하지만 그 두 분의 교훈은 서로 달랐다. 그때까지만 해도 부자 아빠는 많은 말씀을 하지 않았다. 아마도 우리가 그런 상황에 어떻게 대처하는지 지켜보고 싶었던 것 같다. 하지만 그분은 우리가 학업에서 실패한 점에 대해 어떻게 느끼고 생각하는지 듣고는 마침내 거기에 대해 언급할 때가 되었다고 생각한 것 같았다. 부자 아빠는 우리에게 이렇게 말했다. "좋은 성적을 받는 것은 중요하지. 학교에서 어떻게 하는지는 정말 중요한 거란다. 너희들이 얼마나 배우고 얼마나 똑똑한지도 중요하다. 하지만 일단 학교를 졸업하고 나면 성적은 그렇게 중요한 게 아니야."

나는 그 말을 들었을 때 나도 모르게 바싹 앞으로 다가가 앉았다. 우리 아버지부터 아버지의 형제자매들에 이르기까지 가족 전부가 교육계에서 일하는 우리 집 식구들에게 성적이 중요하지 않다는 말은 거의 불경한 것이었다. "하지만 우리 성적표는 어쩌고요? 그런 점수는 우리를 평생 따라다닐 거예요." 나는 충격을 받은 목소리로 다소 볼멘 소리로 말했다.

부자 아빠는 고개를 가로젓더니 몸을 앞으로 기울이며 단호하게 말했다. "잘 들어라, 마이크, 로버트. 내가 너희들에게 커다란 비밀을 하나 알려 주마." 부자 아빠는 잠시 뜸을 들이며 우리가 진지하게 귀를 기울이고 있는지 확인했다. "내 은행가는 나한테 성적표를 요구한 적이 한 번도 없단다."

그 말에 나는 깜짝 놀랐다. 나와 마이크는 벌써 몇 달째 성적에 대해 걱정하고 있었다. 학교에서 점수는 모든 것이었다. 우리 부모님, 친척들, 그리고 친구들도 좋은 성적이 중요하다고 생각했다. 그래서 부자 아빠의 그 같은 말씀은 학교에서 나쁜 성적을 받았으니 인생이 망했다는 내 사고방식을 단번에 산산조각 냈다. "그게 무슨 말씀이세요?" 나는 부자 아빠의 말을 이해하지 못하고 물었다.

"방금 내 말 들었잖니." 부자 아빠가 의자 위에서 몸을 흔들며 말씀하셨다. 부자 아빠는 우리가 자신의 말을 들었음을 알았다. 그리고 이제는 우리가 이해하기를 기다리고 있었다.

"은행가가 아저씨의 성적표를 요구한 적이 한 번도 없다고요?" 나는 조용히 반복했다. "그렇다면 점수는 중요하지 '않다'는 뜻인가요?"

"내가 그랬니?" 부자 아빠가 비꼬듯이 물었다. "내가 점수는 중요하지 '않다'고 했느냐?"

"아뇨." 나는 당황하며 대답했다. "그렇게 말씀하진 않으셨죠."

"그럼 내가 뭐라고 했지?" 부자 아빠가 물었다.

"정확히 말하자면 '내 은행가는 나한테 성적표를 요구한 적이 한 번도 없다.'라고 말씀하셨어요." 내가 대답했다. 그 말을 입 밖에 내는 것은 무척 어려운 일이었다. 왜냐하면 교육자 집안인 우리 집에서 좋은 성적과 시험 점수, 좋은 성적표는 모든 것을 의미했기 때문이다.

"내가 만나는 은행가들은 이렇게 말하지 않는단다. '학교 때 당신 성적표를 보여 주십시오.'" 부자 아빠는 이어서 물었다. "나와 거래하는 은행가가 '당신은 A학점 학생이었습니까?'라고 물어보더냐? 성적표를 요구한 적은 있고? 그 사람이 '오, 당신은 학창 시절 성적이 무척 좋았군요. 그러니 백만 달러를 빌려 드리지요.'라고 말할까? 은행가가 그런 말을 한 적이 있느냐?"

"아뇨." 마이크가 말했다. "적어도 제가 아버지와 함께 그 사람 사무실에 갔을 때에는 그런 말을 한 적이 없어요. 그리고 학교 성적을 보고 아버지한테 돈을 빌려주는 것도 아니고요."

"그럼 그 사람은 뭘 요구했지?"

"아버지의 재무제표를 요구했죠." 마이크가 조용히 대답했다. "그 사람은 가장 최근의 재무제표를 보고 싶어 해요. 아버지의 손익계산서와 대차대조표도 보고 싶어 하고요."

학교를 떠난 후의 성적표

부자 아빠는 고개를 끄덕였다. "은행가들은 늘 재무제표를 요구한다. 은행가들은 누구에게나 재무제표를 요구하지. 은행가들은 네가 부자든 가난하든, 교육을 많이 받았든 받지 않았든 상관하지 않는다. 그들은 상대가 누구든 간에 그 사람의 재무제표를 보고 싶어 하지. 은행가들이 왜 그러는지 아느냐?"

마이크와 나는 고개를 저으며 잠자코 부자 아빠의 대답을 기다렸다.

"사실 전 그런 것에 대해 생각해 본 적이 없어요." 이윽고 마이크가 입을 열었다. "아버지가 말씀해 주실래요?"

"왜냐하면 재무제표는 네가 학교를 졸업한 뒤의 성적표이기 때문이다." 부자 아빠가 낮고 단호한 목소리로 말씀하셨다. "문제는 대부분의 사람들이 재무제표가 뭔지도 모른 채 학교를 졸업한다는 거지."

"재무제표가 학교를 졸업한 뒤의 성적표라고요?" 나는 의아하다는 듯 물었다. "재무제표가 어른들의 성적표라는 뜻인가요?"

부자 아빠가 고개를 끄덕였다. "그래, 어른들의 성적표지. 그런데 대부분의 어른들도 역시 재무제표가 뭔지 잘 모른다는 문제가 있단다."

"그게 어른들의 유일한 성적표인가요?" 내가 물었다. "다른 성적표는 없어요?"

"물론 다른 성적표도 있지. 재무제표는 아주 중요한 성적표지만 유일한 성적표는 아니야. 다른 성적표로는 정기 건강검진을 들 수 있을 거다. 그것은 혈액 검사와 다른 중요한 절차들을 통해 우리의 건강이 지금 어떻고 무엇을 개선해야 하는지 알려 주지. 골프 경기나 볼링 경기 점수표 같은 다른 성적표도 있다. 삶에는 수없이 다양한 형태의 성적표가 있단다. 재무제표는 그중에서도 대단히 중요한 것이고."

"그럼 학교 성적표에서는 A를 받는 사람이 삶의 재무제표에서는 F를 받을 수도 있나요?" 내가 말했다. "그렇게 말씀하시는 거예요?"

부자 아빠는 고개를 끄덕였다. "그건 흔한 일이지."

진짜 세상의 성적표

열다섯 살 때 영어 과목에서 낙제를 한 것은 내게 아주 소중한 경험이었다. 나는 그 일을 계기로 내가 그동안 학교와 공부에 대해 나쁜 태도를 갖고 있었음을 깨달았다. 낙제점을 얻은 것은 내게 그런 태도와 공부 습관을 바꿔야 한다는 경종을 울려 주었다. 또한 나는 학교에서는 점수가 중요하지만 학교를 졸업한 후에는 재무제표가 내 성적표가 된다는 사실도 일찌감치 알게 되었다.

부자 아빠는 이렇게 말했다. "학교에서 학생들은 학기마다 성적표를 받는다. 성적이 나쁜 아이들은 적어도 자신이 원한다면 점수를 적절히 올릴 수 있는 시간을 갖게 되지. 하지만 현실의 삶에서 대부분의 어른들은 분기마다 경제 성적표를 받는 것은 아니다. 그래서 그렇게 많은 사람들이 금전적으로 고생을 하는 거란다. 많은 어른들이 일자리를 잃거나 사고를 당하거나 은퇴를 고려하는 등 때가 너무 늦을 때까지 자신의 경제 상황을 돌아보지 않아. 대부분의 어른들이 분기마다 경제 성적표를 받지 않기 때문에 많은 어른들이 경제적으로 안정된 삶을 사는 데 필요한 궤도 수정을 하지 못한다. 그들은 고소득 일자리와 커다란 집과 좋은 차를 갖고 있고 일터에서 잘할 수도 있지만 그럼에도 재정 성적은 낙제점이지. 학교에서 좋은 성적을 받는 똑똑한 학생들도 삶의 경제 점수에 있어서는 낙제점을 받기 쉽단다. 분기에 한 번씩 경제 성적표를 받지 않은 결과지. 나는 내 재무제표를 보면서 내가 어디서 잘하는지,

어디서 못하는지, 그리고 무엇을 개선해야 하는지 알고 싶단다."

성적표는 개선해야 할 것이 무엇인지 보여 준다

영어 과목에서 낙제점을 받은 경험이 내게 장기적으로 좋은 결과를 가져온 것은 마이크와 내가 학교에 좀 더 주의를 기울이게 되었기 때문이다. 물론 우리는 한 번도 훌륭한 학생인 적이 없다. 나는 우리 주의 상원의원으로부터 메릴랜드 아나폴리스에 있는 해군사관학교와 뉴욕 주 킹스포인트에 있는 해양사관학교에 입학할 수 있는 추천서를 받았다. 마이크는 하와이에 남아 그의 아버지로부터 사업 수업을 받기로 했다. 그는 하와이 대학교에 입학해 1969년에 졸업했는데, 그것은 내가 킹스포인트를 졸업한 해이기도 했다. 장기적으로 볼 때 그때 낙제점을 받은 것은 마이크와 내게 아주 귀중한 경험이었다. 덕분에 우리는 학교에 대한 태도를 바꿨기 때문이다.

킹스포인트에서 나는 글쓰기의 두려움을 극복했고 실질적으로 그것을 좋아하게 되었다. 물론 기술적으로 말해 나는 글솜씨가 그리 좋은 작가는 아니다. 나는 해양사관학교에서 2년 동안 내게 영어를 가르쳐 준 A. A. 노튼 박사님께 감사한다. 그분은 내가 부족한 자신감과 과거의 두려움, 마음속의 앙심을 극복하도록 도와주셨다. 그분이 아니었다면 나는 《뉴욕타임스》와 《월스트리트 저널》의 베스트셀러 작가가 되지 못했을 것이다. 때로 나는 만일 내가 열다섯 살 때 영어에서 낙제를 하지 않았고 어려운 시기에 가족들이 나를 도와주지 않았더라면 삶의 변화를 일구지도 못했고 지금 같은 작가가 되지도 못했을 것이라고 생각한다.

그러므로 성적표는 무척 중요한 것이다. 특히 나쁜 성적표는 말이다.

이 모든 일이 지나고 나서 나는 성적표가 우리가 아는 것을 측정하는 것이 아니라 우리가 삶에서 개선해야 하는 것을 측정한다는 사실을 알게 되었다. 당신의 재무제표 역시 마찬가지다. 그것은 당신이 재정적으로 얼마나 잘하고 있는지를 보여 주는 성적표다. 그것은 당신의 인생 성적표다.

당신 자녀에게는 경제 성적표가 필요하다

나는 아홉 살 때부터 경제적으로 앞서 시작할 수 있었다. 그것은 부자 아버지가 내게 경제 성적표를 가르쳐 줬을 때의 일이었다. 『부자 아빠 가난한 아빠』를 읽은 사람들이라면 부자 아빠의 두 번째 교훈이 금융 지식, 즉 학교를 졸업한 뒤에 재무제표를 읽을 수 있는 능력이 얼마나 중요한지 가르치는 것임을 알고 있을 것이다.

나는 부자 아버지가 마이크와 나에게 학교를 졸업한 뒤에 맞닥뜨리게 될 진짜 세상에 대비해 준비시키고 있다는 사실을 모르고 있었다. 그분은 우리에게 기본적인 금융 지식을 가르침으로써 우리를 준비시키셨던 것이다. 그것은 대개 학교에서 학생들에게 가르치지 않는, 나아가 어른들도 배운 적이 없는 과목이었다. 기본적인 재무제표에 관한 이해는 내게 돈과 금융에 관한 깊은 이해와 커다란 확신을 심어 주었다. 나는 자산과 부채, 수입과 지출의 차이를 이해했고 현금흐름의 중요성을 배웠다. 많은 어른들이 그 미묘한 차이를 알지 못하며, 교육이 부족한 그들은 아무리 열심히 일하고 많은 돈을 벌어도 경제적으로 앞서 나가지 못한다.

하지만 나는 재무제표를 이해함으로써 확신 이상의 무언가를 얻었다. 부자 아빠는 종종 '3C'에 대해 말했다. 그것은 '확신confidence'과 '통제control', '수정correction'을 의미한다.

부자 아빠는 마이크와 내게 이렇게 얘기하곤 했다. "재무제표가 어떻게 돌아가는지 이해하면 자신의 재정 상황에 대해 더 큰 확신을 갖고 더욱 확고하게 통제할 수 있으며, 무엇보다 상황이 원하는 대로 돌아가지 않을 때 수정을 가할 수 있다. 금융 지식이 부족한 사람들은 확신이 부족하기 때문에 통제력을 잃고 제대로 수정도 하지 못하다가 때를 놓쳐 버린다."

나는 어린 나이에 정신적, 감성적, 신체적, 영적으로 3C를 안팎으로 배우기 시작했다. 당시에 나는 그것을 완전히 이해하지 못했고 오늘날까지도 완전히 이해하지 못한다. 그러나 기본적인 금융 교육은 평생 동안 꾸준히 지속되는 경제적 학습의 토대가 된다. 이 기본적인 금융 교육은 내가 경제적으로 다른 사람들보다 앞서 가게 해 주었고, 그 모든 것은 재무제표의 이해와 함께 시작되었다.

첫 번째 그림

부자 아빠는 간단한 그림으로 가르침을 시작했다. 우리가 그 간단한 그림을 이해하게 되자 그 다음에는 단어와 정의, 그리고 관계들을 숙지시켰다. 나는 그림과 단어들이 어떻게 연관되어 있는지 배웠다. 경제 및 금융 분야에서 전문 훈련을 받은 사람들과 이야기를 나눌 때면 그들은 내게 학교에서 회계학을 배울 때 단어들 사이의 관계를 명확하게 이해할 수가 없었다고 말한다. 부자 아빠는 이렇게 말했다. "단어들 사이의 관계야말로 가장 중요한 것이다."

손익계산서

대차대조표

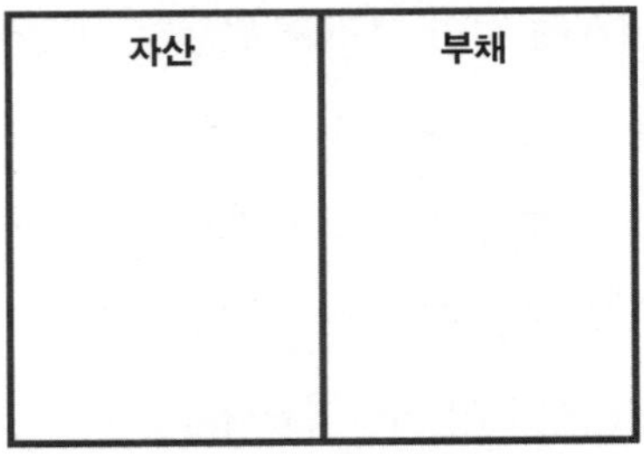

경제적인 문제는 어디서 시작되는가

내 가난한 아버지는 자주 "우리 집은 자산이다."라고 얘기하곤 했다. 가난한 아빠의 경제적 문제는 대부분 거기서 비롯되었다. 이 간단한 오해, 혹은 단어에 대한 정의를 할 때 자세한 구분이 부족했기 때문에 아버지를 비롯한 대부분의 사람들에게 경제적 곤경이 닥치는 것이다. 돌멩이를 연못에 던지면 돌멩이가 떨어진 곳에서부터 파문이 퍼져 나간다. 우리가 자산과 부채의 차이를 모르고 삶을 시작한다면 그 파문은 우리 삶의 다른 부분에도 경제적 문제를 불러일으키게 된다. 그래서 부자 아버지는 이렇게 말씀하신다. "단어들 사이의 관계야말로 가장 중요한 것이다."

자산과 부채를 정의하는 것은 무엇인가?

자산이란 무엇이고 부채란 무엇인가? 사전에서 그 단어들의 뜻을 찾아보면 나는 오히려 혼란만 느끼게 된다. 그것은 정신적으로만 배우고 신체적(물리적) 배움은 포함하지 않을 때 발생하는 흔한 문제다. 재무제표를 단순한 그림으로 배우기만 해도 우리는 약간의 신체적 배움을 얻을 수 있다. 비록 그것이 종이 위에 그려진 몇 개의 선에 불과할지라도 말이다. 내 요점을 강조하기 위해, 내가 사전에서 찾은 '자산'에 대한 정의를 소개한다.

자산asset

- 사망한 사람의 재산
- 온갖 종류의 개인, 단체, 법인의 전 재산
- 소유 재산의 장부 가치를 보여 주는 대차대조표의 항목

언어적 재능이 뛰어나고 IQ가 높은 사람에게는 이런 정의가 적절할지도 모른다. 어쩌면 그런 사람들은 이런 말을 읽고도 자산이 무엇인지

이해할지 모르겠다. 그러나 아홉 살 소년에게 이런 단어들은 별 의미가 없다. 부자가 되는 법을 배우고 싶은 아홉 살 소년에게 사전의 정의는 부적절하고 불충분하다. 지능이 미세한 구분을 하는 능력이라고 말한다면, 부자가 되고 싶은 나는 언어가 아닌 다른 형태의 설명이 필요했다.

부자 아빠는 세부적인 구분을 돕기 위해 사전의 정의에 물리적 실체와 동작을 보탰고 그래서 내가 미세한 구분을 할 수 있도록 도와주었다. 그는 나를 위해 종이 위에 손익계산서와 대차대조표의 관계를 그리며 이렇게 말했다.

"대차대조표에 있는 것을 쓰레기가 아니라 진짜 자산으로 만드는 것은 현금흐름이다. 현금흐름은 돈의 세상에서 가장 중요한 단어지. 그런데도 이걸 이해하는 사람은 많지 않아. 사람들은 현금은 볼 수 있어도 그 흐름은 대부분 보지 못하거든. 무엇인가가 정말로 자산인지, 부채인지 아니면 쓰레기인지를 결정하는 것은 바로 현금흐름이란다."

손익계산서와 대차대조표의 관계

"손익계산서와 대차대조표 사이를 흐르는 현금이 자산과 부채를 규정한다." 부자 아빠는 이 말씀을 수없이 반복했다.

당신의 아이에게 경제적으로 앞서 가는 방법을 알려 주고 싶다면 이 말을 기억하고 아이에게 반복해서 주지시켜라. 아이는 이 말을 이해하고 자주 반복해서 마음속 깊이 심어야 한다. 이 말을 이해하지 못하는 아이는 밖에 나가서 골프채를 사고 창고에 처박아 둔 다음, 대출을 받기 위해 은행에 제출하는 재무제표를 작성할 때 그것을 자산으로 기록

할 것이다. 부자 아버지의 세상에서 차고에 처박힌 골프채는 자산이 아니다. 그러나 많은 신용명세서에서 당신은 그런 골프채를, 다시 말해 '쓰레기'를 자산으로 기입할 수 있다. 그것들은 자산 부문에서 '개인 소유물'이라는 항목에 들어가는데, 그곳은 당신이 신발과 지갑, 넥타이, 가구, 그릇, 낡은 테니스 라켓을 자산으로 기입할 수 있는 곳이다. 그래서 대부분의 사람들은 부자가 되지 못한다. 손익계산서와 대차대조표의 관계를 알지 못하기 때문이다.

다음은 자산의 현금흐름 패턴이다. 자산은 수입 부문으로 현금이 흘러가게 만든다.

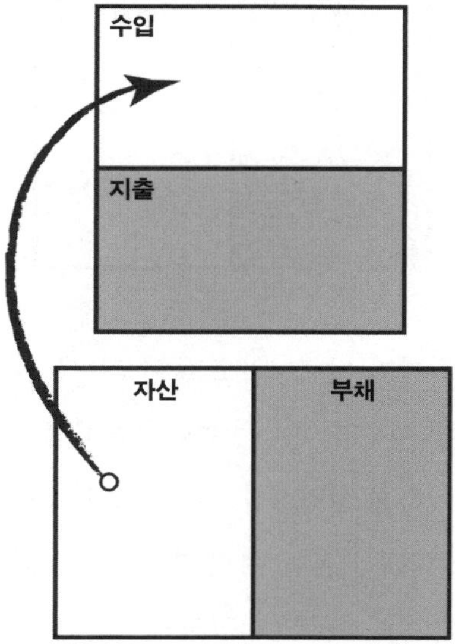

다음은 부채의 현금흐름 패턴이다. 부채는 지출 부문에서 돈이 흘러 나오게 만든다.

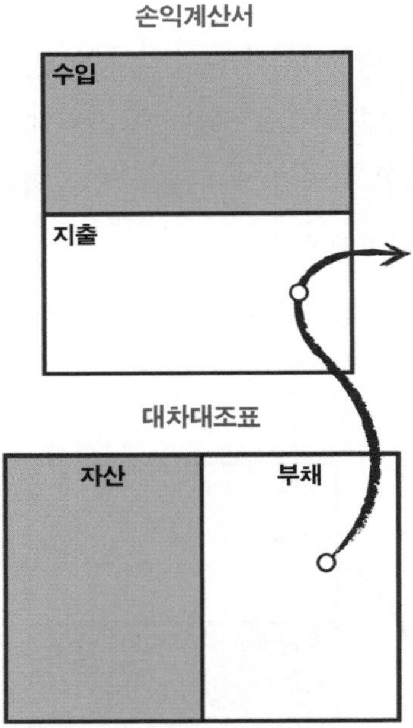

굳이 똑똑한 과학자가 아니더라도 들어오는 돈과 나가는 돈의 차이는 알 수 있을 것이다. 부자 아빠는 마이크와 내게 이 기본적인 개념을 이해시키기 위해 이렇게 설명했다. "자산은 네 주머니에 돈을 넣어 준다. 부채는 네 주머니에서 돈을 빼 간다." 아홉 살이었던 나는 이 말을 금세 이해할 수 있었다. 하지만 이상하게도 많은 어른들이 이 말을 이해하지 못한다.

내가 나이가 들어 어른들이 안정적인 일자리에 집착하는 이유를 이해하게 되었을 때, 부자 아버지는 자산과 부채에 대한 정의를 한 단계 더 발전시켰다. 그분은 말씀하셨다. "네가 일자리를 잃으면 자산은 너를 먹여 줄 것이다. 부채는 너를 먹을 것이다." 그분은 또 이런 말씀도 하셨다. "대부분의 내 직원들이 일을 그만두지 못하는 이유는 그들이 자산이라고 착각하는 부채를 사고 있기 때문이다. 그들은 매달 청구서를 지불하면서 그들이 자산이라고 착각하는 부채를 먹여 살리기 위해 산 채로 잡아먹히고 있지." 그것은 전보다 복잡하고 정교한 정의였지만, 나는 탁자 반대편에 앉아 있는 사람들이 일자리에 지원하거나 해고되어 우는 것을 보면서 자산과 부채의 차이를 아는 것이 왜 그토록 중요한지 이해했다. 나는 열다섯 살이 되기 전에 그런 정의를 아는 것이 어째서 중요한지 이해했다. 그 덕분에 나는 삶에서 경제적으로 크게 앞서 나갈 수 있었다.

다음 단계

첫 번째 단계는 간단한 그림과 몇 년에 걸쳐 계속되는 반복 학습으로 시작되었다. 오늘날 사람들은 여전히 그들의 집이 자산이라고 우긴다. 금융 이론의 한 단계에서 그 말은 사실일 수도 있다. 그러나 부자가 되고 싶은 사람에게 재무제표에 기반을 둔 보다 정확한 구분을 알고 현금이 어떻게 흐르는지 아는 것은 대단히 중요하다.

당신의 아이가 부채를 사면서 자산을 산다고 생각한다면, 아이가 서른이 되기 전에 은퇴할 수 있는 가능성은 매우 낮다. 만일 아이가 계속해서 부채를 자산으로 착각하고 사들인다면 아이는 평생 동안 경제적으로 앞서 가지 못하고 힘겹게 일만 하며 살아야 할 것이다. 어떤 학교를 졸업하든, 성적이 얼마나 좋았든 나쁘든, 얼마나 열심히 일하든, 혹은 얼마나 많은 돈을 벌든 상관없이 말이다. 그런 이유로 기본적인 금융 지식을 아는 것이 대단히 중요하다. 자산과 부채의 차이 같은 간단한 지식만 알아도 연못에 돌멩이를 던질 수 있다. 그 파장은 당신 아이의 삶 전체로 계속 퍼져 나갈 것이다.

그렇다고 집을 사지 말라는 이야기는 아니다. 융자금을 모두 갚으라는 이야기도 아니다. 나는 다만 부자가 되려면 보다 고도의 금융 지능이 필요하다고 말하는 것뿐이다. 평범한 사람들보다 더 미세한 것을 구분할 수 있는 능력 말이다.

스스로가 어디에 속하는지 알고 싶다면 다른 '부자 아빠 가난한 아빠' 시리즈를 읽어 보기 바란다. 시리즈 각 권은 금융 지식을 보다 세세히 구분하고 그것의 다양한 측면에 대해 살피고 있기에 당신의 금융 IQ를 높이는 데 큰 도움이 될 것이다. 더 많은 지식을 쌓을수록 당신 아이의 경제적 미래에 더 큰 영향을 끼칠 수 있다. 어쨌든 부자는 더 부자가 되고 가난한 이들은 더 가난해지며, 중산층은 빚에 치이면서도 그들 몫보다 더 많은 세금을 내는 이유는 돈에 관한 내용이 학교가 아니라 집에서 배우는 과목이기 때문이다. 경제 및 금융 교육은 부모에게서 아이로 전해진다.

은행은 내가 경제적으로 얼마나 똑똑한지 알고 싶어 한다

나를 진짜 세상에 준비시키는 첫 번째 단계는 진짜 세상의 성적표,

즉 재무제표를 이해하는 것이었다. 재무제표는 손익계산서와 대차대조표로 구성된다. 부자 아빠는 이렇게 말했다. “내 은행가는 내게 성적표를 요구한 적이 한 번도 없다. 나와 거래하는 모든 은행가들은 내 재무제표를 보고 싶어 했지.” 그는 이어서 말했다. “내 은행가는 내가 학문적으로 얼마나 똑똑한가에는 관심이 없다. 내가 경제적으로 얼마나 똑똑한지를 알고 싶을 뿐이야.”

앞으로 이어질 몇몇 장에서는 당신의 아이가 현실 세계에 들어가기 전에 경제적으로 더 똑똑해지도록 돕는 몇 가지 구체적인 방법들을 소개한다.

Chapter 9

아이들은 놀면서 배운다

어느 날 아버지와 나는 새끼 고양이 두 마리가 노는 것을 지켜보고 있었다. 녀석들은 서로의 목과 귀를 깨물고 할퀴고 으르렁거리고 때로는 서로를 발로 차기도 했다. 녀석들이 장난을 치고 있다는 걸 모른다면 싸우는 것으로 착각했을 풍경이었다.

내 똑똑한 아버지가 말씀하셨다. "저 녀석들은 지금, 녀석들의 유전자 속에 숨어 있는 생존 기술을 서로에게 가르치는 중이란다. 우리가 나중에 저 고양이들을 야생에 풀어 놓고 더 이상 먹이를 주지 않아도 새끼 때 배운 저런 생존 기술을 이용해 녀석들은 살아남을 거야. 새끼 고양이들은 장난치고 놀면서 저런 기술을 배우고 유지하지. 인간도 같은 방식으로 배운단다."

진짜 세상에서 살아남기 위한 경제적 생존 기술

이제까지 내가 했던 가장 힘든 일 중 하나는 공장을 폐쇄하고 서른다섯 명의 충직한 직원들은 내보낸 것이었다. 내가 공장 문을 닫아야 했던 건 더 이상 아시아와 멕시코 기업들과 경쟁할 수가 없었기 때문이다. 감당해야 할 임금과 정부에 내는 비용이 너무 높았다. 나는 경쟁자들과 싸우는 대신에 그들에게 합류하기로 결정했고, 그래서 공장을 해외로 이전했다. 그 결과 나는 이겼지만 내 직원들은 졌다. 사람들이 어째서 굳이 돈에 관한 책을 쓰는지 내게 물을 때면 나는 종종 그날 내 직원들에게 작별인사를 했던 일을 떠올린다. 내가 책을 쓰는 것은 그 이유만으로도 충분하다.

공장 문을 닫을 때, 나는 직원들에게 시간당 3.5달러 미만을 지급하고 있었다. 그로부터 20년이 지난 지금 그 직원들은 최저임금인 시간당 5달러를 벌고 있을 것이다. 어쩌면 봉급이 인상되었을지도 모르지만 그렇다고 해서 별로 도움이 되지는 않을 것이다. "돈만으로는 부자가 될 수 없다. 안전하고 안정적인 일자리가 안전하고 안정적으로 느끼게 해 주지도 않는다."

재정적으로 생존하고 경제적 안정감을 느끼려면, 진짜 세상에 들어가기 전에 경제적인 생존 기술을 개발할 필요가 있다. 그런 기술을 익히지 못한 채 진짜 세상에 들어가면 진짜 세상은 당신 아이에게 돈에 대한 다른 교훈을 가르치게 될 것이다. 거기에는 학교 제도도 포함된다. 오늘날의 젊은이들은 학자금뿐만 아니라 신용카드 빚까지 진 채 학교를 졸업한다. 가능한 한 일찍 아이에게 돈 관리에 대해 가르쳐야 한다. 그런 기술을 가르치는 가장 좋은 방법은 아이들과 함께 놀이를 하는 것이다. 왜냐하면 놀이는 조물주, 혹은 대자연이 모든 어린 것들에게, 심지어 작은 새끼 고양이들까지도 배울 수 있게 의도한 방법이기 때문이다.

부자가 되는 법을 재미있게 가르쳐라

내가 부자 아빠에게 돈에 대해 그렇게 많이 배울 수 있었던 것은 그 분이 재미있게 가르쳤기 때문이다. 부자 아빠는 놀게 하면서 가르쳤고, 내 머리에 억지로 정보를 집어넣으려 하지 않았다. 내가 뭔가를 배우고 싶어 하지 않으면 내가 흥미를 느끼는 것을 먼저 배우도록 하거나 아니면 가르치는 것에 내가 흥미를 느끼도록 만들었다. 그는 대개 현실 세상에서 볼 수 있는 가시적인 것, 내가 보고 만지고 느낄 수 있는 실질적인 것을 학습 도구로 사용했다.

가장 중요한 것은 부자 아빠가 내 영혼을 망가뜨리려 하지 않았다는 점이다. 그는 내 영혼이 보다 강인하게 자라날 수 있게 격려했다. 내가 실수를 하면 내게 '올바른' 대답을 주기보다 거기에서 교훈을 배울 수 있도록 북돋았다. 부자 아빠는 애정과 참을성을 가지고 나를 가르쳤다. 내 안에서 똑똑한 아이를 끌어내려고 최선을 다했고, 나를 무능하거나 느린 아이로 보지 않았다. 내가 무언가를 이해하는 데 시간이 조금 더 걸린다고 해서 내게 학습 장애가 있다고 낙인찍지도 않았다. 내가 배우는 속도에 따라, 그리고 내가 배우고자 하는 욕구에 따라 나를 가르쳤다. 또한 내게 시험에 합격해야 한다고 요구하지 않았다. 그리고 물론,

다른 많은 부모들이 그러하듯이 좋은 점수를 놓고 다른 아이들과 경쟁해야 한다고 생각하지도 않았다.

학교라는 공장

현재의 교육 제도는 교사들이 나름의 방식으로 가르치거나 학생들 각자가 필요로 하는 관심을 쏟을 수 있게 허용하지 않는다. 현재의 시스템은 교사들이 아이들을 일종의 대량생산 일정에 맞춰 움직이도록 몰아가게 만든다. 학교는 아이들의 학습 속도에 맞추는 것이 아니라 공장의 생산 스케줄에 맞게 움직이는 공장이다. 많은 교사들이 이 같은 시스템을 개선하려고 애썼지만, 앞에서 말했듯이 교육 제도는 악어와도 같아서 변화가 아니라 생존을 위해 만들어진 것이다. 그런 이유로 아이가 집으로 가져오는 학교 숙제보다 부모와 아이가 집에서 하는 숙제가 더 중요한 것이다.

나는 한 명문 대학의 교수가 이렇게 말하는 것을 들었다.

"우리는 아홉 살이 되면 아이가 일반적인 교육 제도 내에서 잘할 수 있는지 아닌지 알 수 있다. 그 아이가 우리가 원하는 자질을 지녔는지, 우리의 엄격한 시스템을 견뎌 낼 수 있을 정도로 똑똑한지도 알 수 있다. 그러나 불행히도 우리의 교육 제도를 통과하지 못하는 아이들을 위한 대안 시스템은 존재하지 않는다."

내가 어렸을 때 우리 집에는 교육계에 종사하는 사람들로 가득했다. 그들은 좋은 사람들이었다. 하지만 내가 부자 아빠의 집에 갔을 때에는 사업을 하는 사람들이 가득했다. 그들도 좋은 사람들이었다. 하지만 나는 그들이 반드시 같은 사람이 아님을 알 수 있었다.

다른 이들보다 앞서 나아가라

내가 자랄 때, 많은 사람들이 우리 아버지처럼 교사가 될 것이냐고 물었다. 어렸을 때 내가 이렇게 대답한 기억이 난다. "아뇨. 전 사업을 할 거에요." 여러 해가 지난 뒤에 나는 내가 실제로 가르치는 일을 대단히 좋아한다는 것을 알게 되었다. 1985년에 나는 창업가들에게 경영과 투자를 가르치기 시작했고 그 일이 아주 마음에 들었다. 내가 가르치는 것을 좋아하는 이유는 내가 가장 잘 배우는 방식으로 그들을 가르쳤기 때문이다. 나는 게임과 협력적 경쟁, 그룹 토론, 그리고 교훈을 통해 가장 잘 배운다. 나는 실수에 대해 벌을 주지 않고 오히려 실수를 권장했다. 학생들에게 혼자서 시험을 치르는 것이 아니라 다른 참가자들과 함께 팀으로 시험을 치르라고 말했다. 내가 가르치는 교실에는 침묵이 아니라 열띤 토론과 로큰롤 음악이 흘렀다. 내 교실에서는 다음과 같은 일들이 벌어졌다.

1. 첫째는 행동
2. 둘째는 실수
3. 셋째는 교훈
4. 넷째는 웃음

나는 학교 제도와 정반대의 방식으로 가르쳤다. 두 분 아버지가 집에서 나를 가르치신 것과 비슷한 방식이다. 나는 많은 사람들이 그런 방식으로 배우는 것을 선호한다는 사실을 깨달았고, 강의를 하며 많은 돈을 벌었다. 수강생 한 명당 1천 달러의 강의료를 받는 경우도 많았다. 나는 부자 아버지의 돈과 사업에 관한 교훈에 친아버지의 교육 방식을 접목시켰다. 나는 내가 절대로 하지 않겠다고 맹세한 직업에 종사하고 있었다. 내가 교육자가 되었다고 할 수도 있을 것이다. 하지만 나는 내가 배운 것과 같은 방식으로 사람들을 가르쳤다. 비즈니스 세계에서 사람들은 종종 말한다. "틈새시장을 찾으라." 나는 아주 큰 틈새를 찾았다. 재미있고 신나게 배우고 싶은 사람들이라는 틈새 말이다.

1980년대에 킴과 나는 교육 회사를 세웠고, 우리와 똑같은 방식으로 가르치는 것을 좋아하는 강사들을 영입했다. 우리가 강사들에게 원한 첫 번째 조건은 현실 세계에서 성공을 거두었고 남들을 가르치는 것을 좋아해야 한다는 것이었다. 현실 세계의 많은 사람들이 가르치는 것을 좋아하지만 그중에서 사업과 돈, 그리고 투자에 성공을 거둔 사람은 많지 않다. 반면에 사업과 돈벌이는 잘할지 몰라도 좋은 교사는 되지 못하는 사람들도 있다. 우리의 열쇠는 두 가지 모두에 뛰어난 사람을 찾는 것이었다.

천재 학생들

나는 R. 벅민스터 풀러라는 사람과 함께 공부하는 특권을 누린 적이 있다. 그는 흔히 미국 역사에서 가장 비범한 사람으로 알려져 있는데, 그가 가진 특허권만 해도 어마어마하다. 풀러는 동료들 사이에서 "우리

지구의 다정한 천재"라고도 불린다. 그는 건축가가 아님에도 미국 건축가협회에서 위대한 건축가로 추앙받고 하버드 대학교를 졸업하지 못했음에도(입학은 했지만 두 번 퇴학당한 후에 결코 졸업하지 못했다.) 하버드 대학교는 그를 자랑스러운 졸업생으로 지칭한다. 풀러 박사와 함께 연구를 하던 어느 날, 그가 말했다. "교사가 자기가 무슨 소리를 하는지 안다면 학생들은 모두 천재가 될 텐데." 우리의 임무는 교사를 찾는 것이 아니었다. 우리의 임무는 자신이 무슨 말을 하는지 정확히 아는 사람들을 찾아 다른 사람들을 가르치도록 독려하는 것이었다.

가르치면 똑똑해진다

나는 가르치는 일이 즐거웠고 덕분에 돈도 많이 벌었지만, 거기에는 돈과 재미를 넘어선 무언가가 있었다. 나는 남들을 가르치면서 더 많은 것을 배웠다. 남을 가르칠 때는 학생들이 배울 교훈을 찾아내기 위해 나 자신의 내면을 보다 깊이 파고들어야 한다. 나는 학생들과의 교류에서 많은 것을 배웠고 개개인의 통찰력과 발견이라는 면에서도 많은 것을 배웠다.

이런 현상 때문에 나는 부모들이 시간을 내서 자기 아이들을 가르치길 권한다. 왜냐하면 그럼으로써 부모들도 더 많이 배울 수 있기 때문이다. 경제 상황을 개선하고 싶은 부모가 할 수 있는 한 가지 방법은 새로운 생각을 찾아 아이들에게 그것을 전수하는 것이다. 당신의 아이에게 돈에 관한 낡은 생각을 가르치기 전에 새로운 경제적 개념들을 찾아라. 많은 사람들이 재정적으로 곤란을 겪는 이유는 그들이 부모로부터 낡은 경제관념을 물려받았기 때문이다. 나아가 그들은 그 생각을 자신의 자식들에게 가르친다. 바로 그 때문에 가난한 사람은 계속 가난하고 중산층은 학교를 졸업한 후에 아무리 열심히 일해도 항상 빚더미에서 허우적거리는 이유이다. 그들은 부모로부터 배운 것을 그대로 실천하고 있다.

따라서 새로운 것을 가르치는 가장 좋은 방법 중 하나는 자기가 배우고 싶은 것을 남들에게 가르치는 것이다. 교회의 주일학교에서는 이렇게 가르친다. "주어라, 그러면 받을지니." 아이에게 돈에 대해 가르치는데 더 많은 시간을 투자할수록 당신도 더욱 똑똑해질 것이다.

돈에 대해 배우는 세 가지 단계

부자 아버지는 다음의 세 가지 단계를 사용해 내게 돈에 대해 가르치셨다.

1단계: 간단한 그림

부자 아빠의 돈에 대한 교육은 단어의 정의를 이해하는 데 중점을 둔 간단한 그림으로 시작되었다.

손익계산서

수입
지출

대차대조표

자산	부채

2단계: 놀이

나는 직접 실천하고 경험할 때 가장 잘 배웠기 때문에 부자 아빠는 재무제표를 가지고 '놀이'를 하는 방법을 발명했다. 그는 우리에게 재무제표를 채우도록 했다. 때때로 우리가 '모노폴리' 게임을 할 때면 우리에게 녹색 집 네 개와 빨간 호텔 하나를 이용해 재무제표를 구성하게 했다.

3단계: 현실 세계

현실 세계는 마이크와 내가 열다섯 살이 되었을 즈음에 시작되었다. 우리가 재무제표를 만들어 부자 아빠에게 제출하면, 그는 좋은 교사가 그렇듯 거기에 점수를 매긴 다음 우리가 무엇을 잘했고 무엇을 개선해야 하는지 알려 주었다. 나는 그 뒤로 줄곧 현실 세계에서의 자기 교육과 재정보고를 지속하고 있다.

아이에게 어떻게 돈에 대해 가르칠 것인가

나는 대부분의 부모들에게 2단계에서 시작하라고 권유한다. 부자 아빠는 내게 1단계, 즉 간단한 그림부터 가르치셨지만, 나는 아이들에게 손익계산서니 대차대조표니 하는 관념적인 것들에 대해 이야기하는 데 대해서는 조금 조심스러울 필요가 있다고 생각한다. 어른들은 그런 그림을 보면 두 눈을 밝게 빛내지만, 나는 아이들이 그런 개념에 흥미가 있거나 배울 준비가 되어 있지 않다면 첫 번째 단계에 대해서는 말을 꺼내지 않는 게 낫다고 생각한다. 내가 부자 아빠에게 그런 방식으로 배운 것은 내가 호기심이 많았고, 그래서 부자 아빠는 그런 순서로 나를 가르치기로 결정하셨기 때문이다.

나는 대개 '모노폴리' 게임으로 교육을 시작하라고 권유한다. 하지만 어떤 아이들은 그 게임을 무척 좋아하는 데 반해 어떤 아이들은 게임을 하기는 해도 크게 흥미를 보이지는 않는다. 투자가나 창업가인 많은 내 친구들도 '모노폴리' 게임에 푹 빠져 몇 시간 동안이나 게임을 한다. 나는 그런 것에 매료되지 않은 아이들에게 돈이나 투자, 혹은 재무제표에 관해 억지로 가르치고 싶지는 않다.

아이들을 위한 '캐시플로' 게임

1996년에 나는 '캐시플로 101' 보드 게임을 개발했다. 그것은 어른들에게 재무제표의 기본 원칙을 가르치는 보드 게임인데, 그에 대한 시장의 열렬한 반응은 아이들에게도 비슷한 게임이 필요하다는 것을 알려주었다. 그래서 1999년에 우리는 '아이들을 위한 캐시플로' 게임을 선보였다. 그것은 아이들에게 학교를 졸업한 후의 성적표와 현금흐름 관리의 기본 원리, 즉 재무제표를 가르치는 보드 게임이다.

아이들이 겪은 변화

데이브는 인디애나 주 인디애나폴리스에서 일하는 혁신적인 교사다. 그는 자신이 가르치는 고등학교 학생들에게 캐시플로 게임을 가르치면서 실제로 이 게임이 돈에 대한 학생들의 관심과 태도를 바꾸었음을 깨달았다.

그는 '아이들을 위한 캐시플로' 게임이 나왔다는 소식을 듣자마자 혁신적인 발상을 떠올렸다. 그는 이미 캐시플로 게임에 익숙한 열여섯에서 열여덟 살 사이의 학생들과 함께 초등학교에 가서 '아이들을 위한 캐시플로' 게임을 가르치는 프로그램을 기획했다. 그 결과는 기가 막혔다.

초등학교 교사는 일단의 고등학생들이 자신을 도와주러 온다는 데 기뻐했다. 프로그램에 참가한 고등학생들은 각각 네 명의 초등학생과 함께 '아이들을 위한 캐시플로' 게임을 했다. 교사 한 명이 서른 명의 학생들을 돌보는 것에 비하면 1대 4는 매우 훌륭한 비율이다. 그리고 결과 또한 훌륭했다. 초등학생들은 무척 즐거운 시간을 보냈고 즐겁기는 고등학생들도 마찬가지였다. 훨씬 자세하고 개인적인 교류를 통해 가르침과 배움이 이루어졌다. 가르치는 고등학생들도 배우는 초등학생들도 짧은 시간 동안 더 많은 것을 배울 수 있었다.

교사는 학생들이 적극적이고 활동적으로 배움에 응하는 것을 보고 흥분했다. 어린아이들은 수업 내내 지루해하거나 교실을 시끌벅적한 난장판으로 만드는 것이 아니라 신이 나서 깔깔거리며 배움에 집중했다. 게임이 끝나자 모든 학생들이 한 목소리로 외쳤다. "아우우우우, 한 판 더해요!"

이에 따른 보너스

그때 내가 예상하지 못한 일이 일어났다. 마치 기대하지 않은 보너스 같은 일이었다. 고등학생들이 교실을 떠날 때가 되자 많은 아이들이 그들의 새로운 교사를 껴안거나 악수를 청했던 것이다. 어린 초등학교 학생들은 새로운 역할 모델을 찾은 셈이었다. 오늘날 언론에서 떠들며 사사건건 관심의 대상이 되는 일부 문제가 다분한 학생들과 달리, 이들 십 대들은 단정하고 차분하고 예의바르고 밝았으며 스스로의 미래와 교육에 깊이 집중하고 있었다.

고등학생들이 초등학생들에게 작별인사를 했을 때, 어린아이들은 아마도 그들의 새로운 교사들을 우러러 보며 이렇게 생각했을 것이다. "나도 언젠가 저렇게 될 거야."

고등학생들의 평가

내가 프로그램에 참가한 고등학생들에게 이번 경험을 계기로 무엇을 배웠느냐고 묻자 그들의 대답은 다음과 같았다.

- "나는 어린 학생들을 가르치며 아주 많이 배웠다. 나는 남들을 가르칠 때 더 많이 배운다."
- "아이들이 무척 빨리 배우는 것을 보고 놀랐다."
- "이제는 동생들을 전과는 다르게 대해야 할 것 같다."
- "가르치는 게 정말 재미있었다."

이들의 이야기를 여기서 소개하는 이유는 나 역시 고등학생들이 이처럼 성숙한 생각을 할 줄은 몰랐기 때문이다.

아이의 자기 인식을 증강하라

두 번째 단계의 핵심은 재미있게 놀고 즐기면서 돈과 돈 관리, 재무제표에 대해 배우는 데 흥미를 갖도록 하는 것이다. 다음에 제시된 학습 피라미드를 보면 아이들을 어떻게 더욱 효과적으로 가르칠 수 있는지 알 수 있다.

학습 피라미드

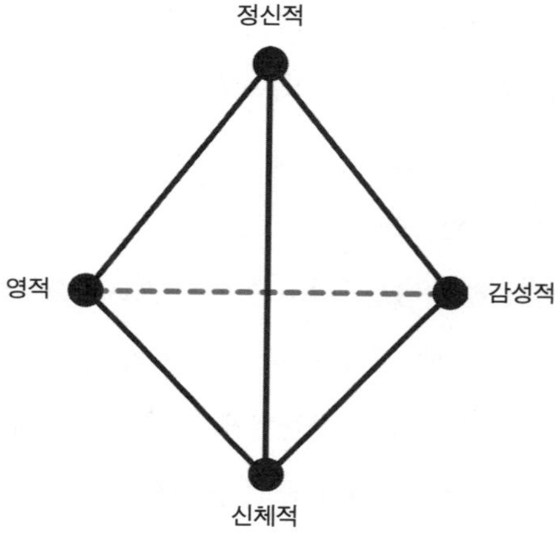

게임은 직접 보고 만질 수 있는 교육 도구이기 때문에 학습 피라미드의 네 가지 주요 요소를 모두 포함한다. 게임은 몸으로 배우는 아이들에게 정신적으로 혹은 추상적으로 배우는 데 뛰어난 아이들과 동등하게 배울 기회를 제공한다. 게임은 재미있고 흥미롭기 때문에 감성적인 면을 자극하며 진짜 돈이 아니라 가짜 돈을 사용하기 때문에 실수를 저질러도 감정적으로 덜 고통스럽다. 많은 어른들이 학교를 떠나면서 실수를 할까 봐 두려워한다. 특히 금전적인 실수는 그들에게 치명적이다. 게임은 온갖 나이의 학생들에게 재정상의 실수를 저지르고도 돈을 잃는 괴로움 없이 그런 경험으로부터 교훈을 배우게 해 준다. 당신이 아홉 살의 변화에 관한 루돌프 슈타이너의 주장에 동의한다면, 자신이 경제적으로 생존할 수 있음을 아는 아이들은 경제적 안정을 위해 안전한 일자리를 얻는 데 덜 의존하게 될 것이다. 그런 아이는 어른이 되어도 부채의 덫에 빠지지 않는다. 무엇보다 돈을 관리하는 법을 배우고 재무제표에 대해 아는 아이들은 긍정적인 자기 인식을 함으로써 훨씬 더 자신 있게 진짜 세상과 맞닥뜨릴 준비를 하게 될 것이다.

게임은 오랫동안 활용된 도구다

오늘날 가게에서 살 수 있는 대부분의 게임들은 오락을 위한 것이다. 그러나 게임은 지난 수백 년 동안 교육을 위한 용도로 사용되었다. 귀족들은 체스 게임을 이용해 아이들에게 전략적으로 사고하는 법을 가르쳤다. 체스는 후에 전쟁터에서 군대를 지휘해야 하는 귀족 자제들을 준비시키기 위한 것이었다. '백개먼backgammon' 역시 전략적인 사고를 개발하기 위한 게임이다. 귀족들은 몸과 마음을 함께 단련해야 한다고 생각했고 게임은 그들의 정신을 단련하는 방식이었다. 그들은 아이들이 단순히 암기한 대답을 내놓는 것이 아니라 스스로 생각하기를 원했다. 오늘날 우리는 아이들을 전쟁에 내보내기 위해 훈련하지는 않지만 돈에 관해 전략적으로 사고하도록 가르칠 필요가 있다. 체스와 '캐시플로' 게임은 정답이 없는 게임이라는 점에서 상당히 유사하다. 그것들은 전략적으로 생각하고 미래의 계획을 세우는 게임이다. 게임을 할 때마다 결과가 달라지는 게임이다. 말을 하나 움직이거나 상황이 변할 때마다 장기적인 계획을 수행하려면 전략도 같이 변화시켜야 한다.

게임은 아이들이 미래를 보게 돕는다

어느 날 '모노폴리' 게임을 하던 도중, 부자 아빠가 내가 절대로 잊지 못할 흥미로운 이야기를 하신 적이 있다. 그는 게임 보드의 한쪽 면을 가리키며 말했다. "이쪽 면에 있는 부동산을 다 산 다음에 거기 호텔을 짓는 데 얼마나 오래 걸릴 것 같으냐?"

마이크와 나는 어깨를 으쓱했다. 우리는 부자 아빠가 왜 그런 것을 묻는지 이해하지 못했다. "게임을 말씀하시는 거죠?"

"아니." 부자 아빠가 말했다. "우리가 사는 현실 세계에서 말이다. 우린 지금까지 두 시간 정도 게임을 했고 나는 보드의 이쪽 면에 있는 모든 부동산을 갖고 있다. 그리고 그 위에 빨간 호텔들을 지었지. 내가 묻고 싶은 건, 현실에서 이렇게 하려면 얼마나 걸릴 것 같으냐는 거다."

마이크와 나는 또다시 어깨를 으쓱했다. 아직 열한 살에 불과했던 우리는 현실에서 뭔가를 하는 데 시간이 얼마나 걸리는지 잘 알지 못했다. 우리는 보드판 위에 즐비한 부자 아빠의 부동산을 바라보았다. 빨간 호텔 여섯 개가 한쪽 면을 모두 차지하고 있었다. 우리는 그분이 차지한 부동산을 지나갈 때마다 결국 그중 한 곳에 걸려 많은 돈을 내야 한다는 사실을 알고 있었다. "잘 모르겠는데요." 마침내 마이크가 말했다.

"한 20년쯤 걸릴 거다." 부자 아빠가 말했다.

"20년이라고요?" 마이크와 나는 소리를 질렀다. 십 대 소년들에게 20년이란 상상조차 하기 어려운 세월이었다.

"그 정도 시간은 금방 지나간다." 부자 아버지께서 말씀하셨다. 그분은 다음 번 교훈을 가르칠 준비가 되어 있었다. "대부분의 사람들은 아무것도 하지 않고 시간을 흘려보내지. 그러다 정신을 차려 보면 마흔 살이 되어 있는 거야. 빚은 많고 아이들은 대학에 갈 때가 되지. 그러다 보니 투자를 시작하지도 못하는 거야. 그들은 삶의 대부분을 돈을 벌기 위해 열심히 일하고 더 많은 빚을 지고 청구서를 지불하면서 보낸단다."

"20년이란 말이죠." 내가 중얼거렸다.

부자 아빠는 고개를 끄덕였다. 그분은 우리가 당신의 말씀을 이해하길 기다리다 마침내 말했다. "너희들의 미래는 오늘 시작된다." 그는 나를 보며 말했다. "만일 너희 아버지와 똑같은 방식으로 살아간다면, 다시 말해 열심히 일하고 청구서를 내며 살아간다면 너는 20년 뒤에 지금 너희 아버지와 똑같은 모습으로 살아가고 있을 게다."

"하지만 20년이라뇨." 나는 다시 말했다. "전 빨리 부자가 되고 싶은데요."

"대부분의 사람들도 그렇지." 부자 아빠가 말했다. "하지만 문제는 대부분의 사람들은 단순히 자기가 배운 대로만 한다는 거다. 다시 말해 학교에 가고 일자리를 얻는 거지. 그리고 그것이 그들의 미래가 돼. 대부분의 사람들은 20년 동안 일하고도 남는 것이 아무것도 없게 된다."

"아니면 우리는 이 게임을 20년 동안 할 수 있죠." 마이크가 말했다.

부자 아버지는 고개를 끄덕이셨다. "그건 너희들한테 달려 있다. 이건 두 시간짜리 게임이지만 앞으로 20년간 너희들의 미래가 될 수도 있다."

"우리의 미래는 오늘이다." 나는 조용히 중얼거리며 부자 아버지의 빨간 호텔을 바라보았다.

부자 아버지가 고개를 끄덕이셨다. "이걸 그냥 게임으로 내버려 둘

거니, 아니면 너희의 미래로 만들겠느냐?"

5년 뒤로 미뤄진 계획

『부자 아빠의 투자 가이드』에서 말했듯이, 나는 베트남에서 돌아와 1974년에 해병대를 제대했다. 나는 원래 대학을 졸업하자마자 1969년에 부자가 되기 위한 20년 계획에 착수할 예정이었지만, 베트남 전쟁이 일어나는 바람에 현실 세계에서 게임을 하려는 내 계획은 5년이나 뒤로 미루어지고 말았다. 1994년, 즉 내가 게임을 시작한 지 정확히 20년이 지난 후에 내 아내와 나는 우리의 가장 큰 '빨간 호텔'을 산 뒤에 은퇴했다. 나는 마흔일곱 살이었고 아내는 서른일곱이었다. '모노폴리' 게임은 내가 미래를 내다볼 수 있게 해 주었다. 그 게임은 20년간의 교육을 두 시간으로 압축한 것이다.

내가 갖고 있던 장점

나는 '모노폴리'를 하는 다른 아이들보다 유리한 점이 있었다. 바로 손익계산서와 대차대조표, 재무제표를 이해하고 있다는 것이다. 나는 자산과 부채의 차이점을 알았고, 사업과 부동산, 주식과 채권에 대해서도 알았다. 1996년에 내가 개발한 '캐시플로' 보드 게임은 '모노폴리'와 현실 세계 사이에 다리를 놓아 주는 게임이다. 우리가 발명한 교육용 게임은 조금 어렵기도 하고 완전히 숙련되려면 약간의 시간이 걸리지만, 한번 배우고 나면 짧은 시간 안에 미래를 볼 수 있게 도와준다.

부자가 되고 싶다면 재무제표는 필수다

부자 아빠는 자주 이렇게 말했다. "내 은행가는 내게 성적표를 요구한 적이 한 번도 없다." 그분은 또 말씀하셨다. "사람들이 경제적으로 고생을 하는 이유 중 하나는 재무제표에 대해 아무것도 모른 채 학교를 졸업하기 때문이다."

재무제표는 큰 재산을 모으고 부자가 되는 데 필수적이다. 당신이 알든 모르든, 당신에게는 재무제표가 있다. 사업체에도 재무제표가 있다. 부동산에도 재무제표가 있다. 어떤 회사의 주식을 살 때에는 반드시 그 회사의 재무제표를 검토해 봐야 한다. 재무제표는 돈과 관련된 모든 것에서 필수적이다. 불행히도 대부분의 사람들은 재무제표가 뭔지도 모른 채 학교를 졸업한다. 그래서 그들에게 '모노폴리'는 단순한 게임에 불과한 것이다. 내가 '캐시플로' 게임을 개발한 것은 재무제표가 무엇이고 그것을 어떻게 사용하고 어떻게 하면 재미있게 자신의 미래를 통제할 수 있는지 알고 싶은 사람들을 가르치기 위해서였다.

돈의 게임

두 번째 단계는 학습의 가장 중요한 부분이다. 재미있게 배우는 것은 매우 중요하다. 돈에 대해 재미있게 배우는 것은 돈을 잃을까 봐 두려워하면서 배우는 것보다 훨씬 낫다. 부모들은 아이에게 돈을 신나고 재미있는 것으로 가르치는 것이 아니라 종종 돈에 대한 두려움과 부정적인 태도를 강화시킨다. 오늘날 가정에서 말다툼을 일으키는 가장 흔한 원인은 바로 돈이다. 아이들은 돈을 두려움과 분노와 연관시키는 법을 배운다. 많은 가정에서 아이들은 돈이 귀하고 벌기 힘든 것이기 때문에 돈을 위해 열심히 일해야 한다고 배운다. 나도 집에서는 부모님께 그렇게 배웠다. 하지만 부자 아버지와 같이 있을 때에는 돈을 버는 것이 그저 게임일 뿐이며 그분은 즐겁게 그 게임을 한다는 것을 배웠다. 그래서 나는 돈을 버는 것을 하나의 게임으로 생각하고 그 게임을 즐겁게 하기로 결정했다.

다음 장은 세 번째 단계에 관한 것이다. 세 번째 단계에는 아이들을 현실 세계에 보다 잘 대비시키는 현실적인 연습 활동이 포함된다.

Chapter 10

돈이 일하게 하는 법을 가르쳐라

얼마 전, 한 친구가 내게 재정적인 조언을 구했다. 내가 문제가 뭐냐고 묻자 그녀는 이렇게 대답했다. "나는 꽤 많은 돈을 가지고 있어. 그런데 그걸 투자하는 게 겁이 나." 그녀는 평생 열심히 일해 약 25만 달러를 저축해 놓았다.

그녀에게 어째서 그것을 투자하는 것이 겁이 나냐고 묻자 친구는 대답했다. "그 돈을 잃을까 봐 무섭거든." 그녀는 계속해서 말했다. "이건 내가 평생 동안 열심히 일해서 번 돈이야. 난 이 돈을 모으기 위해 오랫동안 힘겹게 일했지. 하지만 이제는 은퇴를 해야 하는데, 이 돈으로는 여생을 보내기에 충분치가 않아. 그러니 이 돈을 투자해서 더 많은 돈을 벌어야 하는데 내 나이에 잘못해서 돈을 날리기라도 하면 다시 일을 해서 이만큼 돈을 모을 수가 없거든. 그럴 시간이 없으니까."

낡은 공식

어느 날 나는 TV를 보고 있었다. 프로그램에 나온 아동 심리학자 출신의 한 자산 관리사가 이렇게 말했다. “아이들에게 저축하는 법을 가르쳐야 합니다.” 인터뷰는 “어렸을 때부터 돈에 관한 좋은 습관을 길러야 한다.”느니, “한 푼을 아끼면 한 푼을 번다.”느니, “어려운 때에 대비해 돈을 저축해라.”와 같은 흔한 충고들로 이어졌다.

우리 어머니는 네 자녀에게 이렇게 말씀하시곤 했다. “돈을 빌려 주지도 말고 빌리지도 말아라.” 아버지는 이렇게 말씀하셨다. “너희 엄마가 돈을 그만 빌려 주면 좋겠다. 그러면 우리도 저축을 할 수 있을 텐데 말이다.”

많은 부모들이 아이들에게 말한다. “학교에 가서 좋은 성적을 받고, 좋은 직장을 얻고 집을 사고 돈을 저축해라.” 산업 시대에는 이것이 이기는 공식이었을지 모르나 정보 시대에는 지는 공식이 될 수도 있다. 왜 그럴까? 이유는 간단하다. 정보 시대의 아이들에게는 돈을 단순히 은행이나 연금에 넣는 것보다 훨씬 정교한 금융 지식이 필요하기 때문이다.

저축에 관한 부자 아빠의 교훈

부자 아빠는 이렇게 말하곤 했다. “저축을 하는 사람들은 진다.” 그렇다고 저축을 하지 말라는 이야기는 아니다. 그분이 “저축을 하는 사람들은 진다.”라고 말씀하신 이유는 마이크와 내가 저축을 하는 것 이상을 추구하기를 바라셨기 때문이다. 『부자 아빠 가난한 아빠』에서 말한 것처럼, 부자 아버지의 첫 번째 교훈은 “부자들은 돈을 위해 일하지 않는다."이다. 그분은 마이크와 내가 돈을 위해 일하는 것이 아니라 돈이 우리를 위해 일하게 하는 법을 배우길 원하셨다. 저축은 돈이 우리를 위해 일하게 하는 방법 중 하나이지만, 부자 아빠에게 단순히 돈을 저축하고 그 이자로 살아가려는 것은 게임에서 지는 방법이었다.

나는 내 담당 은행가를 좋아한다

무엇보다 나는 내 은행가를 좋아한다. 많은 사람들이 내가 은행과 은행가를 좋아하지 않을 거라고 짐작하지만 그것은 사실과 거리가 멀다. 내가 내 은행가를 좋아하는 이유는 그가 내 금융 파트너이며 내가 부자가 되도록 돕기 때문이다. 나는 내가 부자가 되도록 도와주는 사람들을 좋아한다. 내가 싫어하는 것은 경제적으로 무지한 것이다. 왜냐하면 경제적으로 무지하면 자신의 은행가를 더욱 가난해지기 위한 파트너로 이용하게 되기 때문이다.

은행가가 당신의 집이 자산이라고 말할 때 그 사람은 진실을 말하는 것일까? 아니면 거짓을 말하는 것일까? 대답은 그가 진실을 말하고 있다는 것이다. 다만 그는 당신의 집이 누구의 자산인지 정직하게 말하지 않은 것뿐이다. 당신의 집은 은행의 자산이다. 당신이 재무제표를 읽을 줄 안다면 내 말이 사실임을 쉽게 이해할 수 있을 것이다.

은행에 가서 은행의 재무제표를 보면 재무제표가 어떤 식으로 운영되는지 확실히 알 수 있다.

다음 그림은 당신의 집이 실은 은행의 자산임을 간단하게 보여 준다.

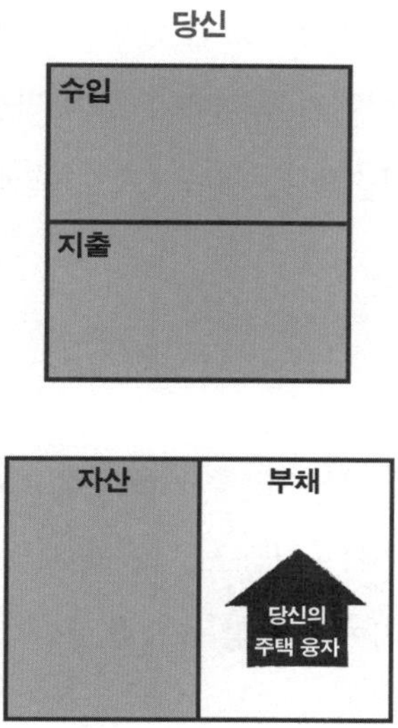

다음은 당신 은행의 재무제표이다.

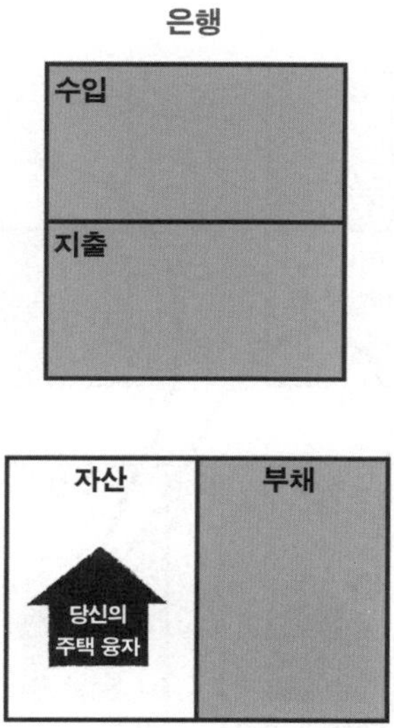

당신 은행의 재무제표를 살펴보면 당신의 주택 융자금이 당신의 '부채' 부문에 있을 뿐만 아니라 동시에 은행의 자산 부문에 있음을 알게 될 것이다. 이 시점에서 당신은 재무제표가 실제로 어떻게 움직이는지 이해하게 된다.

완전한 그림

사람들이 이 그림은 아무것도 증명하지 않고 자신의 집은 여전히 자산이라고 주장한다면 나는 현금흐름의 리트머스 테스트를 시도한다. 현금흐름은 사업과 투자에서 가장 중요한 용어다. 간단히 말해 돈이 당신의 주머니로 들어온다면 당신은 자산을 가지고 있는 것이다. 돈이 당신의 주머니에서 빠져나간다면 그것은 부채이다.

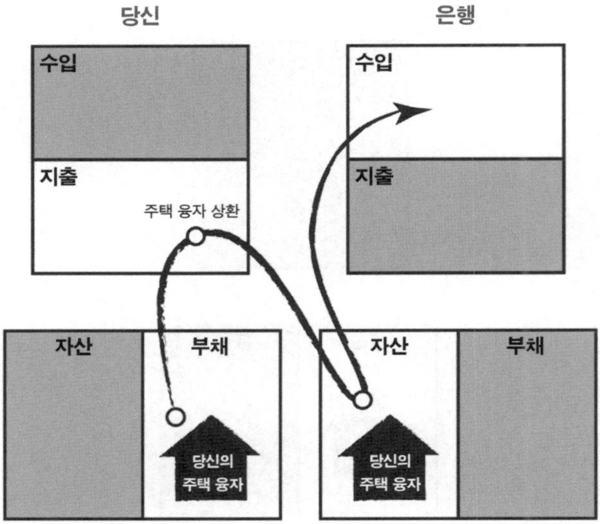

앞의 그림은 현금흐름의 완전한 주기를 보여 준다. '백문이 불여일견'이라고 그림 하나가 백 마디 설명보다 나을 것이다.

저축은 무슨 상관인가?

이것이 저축을 하면 지는 것과 무슨 상관이 있는가? 이번에도 그 대답은 재무제표에 있다.

여기 당신의 재무제표를 보라.

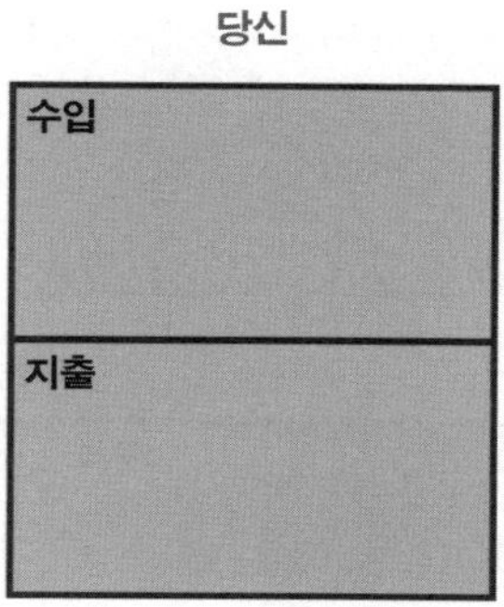

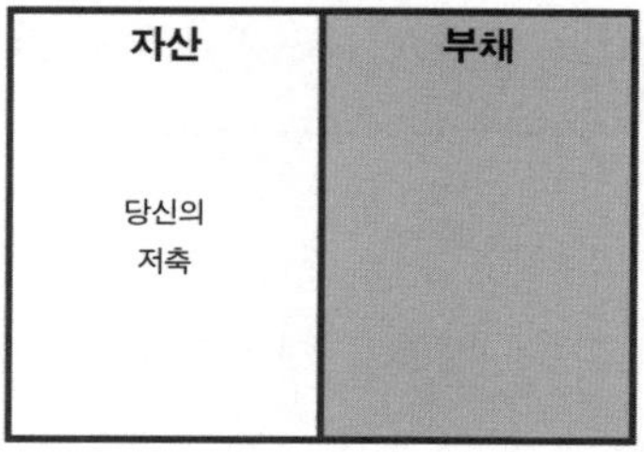

그렇다. 당신의 저축은 당연히 자산이다. 하지만 진짜 그림을 보려면 현금흐름이 만드는 길을 따라가면서 우리의 금융 지능을 향상시켜야 한다.

다음은 당신 은행의 재무제표이다.

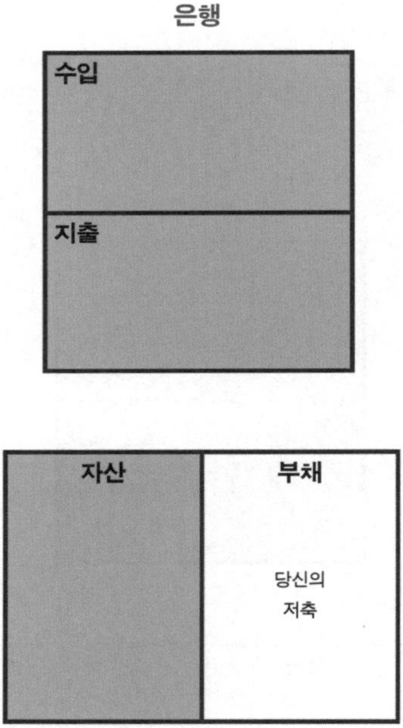

이번에도 현금이 흐르는 방향을 테스트해 보면 무엇이 자산이고 무엇이 부채인지 분명하게 알 수 있다.

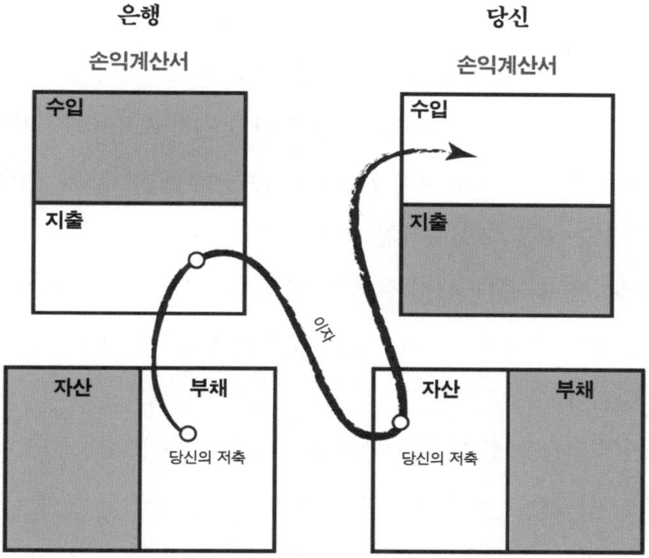

실제로 일어나는 일

많은 사람들이 미국의 저축률이 마이너스라는 점에 충격을 받는다. 마이너스 저축률이란 미국인이 은행에 저축보다 빚을 더 많이 지고 있다는 의미이다. 어떤 이들은 사람들이 저축을 더 많이 하도록 분위기를 조성해야 한다고 말한다. 그들은 미국이 아시아와 유럽 은행들로부터 돈을 너무 많이 빌리고 있으며 따라서 언제든 경제 재앙이 닥쳐올 수 있다고 걱정스러운 목소리로 말한다. 내가 읽은 한 기사에서는 저명한 경제학자가 이렇게 말하기도 했다. "미국인들은 일자리뿐만 아니라 조상들의 절약 정신마저 잃어버렸다." 그 경제학자는 이러한 문제들이 모두 '사람들'의 잘못이라고 비난했다. 우리가 만든 '시스템'이 아니라 말이다.

이처럼 저축률이 낮고 부채가 높은 원인을 알고 싶다면 우리의 과세 제도를 살펴보라. 부자 아빠는 저축을 하면 진다고 말씀하셨지만 그렇다고 돈을 모으는 것에 대해 반대하는 것은 아니었다. 그가 지적하고자 하셨던 바는 분명하다. 수많은 서방 국가에서 사람들은 빚을 지면 세금을 면제받을 수 있다. 다시 말해 더 많은 빚을 지도록 인센티브를 받고 있는 것이다. 그래서 그토록 많은 사람들이 신용카드 빚을 지고 대출을 받는 것이다.

반면에 저축을 할 때에는 세금 혜택을 받을 수가 없다. 그렇다. 저축을 하는 사람들은 세금을 내야 하고 빚을 지는 사람들은 세금 혜택을 받을 수 있다. 그뿐만이 아니다. 가장 열심히 일하는 사람들이 돈은 가장 적게 벌고 세금은 가장 많이 낸다. 부자들은 그렇지 않은데 말이다! 내가 보기에 우리의 교육 제도가 앞으로도 계속 아이들에게 재무제표를 가르치지 않는다면 미국은 숫자와 수치를 읽고 현재 무슨 일이 벌어지고 있는지 파악도 하지 못하는 사람들로 넘쳐 나게 될 것이다.

저축을 하면 어떤 보상을 받는가

언젠가 부자 아빠는 이렇게 말했다. "네가 저축한 돈에 붙는 이자가 4퍼센트라고 하자. 하지만 인플레이션율이 4퍼센트라면 너는 돈을 벌지 못하는 셈이야. 게다가 정부는 네가 받은 이자에 세금을 매기겠지. 그러므로 너는 저축을 함으로써 오히려 돈을 잃게 된다. 그래서 저축을 하는 사람은 지게 되는 거란다."

그 뒤로 부자 아빠는 저축에 대해서는 별로 언급하지 않았다. 대신에 자산을 구입하여 돈이 우리를 위해 일하게 만드는 법에 대해 가르쳐 주었다. 그것은 부자 아빠가 '돈을 자산으로 만드는 법'이라고 부르는 것이었다. 내 진짜 아버지와 어머니는 부채가 자산이라고 생각하며 돈을 부채로 만들었고, 그래서 저축할 돈도 없었다. 아버지는 열심히 일했지만 돈을 모을 수도 없었고 아이들에게 거듭 이렇게 얘기했다. "일자리를 얻어서 열심히 일하고 돈을 저축해라." 그것은 산업 시대에는 유용했을지 몰라도 정보 시대에는 바람직하지 못한 충고다.

당신의 돈은 얼마나 빨리 움직이는가

부자 아빠도 돈을 모으는 데에는 반대하지 않았다. 그러나 우리에게 무작정 "돈을 모으라."고 충고하는 대신 돈의 '속도'에 대해 이야기했다. 부자 아빠는 우리에게 돈을 모아 "은퇴에 대비하라."고 말씀하시는 것이 아니라 '투자수익률'과 '내부수익률'에 대해 이야기했다. 그것은 '내 돈이 얼마나 빨리 돌아오는지'를 의미하는 것들이다.

아주 간단한 예를 하나 들어 보자. 내가 10만 달러짜리 임대주택을 구입하고 내 저축에서 1만 달러를 선금으로 지불했다고 치자. 1년이 지난 후에 나는 임대 수입에서 융자금과 세금, 그 밖의 다른 비용들을 제하고 1만 달러의 순수입을 올렸다. 다시 말해 나는 처음 들어간 1만 달러를 회수하고도 아직 집을 갖고 있고, 그것은 자산이 되어 1년에 1만 달러를 벌어 주는 것이다. 이제 나는 그 1만 달러를 가지고 다른 부동산이나 주식, 혹은 사업체를 살 수 있다.

이것이 바로 사람들이 '돈의 속도'라고 부르는 것이다. 부자 아빠의 말로 하면 "내 돈은 얼마나 빨리 내게 돌아오는가?" 혹은 "내 투자수익률은 얼마인가?"이다. 금융 지능이 높은 사람들은 돈을 빨리 회수해 다른 자산에 투자하고 싶어 한다. 그래서 부자들은 더 부자가 되고 다른 사람들은 어려운 때나 은퇴 후를 대비해 저축을 한다.

진짜 돈 가지고 놀기

이 장의 서두에서 나는 오랜 친구의 이야기를 꺼냈다. 은퇴할 때가 된 그녀는 25만 달러의 저축이 있었고 앞으로 무엇을 해야 할지 망설이고 있었다. 그녀는 매년 3만 5천 달러가 있어야 생계를 유지할 수 있었지만 25만 달러의 저축에서 나오는 이자로는 그 같은 소득을 올릴 수가 없다. 나는 저축에서 1만 달러를 빼내 10만 달러짜리 주택을 구입하는 단순한 예시를 이용해 투자를 하면 그녀의 경제적 문제를 해결할 수 있다고 설명했다. 물론 그러자면 먼저 부동산에 투자하는 법과 그런 투자를 찾아내는 방법을 배워야 했지만 말이다. 내가 그녀에게 '돈의 속도'와 '투자수익률'이 무엇인지 설명했을 때 그녀는 정신적으로나 감정적으로 겁을 먹고 얼어붙고 말았다. 머리로는 이해해도 이제껏 힘들게 번 돈을 잃을지도 모른다는 두려움에 사로잡혀 새로운 공식의 성공 가능성에 대해 마음을 닫아 버린 것이다. 그녀가 아는 공식은 열심히 일해 돈을 모으는 것뿐이었기 때문이다.

그녀의 돈은 아직도 은행에서 잠자는 중이다. 나중에 그녀를 다시 만났을 때, 그 친구는 내게 이렇게 말했다. "난 내 일이 좋아. 그러니까 몇 년 더 일을 해 볼래. 그러면 활력도 유지할 수 있겠지." 그녀와 헤어진 후에 내 머릿속에는 부자 아빠의 목소리가 들려왔다. "사람들이 그렇게 열심히 일하는 이유는 돈이 열심히 일하게 만드는 법을 배운 적이 없기 때문이란다. 그래서 그들은 평생 동안 힘들게 일하고 반면에 그들의 돈은 편안한 세월을 보내지."

아이에게 돈이 열심히 일하게 하는 방법을 가르쳐라

다음에 이어지는 몇 가지 아이디어는 돈이 아이를 위해 열심히 일하게 하는 법을 가르칠 때 사용할 수 있는 것들이다. 다시 말하지만 아이가 돈에 대해 배우고 싶어 하지 않는다면 억지로 가르치지 마라. 부모로서 해야 할 일은 아이에게 억지로 가르치는 것이 아니라 스스로 배우고 싶도록 만드는 법을 찾아내는 것이다.

1. 돼지 저금통

내가 어렸을 때 부자 아버지는 돼지 저금통 세 개를 사서 각각의 저금통에 다음과 같은 표찰을 붙이라고 하셨다.

기부

부자 아빠는 교회와 자선단체에 기부하는 것을 중요하게 여겼다. 그분은 전체 수입에서 10퍼센트를 떼어 십일조로 바쳤고, 자주 이렇게 말했다. "하느님은 받을 필요가 없다. 하지만 인간은 드릴 필요가 있지." 시간이 지나면서 나는 세계 최고의 부자들 중 많은 이들이 규칙적으로 기부를 한다는 사실을 알게 되었다.

부자 아빠는 자신이 경제적으로 성공한 이유 중 상당 부분이 십일조에 있다고 생각했다. “하느님은 내 파트너다. 파트너에게 돈을 주지 않으면 일을 그만두겠지. 그러면 너는 열 배나 더 열심히 일해야 한다.”

저축

두 번째 돼지 저금통은 저축을 위한 것이었다. 부자 아빠는 1년 정도의 지출 비용을 충당할 수 있는 저축을 마련해 두어야 한다고 생각했다. 예를 들어 연간 총지출이 3만 5천 달러라면 적어도 3만 5천 달러의 저축을 가지고 있어야 하는 것이다. 충분한 저축이 있으면 나머지는 십일조로 바쳤다. 비용이 올라가면 저축 액수 또한 올리셨다.

투자

내가 볼 때 내가 삶에서 크게 앞서갈 수 있도록 해 준 것은 바로 이 저금통이었다. 이 저금통이 제공하는 돈은 내가 위험을 감수하는 법을 배우게 해 주었다.

25만 달러의 저축을 가진 내 친구도 아홉 살 때 이 저금통을 갖고 있었더라면 좋았을 것이다. 앞에서도 말했듯이 아이들은 아홉 살이 되면 스스로의 정체성을 추구하기 시작한다. 내 경우에는 그 나이에 돈을 필요로 하지 않는 것과 일자리를 필요로 하지 않는 것, 그리고 투자를 배운 것이 내 정체성을 형성하는 데 도움이 된 것 같다. 나는 경제적 안정 대신에 경제적 자신감을 배웠다.

다시 말해 나는 이 세 번째 저금통을 통해 진짜 돈으로 위험을 감수하고 실수를 하고 교훈을 배우고 나아가 앞으로 평생 동안 내게 도움이 될 경험을 쌓을 수 있었다.

내가 처음으로 투자를 하기 시작한 것은 희귀 동전이었는데, 나는 아직도 그 동전들을 가지고 있다. 동전 다음에는 주식에 투자를 했고 그 다음에는 부동산이었다. 하지만 나는 자산에 투자하는 것 이상으로 내 교육에 투자했다. 오늘날 내가 말하는 돈의 속도와 투자수익률은 지난 40년의 경험에서 우러나온 것들이다. 25만 달러의 저축을 가지고 은퇴를 앞둔 내 친구는 경험이 전혀 없다. 그리고 그렇게 경험이 부족하기 때문에 그녀는 힘들게 번 돈을 잃을까 봐 두려워하는 것이다. 내가 이 분야에서 앞서 나갈 수 있는 것은 오랫동안 쌓아 온 경험 덕분이다.

당신의 자녀에게 돼지 저금통 세 개를 주고 종자돈을 마련해 어릴 때부터 소중한 경험을 쌓을 수 있게 해 주어라. 아이가 저금통 세 개로 좋은 습관을 들이기 시작하면 '저축' 저금통을 비워 주식을 사게 할 수도 있다. 나는 아이가 그 과정을 스스로 해 봄으로써 정신적, 감성적, 신체적 경험을 얻게 하라고 권하고 싶다. 나는 아이들이 직접 하는 것이 아니라 자기들이 대신 그런 것들을 해 주는 부모들을 많이 알고 있는데, 그런 식으로는 아이들이 작은 포트폴리오를 얻도록 도와줄 수는 있지만 그들이 할 수 있는 경험을 빼앗게 된다. 진짜 세상에서 경험은 교육만큼이나 중요하다.

2. 자신에게 먼저 지불한다

내가 「윈프리 오프라 쇼」에 출연했을 때 관객들이 가장 관심을 가졌던 질문 중 하나는 이것이었다. "어떻게 자기 자신에게 먼저 지불할 수가 있나요?" 나는 많은 어른들에게 자기 자신에게 먼저 지불한다는 생각이 얼마나 새롭고 어려운 것인지를 알고 깜짝 놀랐다. 그것이 어려운 이유는 아주 많은 어른들이 너무 많은 빚을 지고 있어 자기에게 먼저 지불할 여유가 없기 때문이다. 촬영이 끝난 후에 나는 부자 아빠가 내게 돼지 저금통 세 개로 삶을 시작하게 함으로써 자신에게 지불하는 법을 가르쳤음을 깨달았다. 어른이 된 지금도 나와 내 아내는 옷장 위에 돼지 저금통 세 개를 올려놓고 있다. 우리는 아직도 십일조를 내고 저축을 하고 투자를 한다.

큰 부자들의 삶을 연구할 때마다 나는 그들 역시 자기 자신에게 먼저 지불한다는 생각으로 살아가고 있음을 알게 된다. 그것은 그들이 가진 살아가는 가장 기본적인 개념이다. 투자 전문가이자 펀드매니저인 존 템플턴 경은 순수입의 20퍼센트로 살아가기 위해 노력하며, 나머지 80퍼센트는 저축을 하고 십일조를 내거나 혹은 투자를 한다고 말했다. 많은 사람들이 총수입의 105퍼센트로 살면서 자기 자신에게 지불할 것을 남기지 않는다. 그들은 자기 자신에게 먼저 지불하는 것이 아니라 다른 사람들에게 먼저 지불한다.

3. 항상 결산하고 책임감을 가진다

부자 아빠는 돼지 저금통 세 개라는 아이디어를 한 단계 더 발전시켰다. 그분은 마이크와 내게 돼지 저금통과 재무제표를 서로 접목시키도록 가르쳤다. 우리가 돼지 저금통을 채워 가는 동안 간단한 재무제표를 이용해 우리의 초라한 재산을 결산하도록 가르친 것이다. 다음은 그분이 가르친 돼지 저금통을 결산하는 방식이다.

우리의 재무제표

손익계산서

수입
지출

대차대조표

자산	**부채**

만일 돼지 저금통이나 다른 계정에서 돈을 옮긴다면 우리는 그것을 재무제표에 정리해야 했다. 예를 들어 내가 내 십일조 계정에서 25달러를 빼내 그것을 자선단체나 교회에 기부한다면 나는 그것을 내 월간 재무제표에 기입해야 했다. 그런 경우에 그 달의 내 재무제표는 다음과 같은 모습이 될 것이다.

내 재무제표

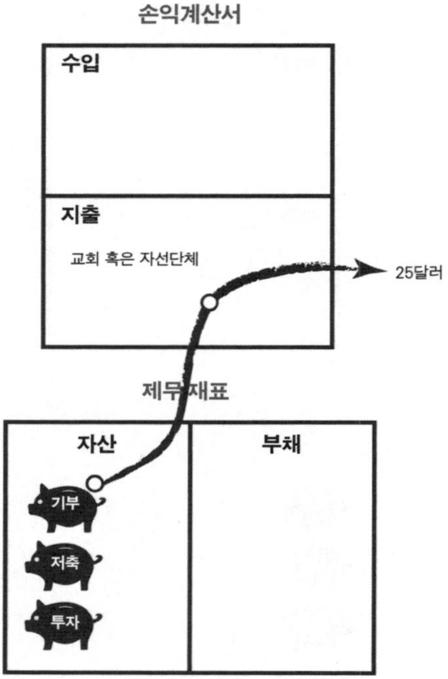

나는 세 개의 돼지 저금통과 재무제표를 통해 다년간에 걸쳐 아이들은 말할 필요도 없고 대부분의 어른들보다도 훨씬 풍부한 금융 교육과 경험을 쌓을 수 있었다. 부자 아빠는 이렇게 말했다. "회계accounting이라는 말은 책임accountability이라는 단어에서 나온 거란다. 부자가 되고 싶다면 자기의 돈에 대해 책임질 줄 알아야 해."

오늘날 내 삶에서 책임과 회계라는 두 개념의 중요성은 두말할 필요가 없다. 그것은 누구에게나 중요하다. 은행이 당신의 대출 요구를 정중하게 거절하는 것은 그들이 여러 면에서 돈에 대한 당신의 책임감이 부족할 것을 우려하고 있음을 표현하는 방식이다. 국제통화기금IMF이 어떤 나라가 '투명성'이 부족하다고 말하는 것은 그 국가에게 보다 분명한 재무제표를 요구하는 것이다. 투명성은 관련 당사자들이 현금이 어디로 흐르고 어디서 흘러 들어오는지 쉽게 볼 수 있는 '명백함'을 의미한다. 다시 말해 IMF는 국가 전체에게 책임감을 요구하는 것이다. 마치 부자 아버지가 마이크와 내게 책임감을 요구한 것처럼 말이다.

그러므로 어린아이이건 가족이건 사업체, 교회, 혹은 국가이든 돈을 관리하고 거기에 책임을 지는 능력은 아주 귀중한 삶의 기술이다.

금융 훈련의 가치

부자 아빠는 자신의 아들과 나를 진짜 돈의 세계로 내보내기 위해 보드 게임과 돼지 저금통 세 개, 그리고 간단한 재무제표를 사용했다. 보기에는 간단할지 몰라도 그것은 사실 절대로 쉬운 일이 아니다. 그 과정에서 내가 배운 중요한 한 가지 교훈은 바로 금융 훈련의 가치였다. 나는 한 달에 한 번씩 부자 아빠에게 재무제표를 제출해야 했다. 한 달에 한 번씩 내가 가진 모든 돈을 결산해야 했다. 도망가서 숨고 싶은 날도 있었다. 지금에 와서 돌이켜 보면 나는 가장 힘들었을 때 가장 많이 배운 것 같다. 바로 나 자신에 대해서 말이다. 나는 그런 훈련이 내가 학교생활을 잘할 수 있도록 도와주었다는 것을 안다. 왜냐하면 내가 학교생활이 힘들었던 이유는 머리가 나빠서가 아니라 훈련과 기강이 부족했기 때문이다.

그런 식으로 부자 아빠는 마이크와 내게 현실 세계에서 돈을 다루는 법을 가르쳤다. 다음 장에서 나는 한 단계 발전된 방법들과 그 과정에서 배울 수 있는 교훈들을 소개할 것이다. 다음에 이어질 교훈들이 중요한 이유는 현대에는 단순히 돈을 모으는 것만으로는 경제적으로 앞서 갈 수 없기 때문이다. 산업 시대에는 돈을 모으는 것이 좋은 생각이었을지 몰라도 정보 시대에 그것만으로는 정보의 변화가 야기하는 변화의 속도를 따라잡을 수가 없다. 정보 시대에는 당신의 돈이 얼마나 빨리 움직이고 그것이 어떻게 당신을 위해 열심히 일하는지 알아야 한다.

Chapter 11

좋은 빚과 나쁜 빚의 차이

우리 부모님은 빚에서 벗어나기 위해 평생 동안 노력했다.

반면에 내 부자 아버지는 생의 대부분을 더 많은 빚을 지기 위해 노력했다. 그분은 마이크와 내게 빚을 지지 말고 청구서를 모두 지불하라고 말하는 대신 이렇게 이야기했다. "부자가 되고 싶다면 좋은 빚과 나쁜 빚의 차이를 알아야 한다." 부자 아버지가 실제로 우리에게 가르치고 싶어 하신 것은 '빚'이 아니었다. 그는 우리가 경제적으로, 즉 금융상으로 좋은 것과 나쁜 것의 차이를 알기를 원했다. 부자 아빠의 관심은 우리의 금융적 천재성을 이끌어 내는 데 있었다.

좋은 빚과 나쁜 빚의 차이점은 무엇인가?

학교에서 교사들은 옳은 답과 틀린 답을 찾는 데 대부분의 시간을 집중한다. 교회에서 이루어지는 대부분의 논쟁은 선과 악의 대결에 있다.

부자 아빠는 마이크와 내게 돈의 좋은 점과 나쁜 점의 차이를 알도록 가르쳤다.

가난한 사람들과 은행

나는 어렸을 때 은행과 은행가들을 신뢰하지 않는 가난한 가족들을 많이 알고 있었다. 많은 가난한 사람들은 멋진 양복을 차려 입은 은행가와 이야기하는 것에 불편함을 느꼈다. 그래서 그들은 은행에 가는 대신 침대 매트리스나 그 밖에 안전하다고 생각되는 곳에 돈을 숨겼다. 누군가 돈이 필요하면 그들은 모임을 만들어 돈을 모은 다음, 돈이 필요한 사람에게 돈을 빌려 주었다. 돈을 빌려 줄 친구나 친척을 찾지 못하는 가난한 사람들은 전당포를 은행처럼 이용했다. 그들은 집을 담보로 잡히는 것이 아니라 TV나 전기톱 같은 것을 맡기고 높은 이자율을 감수했다. 오늘날 미국의 일부 주에서 가난한 사람들은 400퍼센트가 넘는 이자율에 급전을 빌리기도 한다. 그것들은 대개 '페이데이 론payday loan(급여일에 갚는 초고금리 단기 대출 — 옮긴이)'이라고 불리는데, 많은 주에서 대출 이자율의 한도를 법으로 정하고 있지만 그조차도 돈을 빌리는 대가로는 너무 높다. 나는 그런 금융기관들이 가난한 사람들을 얼마나 지독하게 다루는지 알았을 때 왜 그렇게 많은 가난한 사람들이 양복 입은 자들을 불신하는지 깨달았다. 신뢰는 양방향으로 이루어지는 감정이다. 그들에게는 모든 은행과 은행가들이 나쁘고 그들을 착취하는 존재인 것이다. 은행과 은행가들 역시 가난한 사람들에 대해 대개 비슷한 견해를 가지고 있다.

중산층과 은행

반면에 우리 부모님은 다른 중산층 사람들과 마찬가지로 은행이 안전한 곳이라고 믿었다. 그분들은 우리에게 자주 이렇게 말씀하셨다. "그것은 은행에 있는 돈만큼이나 안전하단다." 그분들은 은행이 돈을 맡기기에 좋은 곳이라고 생각하셨지만 동시에 너무 많은 돈을 빌리는 것은 바람직하지 않다고 여겼다. 그래서 우리 부모님은 늘 청구서를 일찍 지불하려고 노력하셨다. 그분들의 목표 중 하나는 주택 융자금을 빨리 갚고 집의 온전한 소유권을 갖는 것이었다. 우리 부모님의 견해를 간단히 요약하자면, 은행은 좋은 곳이고 저축도 좋은 것이지만 돈을 빌리는 것은 나쁜 일이다. 그래서 우리 어머니는 자주 이렇게 말씀하셨다. "돈은 빌리지도 말고 빌려 주지도 말아라."

부자와 은행

반면에 부자 아버지는 마이크와 나를 금융적으로 똑똑해지도록 가르쳤다. 앞에서도 말했듯이 지능의 정의 중 하나는 미세한 구분을 하는 것, 혹은 나눠서 곱하는 능력이다. 보다 자세히 말하자면 부자 아빠는 단순히 저축은 좋은 것이고 빚은 나쁜 것이라고 생각하지 않았다. 대신에 많은 시간을 들여 우리에게 좋은 저축과 나쁜 저축, 좋은 지출과 나쁜 지출, 좋은 빚과 나쁜 빚, 좋은 손실과 나쁜 손실, 좋은 수입과 나쁜 수입, 좋은 세금과 나쁜 세금, 좋은 투자와 나쁜 투자의 차이를 가르쳤다. 우리가 보다 깊이 생각하고 미세한 구분을 함으로써 금융 지능을 향상시키도록 가르친 것이다. 좋은 빚과 나쁜 빚, 좋은 저축과 좋은 저축의 차이를 구분할수록 우리의 금융 IQ는 높아진다. 만약 당신이 빚을 오직 좋은 것이나 나쁜 것으로만 본다면 그것은 당신의 금융 IQ를 높일 필요가 있다는 의미다.

이 책은 무엇이 좋고 무엇이 나쁜지 구체적으로 설명해 주지 않는다. 그러나 그에 관해 더 자세히 알고 싶다면 『부자 아빠의 투자 가이드』를 읽어 보기 바란다. 그 책은 당신에게 좋고 나쁜 빚과 지출, 손실, 세금 등에 관해 보다 상세하게 설명해 줄 것이다.

이 책의 요점은 부모들은 다음과 같은 말을 무작정 하지 않도록 경고하는 데 있다.

- "빚을 지지 마라."
- "돈을 저축해라."
- "낼 돈은 다 내라."
- "신용카드를 잘라 버려라."
- "돈을 빌리지 마라."

가난한 사람들은 은행이 나쁘다고 시작하고 그들을 피하는 반면, 중산층은 은행의 일부 서비스는 좋고 일부 서비스는 나쁘다고 생각한다. 부자 아빠는 우리에게 모든 것에는 나쁜 점과 좋은 점이 있다고 가르쳤다. 그는 우리에게 금융과 관련된 대부분의 것들에서 좋은 점과 나쁜 점을 동시에 보도록 가르침으로써 미세한 구분을 하는 능력을 향상시켰다. 덕분에 우리는 금융 지능을 높일 수 있었다.

아이의 금융적 재능을 개발하라

부자 아빠가 우리에게 가르친 중요한 교훈 중 하나는 "은행가처럼 생각하라"는 것이었다. 그는 그것을 "돈의 연금술…… 납을 금으로 바꾸는 방법" 혹은 "무無에서 돈을 만들어 내는 법"이라고도 불렀다.

부자 아빠는 마이크와 내가 가난한 사람들처럼 은행을 나쁜 곳으로 생각하거나 중산층 사람들처럼 은행의 일부 서비스는 좋고 일부는 나쁜 것으로 보는 것이 아니라 은행이 어떻게 돌아가는지 이해하기를 원했다.

우리가 배워 가는 동안, 부자 아빠는 때로 우리를 자신과 거래하는 은행에 데려가 로비에 앉혀 놓고는 오고가는 사람들을 지켜보게 했다. 그런 일을 여러 차례 한 후에 부자 아빠는 우리에게 이렇게 물었다. "지금까지 뭘 보았니?"

당시에 열네 살쯤 되었던 우리에게는 많은 것이 보이지 않았다. 마이크와 나는 어깨를 으쓱하면서 십 대 소년들이 질문을 받으면 으레 그렇듯 따분하다는 표정을 지어 보였다. "사람들이 왔다 갔다 하는 거요." 마이크가 대답했다.

"맞아요." 나도 맞장구를 쳤다. "그것밖에 안 보이는데요."

"알겠다." 부자 아빠는 우리를 창구로 데려가서는 한 여자가 돈을 예금하는 모습을 지켜보게 했다. "저거 보이니?" 부자 아빠가 말했다.

우리는 고개를 끄덕였다.

"좋다." 부자 아빠는 이렇게 말하고는 우리를 데리고 은행 직원이 앉아 있는 책상으로 향했다. "여기서는 뭐가 보이느냐?"

마이크와 나는 양복 차림의 남자가 앉아 재무제표를 기입하고 은행 직원과 이야기를 나누는 모습을 지켜보았다. "잘 모르겠어요." 내가 말했다. "하지만 제가 보기에는 저 사람이 은행에서 돈을 빌리고 있는 것 같은데요."

"잘했다." 부자 아빠가 말했다. 그것은 이제 우리가 가야 할 때가 되었다는 의미였다. "이제야 내가 보여 주고 싶은 걸 봤구나."

우리는 부자 아빠의 자동차에 올라탔다. 자동차 안은 하와이의 뜨거운 햇빛을 받은 탓에 무척 더웠다. 마이크가 물었다. "우리가 뭘 봤는데요?"

"좋은 질문이야." 부자 아빠는 대답 대신 물었다. "너희가 뭘 봤지?"

"사람들이 은행에 들어와서 돈을 예금하는 걸 봤어요." 내가 말했다. "그리고 다른 사람들이 돈을 빌려 가는 것도 봤고요. 제가 본 것은 그게 다예요."

"아주 잘했다." 부자 아빠가 다시 물었다. "그럼 그건 누구의 돈이냐? 은행의 돈이었을까?"

"아뇨." 마이크가 말했다. "그건 사람들의 돈이죠. 은행은 다른 사람들의 돈으로 돈을 벌어요. 그들은 돈을 받고 돈을 빌려 주지만 그건 은행의 돈이 아니죠."

"그렇다." 부자 아빠는 이번에 나를 보며 물었다. "너희 부모님은 은행에 가실 때마다 뭘 하시니?"

나는 잠시 생각해 본 뒤 대답했다. "저희 부모님은 돈을 저축하려고 하시죠. 그리고 돈을 빌리게 된다면 빚을 빨리 갚으려고 애쓰시고요.

저희 부모님은 저축은 좋은 것이고 빚은 나쁜 것이라고 생각하세요."

"아주 잘했다." 부자 아빠가 말했다. "관찰력이 뛰어나구나."

나는 야구 모자를 눌러쓰면서 어깨를 으쓱했다. 그리곤 혼잣말을 하듯 중얼거렸다. "뭘요." 우리는 부자 아빠의 사무실로 돌아왔다.

부자 아빠는 책상에 앉아 노란 메모지를 꺼내 다음과 같은 그림을 그렸다. 그것은 은행의 재무제표였다.

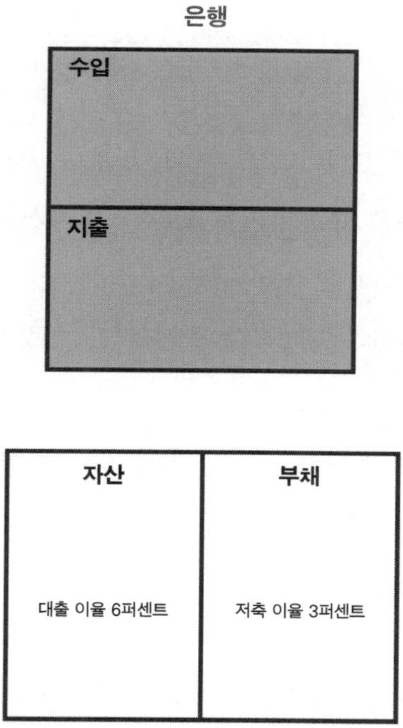

"이 재무제표가 이해되느냐?" 부자 아빠는 이렇게 물으면서 노란색 메모지를 우리 앞으로 밀었다.

마이크와 나는 한동안 그 그림을 바라보았다. "네, 알 것 같아요." 마이크가 말했고 나도 고개를 끄덕였다. 그동안 우리는 이런 종류의 재무제표를 많이 봤기 때문에 부자 아빠가 무슨 말을 하려 하는지 쉽게 이해할 수 있었다. "은행은 돈을 빌리거나 보관하는데, 돈을 저축한 사람한테는 3퍼센트의 이자를 주고 돈을 빌리는 사람들에게는 6퍼센트의 이자를 받아요."

부자 아빠는 고개를 끄덕였다. "그런데 그 돈은 누구 돈이지?"

"저축한 사람들의 돈이죠." 내가 재빨리 대답했다. "돈이 들어오자마자 은행은 그 돈을 다른 사람들에게 대출해 주죠."

부자 아빠는 고개를 끄덕이더니 이렇게 말했다. "너희들과 '모노폴리'를 할 때 내가 뭐라고 했는지 기억하느냐? 큰 재산을 벌 수 있는 공식을 찾아야 한다. 기억나니?"

우리는 고개를 끄덕였다. "녹색 집 네 개, 빨간 호텔 한 개였죠." 내가 조용히 말했다.

"그렇다." 부자 아빠가 말했다. "부동산의 장점 중 하나는 두 눈으로 직접 볼 수 있다는 거지. 하지만 너희도 나이가 들었으니 눈으로 볼 수 없는 것들을 볼 때가 되었다."

"눈으로 볼 수 없는 거요?" 나는 어리둥절해하며 물었다.

부자 아빠가 고개를 끄덕였다. "너희들도 이제 나이가 들었다. 두뇌도 어렸을 때보다 더 발달했고. 그러니 이제는 가난한 사람들과 중산층은 보지 못하는 것들을 머리로 보는 방법을 가르쳐 주고 싶구나. 가난한 사람들과 중산층 사람들이 그것을 보지 못하는 이유는 그들이 일하는 방식과 재무제표를 이해하지 못하는 데 있단다.”

마이크와 나는 잠자코 앉아 부자 아빠의 설명을 기다렸다. 우리는 그가 아주 단순하지만 아주 심오한 것을 보여 주시려 한다는 것을 알 수 있었다. 하지만 그것이 심오한 의미를 지니려면 우리가 단순함 너머에 있는 것을 꿰뚫어 볼 수 있어야 했다.

부자 아빠는 노란 종이 위에 다른 그림을 그렸다.

부자 아버지

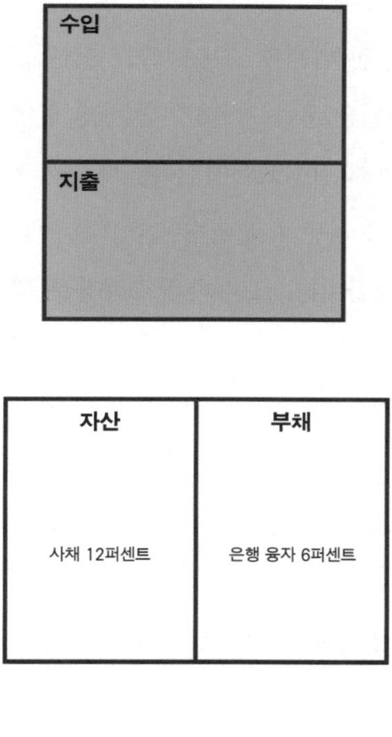

마이크와 나는 자리에 앉아 한참 동안 그림을 쳐다보았다. 예상대로 그것은 간단한 그림이었지만 우리가 그 단순함을 넘어 뭔가를 볼 수 있다면 그것은 심오한 교훈이 될 터였다. 마침내 내가 말했다. "그러니까 아저씨도 은행처럼 다른 사람한테서 돈을 빌려서 또 다른 사람에게 돈을 빌려 주는 거군요."

"바로 그거다." 부자 아빠가 말했다. "너희 부모님은 '돈은 빌리지도 말고 빌려 주지도 말라.'고 말씀하시지?"

나는 고개를 끄덕였다.

"그래서 그분들은 돈 때문에 고생을 하는 거란다." 부자 아빠가 말했다. "우선 너희 부모님은 돈을 저축하는 데에만 중점을 두지. 돈을 빌린다고 해도 그분들이 자산이라고 착각하는 부채를 사들일 뿐이고 말이다. 예를 들어 집이나 자동차 같은 것 말이다. 현금이 들어오기보다는 흘러 나가게 하는 것들이지. 그런 다음 그분들은 빚을 갚기 위해 열심히 일하신다. '난 이제 완전하게 이것을 소유하게 되었어.'라고 말할 수 있게 말이다."

"우리 부모님이 그러는 게 나쁜 건가요?" 내가 물었다.

"아니야." 부자 아빠가 말했다. "그건 좋고 나쁜 문제가 아니란다. 그건 교육의 문제지."

"교육이요? 이거랑 교육이 무슨 상관이 있는데요?" 내가 물었다.

"너희 부모님은 돈에 대해 제대로 교육을 받지 못하셨다. 그래서 그분들은 돈을 저축해서 빨리 빚을 갚는 게 가장 좋은 방법이라고 생각하시지. 그분들의 금융 교육 수준을 감안하면, 나는 그것을 금융 '교양'이라고 부르는데, 그분들에게는 그런 식의 돈 관리법이 가장 적절하다."

"하지만 아빠처럼 하고 싶다면 금융 교육을 더 받아야 하는 거네요." 마이크가 말했다.

부자 아빠가 고개를 끄덕였다. "그래서 내가 이렇게 너희가 학교를 졸업하기 전에 돈에 대해 가르치려는 거란다. 지금 내가 가르치는 것을 학교를 졸업하기 전에 배우지 않는다면 앞으로는 그걸 배울 기회가 전혀 없을 테니까. 이런 교육을 받지 않고 학교를 졸업하면 현실 세계에 나갔을 때 다른 사람들에게 이용만 당하게 될 거다. 왜냐하면 너희들은 돈에 대해 아는 것이 많지 않기 때문이지."

"그러니까 우리가 현실 세계에서 교육을 받게 될 거라는 말씀인가요?" 내가 물었다.

부자 아빠는 고개를 끄덕였다.

"그러니까 아저씨는 돈을 빌려서 돈을 버시는군요." 내가 말했다.

"그래."

"그리고 우리 부모님은 돈을 위해 일하면서 돈을 모으고 돈을 빌리지 않으려고 애쓰시는 거고요."

"그래. 그래서 그분들은 부자가 되기가 어려운 거다."

"왜냐하면 그분들은 돈을 위해 일하니까요." 나는 지금까지 알게 된 내용을 정리하려 애쓰며 말했다.

부자 아빠는 다시 고개를 끄덕이며 말했다. "열심히 일해 봤자 네가 얻을 수 있는 것은 열심히 일한 데 대한 대가뿐이다. 대부분의 경우에는 아무리 열심히 일해도 벌 수 있는 돈에는 한계가 있지."

"그러면 저축할 수 있는 돈에도 한계가 있을 거고요." 마이크가 덧붙였다. "전에 말씀하셨듯이 직장인들은 월급을 만지기도 전에 세금으로 큰돈이 빠져나가니까요."

부자 아빠는 말없이 의자에 기대앉으셨다. 그는 우리가 새로운 교훈을 배워 나가고 있음을 알았다.

나는 부자 아빠의 메모지를 보며 자산과 부채를 가리켰다.

"그러니까 아저씨는 은행과 똑같은 일을 하시는 거네요. 은행에서 돈을 빌린 다음에 그 돈을 이용해 더 많은 돈을 벌 수 있는 방법을 찾으니까요."

부자 아빠는 나를 바라보며 말했다. "그럼 이번에는 너희 부모님의 재무제표를 보자꾸나."

나는 그 말을 듣고 의자에서 몸을 움찔거렸다. 나는 그분이 무슨 말을 하시려는지 알 것 같았다. 불 보듯 뻔한 일이었다. 부자 아빠는 노란 메모지에 우리 부모님의 재무제표를 그렸다.

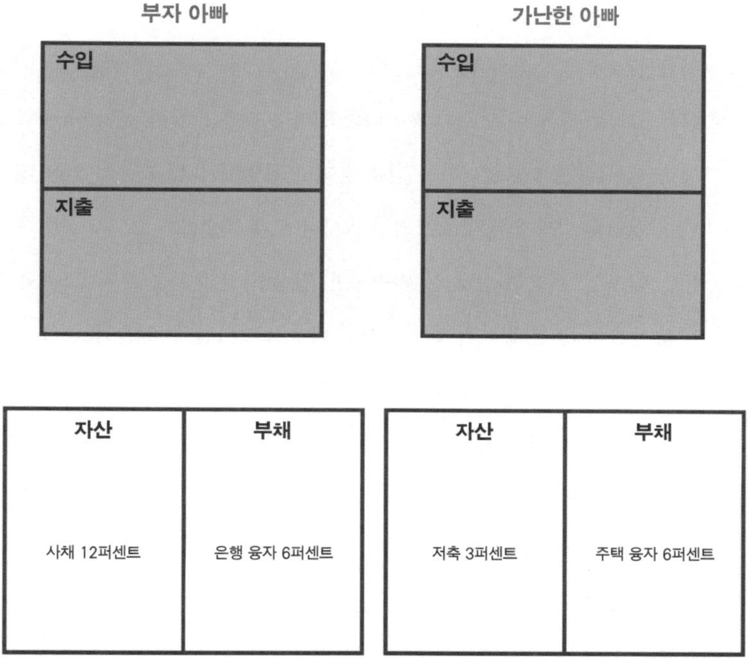

부자 아빠와 마이크, 나는 가만히 앉아 두 재무제표의 차이점을 바라보았다. 나는 이 간단한 교훈이 내 삶에서 얼마나 중요한 위치를 차지하게 될지 몰랐지만 그날 이후 그것은 내가 세상을 바라보는 방식에 커다란 영향을 끼쳤다. 이 간단한 그림에서 배울 수 있는 교훈은 아주 많았고, 나는 지금까지도 그 교훈들을 배우고 있다.

실로 수많은 교훈들이 보이지 않게 숨어 있다. 친구들과 앉아 이 미묘한 차이가 당신의 삶에 어떤 영향을 끼치게 될지 한 번 논의해 보기 바란다.

시간을 내서 친구들과 다음과 같은 것들을 이야기해 보라.

- 평생 동안 자산이 벌어들이는 돈보다 부채 비용이 더 많다면 어떤 일이 벌어질까?
- 돈을 빌리는 일 없이 모으기만 한다면 얼마나 많은 시간이 걸릴까? 예를 들어 당신이 연간 5만 달러의 수입을 올리고 부양해야 할 가족이 있을 경우, 10만 달러를 빌리지 않고 모으려면 얼마나 오래 걸릴까?
- 돈을 빌려 그 돈을 활용해 돈을 번다면, 열심히 일해 돈을 모아 그 돈을 활용해 돈을 버는 것에 비해 얼마나 빨리 앞으로 나아갈 수 있을까?
- 나의 아버지 한 분은 어떻게 자산인 저축을 부채로 만들었고(저축을 하는 사람들은 진다.), 다른 아버지는 어떻게 부채를 자산으로 만들었을까?
- 돈을 빌려 더 많은 돈을 버는 사람이 되려면 어떤 금융 기술을 갖춰야 할까?
- 어떻게 그런 지식을 배울 것인가?
- 위에서 볼 수 있는 두 개의 재무제표가 지닌 각각의 장기적, 단기적 위험은 무엇인가?
- 우리는 아이들에게 무엇을 가르치는가?

시간을 투자해 이런 질문들을 논의해 본다면 왜 부자가 되는 사람들은 그토록 적고 대부분의 사람들은 평생 경제적으로 고생을 하는지 알 수 있을 것이다. 대부분의 금전적 문제와 경제적 승리는 돈, 저축, 그리고 빚의 문제에서 비롯된다.

작게 시작하라

부자 아빠는 늘 이렇게 말했다. "장전된 총을 다루듯이 빚을 다뤄라." 부자 아빠가 좋은 빚과 나쁜 빚의 차이를 아는 것이 중요하다고 강조한 까닭은 빚이 당신을 부자로 만들 수도 있고 가난하게 만들 수도 있는 힘을 갖고 있기 때문이다. 장전된 총이 당신을 보호할 수도 있고 죽일 수도 있듯이, 부채도 마찬가지다. 오늘날 미국에서 신용카드 빚은 많은 가정들의 삶을 질식시키고 있다. 심지어 많은 교육을 받은 사람들까지도 그렇다.

이 장의 주된 요점은 당신이 당신의 아이에게 빚에 대해 무엇을 가르치고 있는지 한번 곰곰이 생각해 보라는 것이다. 당신의 아이가 성장해 짧은 시간 안에 큰 부자가 될 기회를 갖기를 원한다면 당신은 부모로서 빚과 빚 관리의 기본 지식과 기술들을 아이에게 가르칠 필요가 있다. 그런 교육은 항상 재무제표에서 시작된다.

아이에게 빚에 대해 아무것도 가르치지 않는다면 당신의 아이는 평생 경제적으로 고생하면서 열심히 일하고 돈을 모으고 빚에서 벗어나려 발버둥 칠 것이다.

다음 장은 아이들의 금융 IQ를 높이는 방법에 관한 것이다. 금융 IQ가 높은 아이는 빚이 가진 큰 힘을 더욱 잘 활용할 수 있다. 부자 아빠의 말을 되새겨 보자. "항상 장전된 총을 다루듯이 빚을 다뤄라.", "좋은 빚과 나쁜 빚의 차이를 알아야 한다."

좋은 빚과 나쁜 빚, 좋은 지출과 나쁜 지출을 가르치기 시작하면 아이에게서 금융과 관련된 천재성을 이끌어 낼 수 있다.

Chapter 12

진짜 돈으로 배워라

우리 아버지와 어머니가 나를 대학에 보낼 돈이 없다고 선언했을 때 나는 이렇게 대답했다. "괜찮아요. 전 부모님 돈 없어도 학교에 갈 수 있어요. 제가 스스로 방법을 찾아서 학비를 댈게요." 내가 그렇게 자신 있게 말할 수 있었던 것은 당시에 내가 이미 돈을 벌고 있었기 때문이다. 하지만 내가 학교를 졸업할 수 있었던 것은 내가 번 돈 덕분이 아니었다. 나는 돈을 벌면서 배운 교훈들 덕분에 학교에 계속 다닐 수 있었다. 그것은 내가 어렸을 때 부자 아빠가 시급 10센트를 주지 않은 교훈에서 비롯되었다. 아홉 살의 나이에 나는 홀로 생존하는 법을 배우고 있었던 것이다.

돈이 나를 위해 일하게 만들다

얼마 전 어떤 아버지가 내게 다가와 이렇게 말했다. "내가 볼 때 내

아들은 제2의 빌 게이츠가 될 수 있을 것 같습니다. 브라이언은 겨우 열네 살인데 벌써부터 사업과 투자에 큰 관심을 가지고 있어요. 당신 책을 읽고 나서 내가 아들을 망치고 있다는 것을 알게 되었지요. 나는 녀석을 돕는다고 생각했지만 실제로는 앞길을 가로막고 있었던 겁니다. 그래서 브라이언이 새 골프채를 갖고 싶다고 말했을 때 그 애에게 새로운 도전을 제시했지요."

"당신이 어떻게 아들의 앞길을 막고 있었다는 겁니까?" 내가 물었다.

"나는 녀석에게 돈을 위해 일하라고 가르치고 있었어요." 그 사람이 말했다. "보통 녀석이 내게 골프채가 갖고 싶다고 말했다면 나는 그 애에게 스스로 돈을 벌어서 사라고 했을 겁니다. 하지만 당신 책을 읽고 난 후에 내가 애에게 열심히 일하는 소비자가 되도록 가르치고 있었다는 걸 알게 됐지요. 녀석은 돈이 자기를 위해 일하게 만드는 부자가 아니라 열심히 일하는 사람이 되도록 교육받고 있었던 거죠."

"그래서 그 뒤로 어떻게 하셨나요?" 내가 물었다.

"브라이언에게 동네를 돌아다니면서 녀석이 할 수 있는 일이 있는지 찾아보라고 했지요. 원래는 녀석에게 용돈을 주고 그걸로 돈을 모아 골프채를 사라고 했을 텐데 말이죠."

"그거 흥미롭군요. 그러니까 처음부터 돈을 받을 권리가 있다고 가르친 게 아니라 돈을 벌 기회를 찾아보라고 말씀하신 거군요." 내가 말했다.

그 사람은 자랑스럽게 고개를 끄덕이며 말했다. "나는 그 애가 화를 낼 거라고 생각했습니다. 그런데 오히려 자기 사업을 시작할 생각에 신이 나 하더라고요. 저한테 돈을 타는 대신 뭔가를 스스로 할 수 있다는 점에서 말이죠. 그래서 녀석은 밖으로 나가서 여름 내내 남의 집 잔디를 깎아 주고 500달러를 벌었습니다. 그 돈이면 골프채를 사고도 남죠. 그런데 그때 내가 또 다른 일을 했죠."

"어떤 일을 했나요?" 내가 물었다.

"녀석을 증권사에 데려갔어요. 브라이언은 거기서 100달러어치의 고성장 주식을 샀고요. 저는 그게 녀석의 대학 학비를 마련하기 위한 거라고 했습니다."

"잘하셨네요." 내가 말했다. "그런 다음 아드님이 골프채를 사게 하셨나요?"

"아니오." 그 사람은 자부심이 넘치는 환한 웃음을 지었다. "그런 다음에 당신의 부자 아버지가 했을 만한 일을 했습니다."

"그게 뭔가요?" 나는 조심스럽게 물었다.

"브라이언한테서 400달러를 가져와서 녀석이 골프채를 살 수 있는 자산을 발견할 때까지 그 돈을 가지고 있겠다고 말했습니다."

"뭐라고요?" 내가 물었다. "아드님에게 가서 자산을 사라고 말씀하셨다고요? 그렇게 아드님의 욕구를 또다시 지연시킨 겁니까?"

"그래요." 그 사람이 말했다. "당신이 만족감을 지연시키는 능력이야말로 우리가 개발해야 할 중요한 감성 지능이라고 말했으니까요. 그래서 아이의 돈을 가져가서 녀석의 만족을 지연시켰죠."

"그래서 어떻게 됐나요?" 내가 물었다.

"한 30분 동안은 화를 내더군요. 그러더니 곧 내가 하는 일을 이해하게 됐습니다. 일단 내가 자기에게 뭔가를 가르치려고 한다는 걸 알자 녀석은 생각을 하기 시작했죠. 그리곤 내가 뭘 하고 있는지 이해하고 교훈을 배웠어요." 그 아버지가 말했다.

"그 교훈이 뭐였나요?" 내가 물었다.

"브라이언은 내게 와서 이렇게 말했습니다. '아빠는 내 돈을 지키려는 거죠? 내가 골프채에 그 돈을 날려 버리는 걸 바라지 않는 거죠? 아빠는 내가 골프채를 사고 또 돈도 그대로 갖고 있길 바라는 거예요. 그게 아빠가 저한테 가르치려는 거죠? 그렇죠?" 브라이언의 아버지는 환하게 웃으면서 말했다. "녀석은 교훈을 얻었어요. 내 아들은 이제 힘들게 번 돈도 갖고 골프채도 가질 수 있다는 걸 이해했습니다. 난 그 아이가 정말 자랑스럽습니다."

"와우." 내가 할 수 있는 말은 그것뿐이었다. "열네 살밖에 안 됐는데 돈도 갖고 골프채도 가질 수 있다는 걸 이해했다고요?"

"그렇습니다."

이번에도 내가 할 수 있는 말은 하나뿐이었다. "와우." 그런 다음 나는 말했다. "대부분의 어른들도 그 교훈을 배우지 못하는데 대단하군요. 그래서 아드님은 어떻게 했나요?"

"녀석은 신문에 난 광고를 읽기 시작했어요. 그러더니 골프용품점에 가서 프로들과 대화를 하며 그들이 뭘 원하고 필요로 하는지 알아냈죠. 하루는 집에 와서 나한테 그 돈이 필요하다고 하더군요. 자기 돈도 갖고 골프채도 얻을 방법도 알아냈다면서요."

"그게 뭐였나요?" 나는 그를 재촉했다.

"그 애는 사탕 자판기를 팔겠다는 사람을 찾아냈습니다. 그리고는 골프용품점에 가서 가게에 자판기 두 대를 설치해도 되는지 물었죠. 주인이 좋다고 하자 녀석은 집에 와서 그 돈이 필요하다고 말한 겁니다. 우리는 자판기 주인에게서 자판기 두 대와 기계에 채울 물건들을 350달러를 주고 샀습니다. 그런 다음에 골프용품점에 기계를 설치했죠. 브라이언은 일주일에 한 번씩 그 가게로 달려가 돈을 모으고 물건을 채웠어요. 두 달 후에 녀석은 골프채를 사고도 남을 돈을 벌었습니다. 그래서 이제 녀석은 골프채를 갖고 있을 뿐만 아니라 자산인 여섯 대의 자판기에서 계속해서 나오는 수입도 올리게 됐지요."

"여섯 대요?" 내가 물었다. "아까 두 대를 샀다고 하지 않았나요?"

"그랬었죠." 그 아버지께서 말씀하셨다. "하지만 그 기계가 자산이라는 걸 알고 나자 브라이언은 더 많은 자산을 사기 시작했답니다. 그래서 이제 아들 녀석의 대학 학자금은 꾸준히 불어나고 있고, 사탕 자판기도 늘어나고 있고 원하는 만큼 실컷 골프를 칠 수도 있지요. 골프를 치기 위해 돈을 벌 필요가 없어졌거든요. 녀석은 나중에 타이거 우즈처럼 되고 싶어 하는데, 제가 돈을 대 줄 필요가 없어요. 그보다 더 중요한 것은 그 애가 내가 그냥 돈을 줬을 때보다 훨씬 더 많은 것을 배우고 있다는 겁니다."

"마치 타이거 우즈와 빌 게이츠를 합쳐 놓은 것 같군요."

자랑스러운 아버지가 큰 소리로 웃었다. "사실 그런 건 별로 중요하지 않아요. 중요한 건 그 애가 나중에 자라 누구든 원하는 사람이 될 수 있다는 걸 알게 되었다는 거죠."

성공이란 자기가 원하는 사람이 되는 것이다

그 뒤로 한참 동안 우리는 그 사람의 아들이 자라 누구든 원하는 사람이 될 수 있음을 안다는 것이 얼마나 중요한지 이야기를 나눴다. "우리 아버지가 이렇게 말씀하셨죠. '성공이란 자기가 원하는 사람이 되는 것이다.' 아드님은 벌써 성공한 것 같네요."

"글쎄요. 녀석은 지금 행복합니다." 그 사람이 말했다. "그 아이는 학교에서도 그냥 '평범한 '아이가 아니에요. 말하자면 소위 '다른 박자에 맞춰' 움직이고 있다고나 할까요. 녀석은 자기 사업과 돈을 가지고 있고, 독특한 정체성과 안정성을 가지고 있습니다. 그 아이는 이제 학교의 '보통' 아이들 사이에서 인기를 얻는 데 관심이 없어요. 내가 보기에는 자기만의 확고한 정체성을 찾은 까닭에 다른 친구들이 멋있다고 생각하는 사람이 되기 위해 노력하기보다 자기가 나중에 어떤 사람이 되고 싶은지 생각하는 데 더 많은 시간을 보내게 된 것 같습니다. 그 과정에서도 많은 자신감을 얻었고요."

나는 고개를 끄덕이면서 내 고등학교 시절을 떠올렸다. 나는 그때 아이들과 어울리기보다 항상 아웃사이더로 맴돌았다. 나는 친구들 '사이'에 섞이지 못한다는 것, 인기 있는 아이들로부터 인정받지 못한다는 것이 얼마나 고통스러운지 기억했다. 지금 생각해 보면 나는 부자 아버지로부터 가르침을 받은 덕분에 아이들 사이에서 '인기 있는' 정체성을 개발하지 않고도 개인적인 안정과 자신감을 얻었다. 나는 학교에서 가장 똑똑하거나 인기 있는 아이는 아니었지만 적어도 내가 언젠가 부자가 될 것이라는 것을 알고 있었다. 그리고 그것은 내가 가장 바라던 정체성이었다.

나는 브라이언 아버지의 말에 상념에서 깨어났다. "내 아들의 교육에 그 밖에 더 보태야 할 것들이 무엇이 있을까요? 녀석은 지금까지 아주 잘하고 있지만 아직 더 많은 것들을 배워야 할 겁니다. 당신 의견은 어떤가요?"

"아주 좋은 질문입니다." 내가 대답했다. "서류 작업은 어떻습니까?"

"서류 작업이요?"

"네. 아드님의 성적표, 그러니까 재무제표 말입니다. 재무제표는 작성하고 있나요?"

"아니오. 그 애는 매주 나한테 구두로 보고합니다. 그리고 자판기에서 얻는 수입과 자판기 사탕을 구입한 비용도 보여 주고요. 하지만 정식 재무제표를 쓰지 않아요. 그건 너무 어렵지 않은가요?"

"그렇게 어렵지는 않습니다. 실은 아주 간단하게 만들 수도 있죠. 사실 처음에는 간단할수록 좋을 겁니다."

"'캐시플로' 게임을 할 때처럼 만들면 되나요?" 브라이언의 아버지가 물었다.

"그렇습니다." 내가 말했다. "실은 그보다도 더 간단하죠. 가장 중요한 것은 재무제표가 무슨 일을 하는지 아드님이 큰 그림을 보는 겁니다. 그리고 나면 천천히, 하지만 확실하게 보다 자세하고 상세한 세부사항을 추가할 수 있습니다. 그렇게 하면 아드님의 금융 IQ가 높아지고 경제적으로도 더 성공할 수 있을 겁니다."

"그 정도야 할 수 있죠." 브라이언 아버지가 말했다. "첫 번째 재무제표를 작성하고 나면 나중에 사본을 보내 드리지요."

우리는 악수를 나누고 헤어졌다. 그로부터 약 일주일 뒤에 나는 그 아들의 재무제표를 우편으로 받았다. 그 내용은 다음과 같다.

브라이언의 재무제표

손익계산서

수입	
6개 사탕 자판기에서 나오는 수입	$465
지출	
사탕 및 기타 과자	$85
사탕 자판기	$100
대학 학자금	$150
저축	$130

대차대조표

자산		**부채**	
저축	$680		$0
대학 학자금	$3,700		
6개 사탕 자판기	$1,000		

나는 축하의 답신을 보내며 한마디를 덧붙였다. "아드님의 개인적 지출은 어디 있습니까?"

브라이언의 아버지는 이메일로 답장을 보내왔다. "녀석은 개인적 지출은 별도의 재무제표에 적습니다. 사업적 지출과 개인적 지출을 따로 구분하려고요."

나도 이메일로 이렇게 회신했다. "좋은 훈련입니다. 개인의 재정과 사업적 재정의 차이를 아는 것은 중요하지요. 하지만 세금은 어떤가요?"

그 아버지가 대답했다. "아직은 그 애에게 충격을 주고 싶지 않습니다. 그건 내년에 가르친 겁니다. 지금은 녀석이 이기게 해 주고 싶습니다. 하지만 조만간 세금에 대해서도 가르쳐야겠지요."

8개월 뒤

그로부터 8개월 후, 그 아버지가 이메일로 브라이언의 최근 재무제표를 보내 왔다.

> "브라이언이 얼마나 발전하고 있는지 알려 드리고 싶습니다. 녀석의 대학 학자금 펀드는 아주 실적이 좋았습니다. 시장 상황이 별로 좋지 않았는데도 그 아이의 펀드는 거의 6천 달러에 달합니다. 녀석은 아홉 개의 사탕 자판기를 가지고 있으며 요즘에는 저절로 운영되는 자판기 사업체를 인수하려고 합니다. '캐시플로' 게임에서처럼 말입니다. 서류 작업이 너무 복잡해진 까닭에 시간제로 일하는 경리도 채용했습니다. 드디어 녀석에게 세금과 회계에 대해 이야기할 때가 된 것 같습니다. 브라이언은 이제 열다섯 살이 되었고, 진짜 세상에 나갈 준비가 된 것 같습니다. 녀석의 경제 성적표는 아주 훌륭하고 학교 성적표도 매우 좋습니다. 자신감이 높아지면서 성적도 오른 거죠."

그 이메일은 이렇게 끝났다.

"추신. 브라이언은 이제 여자 친구까지 생겼답니다. 그리고 여자 친구에게 자기가 지금까지 배운 것을 가르치고 있죠. 여자아이 말로는 브라이언은 다른 남자애들과 달라서 좋답니다. 그리고 그 애는 브라이언의 미래가 창창하다고 생각하더군요. 녀석의 자신감과 자존감은 하늘을 찌를 듯이 솟구치는 중입니다. 가장 중요한 점은 브라이언이 자기가 되고 싶은 사람이 되는 법을 배우고 있다는 겁니다. 남들이 생각하는 사람이 아니라 말입니다. 감사합니다.

—브라이언의 아버지 드림."

내 일에서 가장 만족스러운 부분

우리가 받는 편지들은 대부분 매우 긍정적이고 고무적이다. 우리에게 친절하고 상냥한 말들을 보내 준 모든 분들에게 감사하는 바이다. 여러분의 이런 격려는 우리 회사가 계속해서 나아갈 수 있도록 북돋아 주었다.

내가 가장 자주 듣는 반응 중 하나는 이것이다. "당신의 책과 게임을 20년 전에 알았더라면 좋았을 텐데요." 그런 사람들에게 나는 이렇게 대답한다. "지금도 늦지 않았습니다. 무엇보다 지금과 다른 일을 했을 거라는 점을 인정한다는 그 사실 자체만으로도 대단한 거죠." 어떤 사람들은 이들과 달리 자기가 과거에 한 일을 변호하고, 내가 그들의 믿음을 모욕했다며 비난한다. 그리고 그들이 과거에 하던 일이 더 이상 효과가 없음에도 불구하고 끝까지 고집대로 밀고 나가곤 한다. 이들은 한때는 효과적이었지만 지금은 더 이상 통하지 않는 공식을 가진 사람들이다. 더 이상 통하지 않는 낡은 공식을 고수하는 것은 패배자의 방식일 뿐이다.

내 일에서 가장 만족스러운 부분은 자신의 아이가 경제적인 안정과 경제적 독립, 그리고 경제적 자신감을 얻는 법을 배우고 있다고 말하는 부모들을 만나는 것이다. 금융 교육을 시작하기 위해 20년이나 기다릴 필요가 없는 아이들은 이 일을 특히 소중한 것으로 만든다. 삶에서 일찌감치 경제적 안정과 자신감을 얻을 기회를 갖는 아이들은 삶을 원하는 대로 이끌어 나갈 수 있는 커다란 기회를 갖고 있는 셈이다.

강력한 금융적, 경제적 토대가 아이에게 삶에 대한 해답을 주지는 않는다. 토대는 토대일 뿐이다. 하지만 그런 강력한 기반을 갖고 있다면 아이들은 안정적으로 성장하고 필요한 답을 찾을 수 있으며, 그로써 그들이 원하는 자유로운 삶을 살아갈 수 있다.

미래의 젊은 백만장자들

점점 더 많은 부모들이 나를 찾아와 다음과 같은 이야기들을 들려준다. 이처럼 독창적이고 창의적인 아이들의 이야기를 들을 때마다 나는 감탄하지 않을 수 없다.

열여섯 살짜리 소년이 나를 찾아와 말했다.

"아저씨가 쓴 책과 '캐시플로' 게임을 하고 난 다음에 전 직접 부동산을 하나 샀어요. 그리곤 그 일부를 팔아서 10만 달러를 벌었죠." 소년은 변호사인 아버지의 도움을 받아 학교에서 휴대전화를 통해 그 부동산 거래를 성사시켰다고 말했다. "엄마는 제가 큰돈을 벌어서 너무 우쭐해지지나 않을까 걱정하셨지만 그런 일은 없었어요. 전 자산과 부채의 차이를 잘 알거든요. 그래서 전 그 10만 달러로 다른 자산을 살 거예요. 부채가 아니라요."

아직 19세밖에 되지 않은 한 젊은 여성은 내 책을 읽은 뒤, 어머니를 사업 파트너 삼아 어머니의 돈으로 임대용 아파트를 구입했다. 그녀는 내게 이렇게 말했다. "전 벌써 가게 점원으로 일하는 월급보다 임대료로 더 많은 수익을 올려요. 여기서 멈출 계획도 없고요. 제 친구들은 밖에 나가서 술을 마시지만 전 또 다른 투자처가 있나 알아보러 돌아다니죠."

스물여섯 살의 싱글 맘은 내 사인회에 와서 이렇게 말했다. "의사인 제 친구가 당신 책을 읽어 보라고 선물해 주었을 때, 전 생활보호대상자였어요. 전 책을 읽은 뒤에 그 친구를 찾아가서 말했죠. '우리 같이 뭔가 해 보지 않을래?' 그래서 우린 당장 일에 착수했어요. 친구와 전 그 애가 직원으로 일하던 병원을 겨우 1천 달러의 선금을 주고 구입했어요. 나머지 비용은 병원에서 나오는 현금 흐름으로 충당했고요. 그 한 번의 거래로 전 가난한 싱글 맘에서 경제적 자유를 누리는 엄마로 탈바꿈했죠. 이제 전 집에서 아이들을 돌보면서 의사들이 제 병원에 오고가는 모습을 지켜봐요. 제 친구와 저는 지금 또 다른 투자처를 찾고 있지요. 이젠 그런 것들을 느긋하게 알아볼 수 있는 시간이 생겼거든요."

아이들의 창의성을 독려하고 보호하라

위의 이야기에 나온 젊은이들이 부자가 되기 위해 부채를 지는 것을 두려워하지 않는다는 사실에 주목하라. 그들은 "안전하게 하고 위험을 무릅쓰지 말라."고 말하지 않는다. 그들은 실수를 두려워하거나 실패를 두려워하도록 배우지 않았다. 그들은 위험을 감수하고 그것으로부터 배우도록 격려받았다. 아이가 실수를 두려워하도록 배울 때, 아이의 창의성은 훼손되고 심지어 망가질 수 있다. 부모가 "내 방식대로 해야 해."라고 말할 때도 마찬가지다. 아이는 스스로 생각하고 위험을 감수하고 자신만의 답을 스스로 찾을 때 천재성이 발휘되며, 창의성이 독려되고 보호된다.

나는 항상 젊은 사람들의 창의성에 놀라곤 한다. 앞에서 언급한 이야기들은 모두 그런 창의성에 관한 것들이다. 아이가 아직 어릴 때 아이의 금융적 창의성을 북돋고 고무시켜라. 무엇을 하라고 지시하는 대신, 아이가 타고난 창의성을 발휘할 수 있도록 해 주어라. 아이가 스스로 경제적 문제를 해결하고 자신이 원하는 삶을 살 수 있도록 격려하라.

가장 큰 위험

내가 개발한 '캐시플로' 보드 게임을 아이들과 함께하는 부모들로부터 가장 자주 듣는 이야기다. "전 아이들에게 항상 집니다. 아이들이 어른들보다 훨씬 빨리 배워요." 그런 일이 일어나는 데에는 많은 이유가 있다. 그중 한 가지는 아이들이 아직 두려움을 배우지 않았기 때문이다. 아이들은 아직 어리고, 그래서 넘어지더라도 금방 일어날 수 있다는 것을 안다. 하지만 우리 어른들은 나이가 들수록 넘어지는 것을 두려워하게 되는 것 같다.

우리는 실수를 하면서 새로운 것을 배운다. 그러나 그것의 가장 큰 위험은 실수를 저지르기까지 너무 오래 기다려야 한다는 것이다. 내 친구들 중에는 20년이 넘게 똑같은 일을 하고 있는 사람들이 많다. 그리고 그 가운데 많은 친구들이 경제적으로 어려움에 처해 있다. 그들이 경제적인 어려움에 처한 이유는 더 젊었을 때 충분히 실수를 하지 않았기 때문이다. 지금 그들은 시간도 없고 돈도 없다. 그 두 가지 중에서는 시간이 더 중요하다.

그러므로 당신 아이가 진짜 돈으로 게임을 하고 나중에 나이가 들었을 때 경제적 안녕을 증강시킬 수 있는 금융 습관을 들이도록 해라. 가장 큰 위험은 젊었을 때 위험을 감수하지 않음으로써 실수에서 배우지 못하는 것이다. 왜냐하면 나이가 들수록 실수는 더 커지기 때문이다.

Chapter 13

아이의 금융 IQ를 향상시키는 방법들

나는 애리조나 주 피닉스의 한 지역신문 기자와 인터뷰를 하고 있었다. 기자는 좋은 사람이었지만, 회의적이고 거의 냉소적이었다. 우리는 나이가 비슷했고 여러 가지 면에서 비슷했다. 그의 부친은 그의 고향인 보스턴의 저명한 판사였다. 우리는 사회경제적인 배경과 교육받은 이력도 비슷했지만 삶의 경제적 지위는 크게 달랐다. 쉰세 살인 그는 은퇴 후를 대비한 노후 자금이 거의 없었다. 그는 내게 이렇게 말했다. "나는 퇴직을 하고 나면 멋진 소설을 쓰겠다고 계획하고 있었지요. 하지만 이제는 계속 자유 기고가로 일해야만 융자금을 갚고 생계를 유지할 수 있을 것 같네요."

나는 그에게 이렇게 물었다. "어째서 투자를 시작하지 않습니까? 여기 피닉스에서 부동산을 몇 개 사면 당신이 생각하고 있는 멋진 소설을 쓸 시간이 충분히 남을 텐데요."

그는 대답했다. "피닉스에는 더 이상 괜찮은 물건이 없어요. 10년 전이라면 또 몰라도. 이젠 좋은 거래를 할 만한 부동산이 더 이상 남아 있지 않죠. 시장이 너무 뜨겁게 달아올랐거든요. 주식시장이 무너지면 부동산 시장도 같이 무너질 겁니다. 투자를 하기엔 너무 위험해요."

그 말을 듣고 나는 그가 평생 일을 할 것임을 깨달았다. 그는 남은 평생 동안 그의 이기는 공식에 매달려 있을 것이다. 그가 사용하는 단어만 봐도 알 수 있었다. 그는 자신이 사용하는 단어들을 바꾸지 않는다면 삶 또한 바꾸지 못할 것이다.

부자가 쓰는 말

아버지가 두 분이었던 나는 그분들의 비슷한 점과 차이점을 비교할 수 있었다. 나는 열네 살 즈음에 두 분 아버지가 모두 영어로 이야기하지만 실제로는 대단히 다른 언어로 이야기하고 있음을 깨달았다. 한 분은 교사의 언어로 이야기했고 다른 한 분은 사업가와 투자가의 언어로 말했다. 두 분 모두 사용하는 언어는 영어였지만 그 내용은 판이하게 달랐다.

나는 사람들이 사용하는 어휘를 세심하게 관찰한다. 사람들이 사용하는 단어를 듣는 것만으로도 그들에 대해 많은 것을 배울 수 있다. 예를 들어 내게는 스포츠를 아주 좋아하는 친구가 하나 있다. 그 친구와 나는 스포츠에 관해서라면 밤새도록 이야기를 나눌 수 있다. 그렇지만 내가 "너희 집의 부채 대 자본 비율은 얼마나 되니?"라는 간단한 질문만 던져도 그 친구는 나를 멍하니 쳐다볼 것이다. 내가 같은 질문을 다르게 묻는다면 그는 내 말을 더 잘 이해하게 될 것이다. 나는 부채 비율을 묻는 대신에 이렇게 물을 수 있다. "네가 너희 집에 대해 지고 있는 빚은 얼마이고, 너는 그 집이 얼마쯤 나간다고 생각하니?" 나는 실질적으로 거의 같은 질문을 하고 있고 그 대답도 거의 같을 것이다. 차이가 있다면 친구는 내가 지금 사용한 단어들은 이해할 수 있지만 내가 다른 어휘들을 사용한다면 그것을 이해하지 못한다는 것이다. 이 장은 이처럼 단어들의 힘에 관해 다룬다.

간단한 단어를 사용하라

두 분 아버지는 모두 내가 이해하지 못하는 단어들은 절대로 그냥 넘기지 말라고 가르쳤다. 그분들은 내가 이해하지 못하는 단어가 나온다면 누가 말을 하고 있건 간에 일단 대화를 중단시키고 그것이 무슨 뜻인지 물어보라고 가르쳤다. 이를테면 내가 부자 아빠의 변호사 사무실에 있을 때 변호사가 부자 아빠가 이해하지 못하는 단어를 사용한 적이 있었다. 그러자 부자 아빠는 차분하게 말했다. "잠깐만. 방금 당신이 한 말이 무슨 뜻인지 모르겠소. 내가 아는 말로 그 단어를 설명해 주시오." 그는 지나치다 싶을 정도로 자주 이런 요청을 하곤 했는데 특히 어려운 단어를 많이 사용하는 변호사에게는 더욱 그러했다. 변호사가 "퍼스트 파티(first party, 제1 당사자)가……"라고 말하면 부자 아빠는 이렇게 끼어들었다. "무슨 파티? 우리 집에서 하는 평범한 파티를 말하는 거요, 아니면 넥타이랑 드레스가 필요한 딱딱한 파티를 말하는 거요?"

내 똑똑한 아버지도 이렇게 말씀하셨다. "아무도 이해하지 못하는 어려운 단어를 사용하면 자기가 더 지적으로 보인다고 생각하는 사람들이 많지. 하지만 문제는 지적으로는 보일지 몰라도 의사소통에는 실패한다는 거다."

내가 경제 용어들 때문에 어려움을 느낄 때마다 부자 아빠는 이렇게 말했다. "간단한 어휘를 사용한다면 복합할 것 하나도 없다."

많은 사람들이 돈 문제로 고생하는 이유는 자신이 이해하지 못하는 단어들을 사용하기 때문이다. 가장 전형적인 예로는 '자산'과 '부채'를 들 수 있을 것이다. 부자 아빠는 내게 어렵고 혼란스러운 사전적 정의를 설명하는 대신에 내가 이해할 수 있고 사용할 수도 있는 간단한 정의를 설명했다. "자산이란 네 주머니에 돈을 넣어 주는 것이고 부채는 네 주머니에서 돈을 빼 가는 것이란다." 그는 이어서 이렇게 강조했다. "네가 일을 그만두더라도 자산은 너를 먹여 살려 줄 것이다. 그렇지만 부채는 너를 먹어 버리겠지."

부자 아빠의 정의를 보다 자세히 들여다본다면, 그가 신체적인 혹은 물리적인 정의를 사용한다는 것을 눈치 챘을 것이다. 부자 아빠는 자산에 대한 사전적 정의(소유 재산의 장부 가치를 보여 주는 대차대조표의 항목)처럼 언어적이고 추상적으로 설명하는 데 그치지 않았다.

사전을 보면 어째서 그렇게 많은 사람들이 자신의 집을 자산으로 생각하는지 알 수 있다. 먼저 대부분의 사람들은 단어의 정의를 찾아보지 않는다. 둘째로 대부분의 사람들은 자기가 권위자라고 생각하는 사람이 하는 말을 무작정 받아들이는 경향이 있다. 예를 들어 담당 은행가나 회계사가 "당신의 집은 자산입니다."라고 말한다면 아무런 의심 없이 그 말을 받아들이는 것이다. 앞에서 말했듯이 은행가가 당신의 집이 자산이라고 말할 때 그는 거짓말을 하는 것이 아니다. 은행가는 그저 그것이 '누구'의 자산인지 명확하게 말하지 않을 뿐이다. 나는 또한 지능이란 미세한 구분을 하는 능력이라고 말한 적이 있다. 그러므로 여러 개의 정의를 아는 것은 보다 미세한 구분을 하는 것이다. 세 번째, 만약 당신이 어떤 단어와 관련해 개인적 또는 물리적인 경험을 갖고 있다면 그 정의를 보다 쉽게 이해할 수 있다.

다음에 그려진 학습 피라미드를 살펴보라. 어째서 그렇게 많은 사람들이 오직 하나의 추상적 정의만을 맹목적으로 받아들이는지 이해할 수 있을 것이다.

학습 피라미드

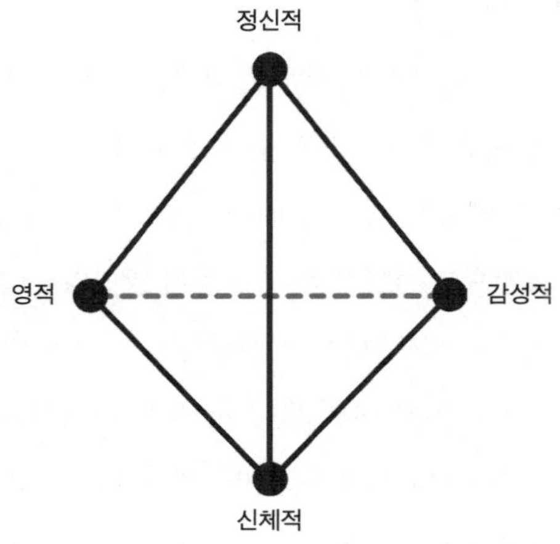

현재의 교육 체제에서는 아이들이 아홉 살이 되는 3학년에 이르면 교육의 상당 부분이 정신적인 학습으로 변화된다. 장난감이 사라지고, 학생들은 머리로만 공부를 하게 된다. 학습 과정을 가속시키기 위해 아이들은 교사와 같은 권위자로부터 듣거나 읽는 것을 거의 무작정 받아들이도록 교육받는다. 이 시점에서 교육 제도는 거의 완전히 정신적인 학습에만 초점을 맞추며, 따라서 아이들은 감성적으로 실수를 하는 것을 두려워하고, 질문을 하거나 권위자의 말에 도전하는 것을 겁내게 된다. 운동장이나 체육관에서 행해지는 체육 수업이나 예술 교육을 제외하면 신체적인 학습은 거의 이루어지지 않는다. 언어적으로 뛰어난 아이들은 좋은 성적을 얻지만 신체적으로 배우거나 보다 예술적인 성향의 아이들은 뒤처지기 시작한다. 이 단계에서 아이들은 종종 추상적 개념을 아무런 물리적 증거도 없이 무작정 받아들여야 한다는 압력을 받는다. 어쩌면 바로 그런 이유 때문에 은행가들이 "당신의 집은 자산입니다."라고 말하면 대부분의 사람들이 고개를 끄덕이면서 아무 증거도 없는 그 말을 사실로 받아들이는지도 모른다. 어쨌든 우리는 아홉 살 이후로 이런 식으로 교육을 받아 왔다.

명사와 동사의 위력

부자 아빠는 우리가 새로운 단어나 개념을 배울 때마다 그것을 물리적으로 접목시키기 위해 애썼다. 그래서 자산과 부채에 대한 그분의 정의에는 늘 '돈'과 '주머니' 같은 구체적인 단어와 "돈을 주머니에 넣어 준다."와 같은 행동들이 포함되어 있었다. 그는 정의를 설명할 때 '돈'

과 '주머니' 같은 명사를 사용했고 '넣어 준다'와 같은 동사를 사용했다. 그런 동사와 명사는 마이크와 내가 이해할 수 있는 것들이었다. 아이에게 돈에 대해 가르칠 때에는 아이들이 이해하는 단어들을 사용하길 바란다. 만일 당신의 아이가 몸으로 배우는 유형이라면 나이가 얼마가 됐든 보고 만지고 느낄 수 있는 정의들을 사용해라. 게임이 좋은 교사가 될 수 있는 이유는 아이들이 배우는 새로운 경제 용어에 물리적인 측면을 보태기 때문이다.

단어의 힘

이 장의 서두에서 나는 한 기자와의 대화에 대해 언급했다. 그 사람은 아주 똑똑했고, 나와 나이도 비슷했기 때문에 그 사람과 함께 보낸 시간은 즐거웠다. 우리는 삶에서 공통된 관심사를 많이 가지고 있었지만 돈에 대해서만큼은 유독 다른 관점을 갖고 있었다.

나는 그 사람이 옆에 있을 때에는 유난히 조심했는데, 두 가지 이유 때문이었다. 첫 번째는 돈이 대단히 감성적인 주제이기 때문이다. 두 번째는 내가 언론의 힘을 엄청나게 존경했기 때문이다. 언론은 당신을 성공시킬 수도 있고 무너뜨릴 수도 있는 힘을 가지고 있다. 그래서 나는 그 사람과 돈에 관해 이야기할 때면 특히 신중하게 행동했다.

우리의 인터뷰는 이런 식으로 흘러갔다.

기자: 당신은 왜 주식이 아니라 부동산에 투자합니까?

나: 글쎄요. 난 양쪽 모두에 투자합니다. 하지만 부동산에 더 많이 투자하는

건 사실이죠. 무엇보다 주식이든 부동산이든 각각 나름의 강점과 약점이 있습니다. 내가 부동산을 좋아하는 한 가지 이유는 부동산 쪽이 세금을 언제 내고 얼마나 낼 것인가에 대해 훨씬 큰 통제력을 행사할 수 있기 때문이죠.

기자: 그 말은 우리가 세금을 회피해야 한다는 건가요? 그건 좀 위험하지 않은가요?

나: 나는 '회피'해야 한다고는 말하지 않았는데요. 세금에 대해 행사할 수 있는 '통제력'이 크다고 말했지요.

그 두 가지 정의의 차이점을 아는 것과 그 두 단어를 제대로 이해하는 것은 엄청나게 다르다. 나는 그에게 '회피'와 '통제'의 차이를 설명하는 데 장장 20분이나 걸렸다. 그 둘의 차이를 설명하려면 먼저 봉급생활자의 세법과 투자가들이 사용하는 세법의 차이를 설명해야 했다. 또 주식의 세법과 부동산의 세법이 어떻게 다른지도 설명해야 했다. 우리의 의사소통 문제에서 가장 핵심적인 부분은 그 기자가 봉급생활자로서 자신의 세금을 거의 통제할 수가 없다는 사실이었다. 봉급생활자인 그는 세금을 통제할 수 없었기 때문에 '세금 회피'는 곧장 '탈세'로 이해되었고, 대부분의 사람들은 탈세가 불법이라는 것을 알고 있다. 그래서 내가 '세금에 대한 통제력'이라고 말했을 때 그는 그것을 '탈세'로 이해한 것이다. 그는 곧장 발끈해서 방어적으로 돌변했다. 앞에서도 말했듯이 "1그램의 인식을 바꾸려면 대개 1톤의 교육이 필요하다." 이 경우에는 1톤의 교육이 필요하지는 않았지만 20분 동안 열심히 설명을 하고 난 뒤에야 상황을 진정시킬 수 있었다. 나는 단순히 단어의 정의에 대한 잘못된 이해 때문에 언론의 막강한 힘으로부터 공격을 당하는 것을 원치 않았다. 어쨌든 설명을 하고 나서 인터뷰는 다시 제 길로 들어섰다.

기자: 당신 말의 문제점은 더 이상 부동산을 살 수가 없다는 겁니다. 피닉스의 부동산 시세는 너무 높으니까요. 게다가 적당한 부동산을 찾아 싸게 구입한 다음 수리해서 다시 판매하라고요? 난 그럴 시간이 없을 것 같은데요.

나: 글쎄요. 나는 부동산을 거래하지 않습니다. 나는 부동산에 투자를 하죠.

기자: 부동산을 수리해서 이윤을 남기고 판매하는 것이 투자가 아니란 말입니까?

나: 글쎄요, 넓게 해석하자면 부동산을 산 다음 다시 파는 것도 투자라고 할 수 있겠죠. 하지만 투자 세계에서는 사용하거나 소유할 계획이 없는 뭔가를 사는 사람들을 대개 '거래인'이라고 부릅니다. 그 사람들은 팔기 위해 사지요. 투자가들은 대개 자산을 보유하기 위해 사고 그것을 이용해 현금흐름과 자본 이득을 얻습니다. 보다 미세하게 구분하자면 말이죠.

기자: 하지만 자본 이득을 얻으려면 부동산을 팔아야 하지 않나요?

나: 아뇨. 그렇지 않습니다. 진정한 투자가는 부동산을 팔거나 거래하지 않고도 자본 이득을 얻기 위해 최선을 다합니다. 말하자면 투자가의 우선적인 목표는 사서 보유하고, 사서 보유하고, 사서 보유하는 것이죠. 진정한 투자가의 목표는 자산을 늘리는 것이지 파는 것이 아닙니다. 물론 그들도 팔 수 있겠죠. 하지만 그건 그들의 주요 목표가 아닙니다. 진정한 투자가의 관점에서 볼 때 좋은 투

자를 찾는 데에는 너무 많은 시간이 걸리거든요. 그래서 그들은 사서 팔기보다는 보유하는 편을 택합니다. 거래인은 사고팔고 사고팔면서 매번 현금을 늘리려고 합니다. 투자가들은 갖고 있기 위해 삽니다. 하지만 거래인은 팔기 위해 사지요.

기자는 잠자코 앉아 고개를 흔들었다. 이윽고 그가 입을 열었다. "나로서는 이해하기 힘든 이야기군요." 그러더니 그는 다시 다음 질문을 던졌다.

나는 피해야 할 논쟁으로 들어서고 있다는 사실에 기분이 언짢았다. 나는 간단한 언어를 사용하기 위해 애쓰고 있었지만 그다지 효과가 없다는 것이 느껴졌다. 미세한 구분을 하려다가 오히려 일을 더 복잡하게 만들고 있었다.

기자: 그러면 당신은 쓰러져 가는 부동산을 찾아서 수리한 다음, 이윤을 남기고 팔지 않는다는 건가요?

나: 나도 그런 부동산을 찾을 때가 있습니다. 특히 그것을 사서 보유할 수 있을 때는요. 그렇지만 대답은 '아니오'입니다. 나는 보수 공사가 필요한 부동산을 찾는 게 아닙니다.

기자: 그렇다면 당신은 어떤 부동산을 찾습니까?

나: 가장 먼저 급히 내놓는 매물을 찾습니다. 사람들은 종종 물건을 빨리 팔아야 할 때가 있는데, 그런 사람들은 좋은 가격에 기꺼이 협상을 하려고 하거든요. 아니면 은행에 가서 경매로 나온 부동산을 찾기도 합니다.

기자: 마치 곤경에 처한 사람들을 찾고 있는 것처럼 들리는데요. 그건 별로 옳은 일이 아니잖아요?

나: 글쎄요, 하지만 그 사람은 물건을 팔아야만 합니다. 그 사람은 구매자가 있다는 데 대해 반가움을 느낄 겁니다. 둘째로 당신도 더 이상 필요하지 않은 것을 처분하고 싶을 때 그것을 팔아 돈이 생기면 기분이 좋지 않겠습니까?

기자: 글쎄요. 그래도 전 당신이 이용할 수 있는 사람들을 찾는다는 생각이 듭니다. 그게 아니라면 왜 경매로 나온 물건을 사는 겁니까? 경매로 집을 내놓는다는 건 그 사람들이 경제적으로 힘들다는 표시가 아닌가요?

나: 당신이 왜 그런 식으로 보는지 알 것 같군요. 그리고 그 점에 있어서는 당신 말에도 일리가 있습니다. 하지만 동전의 다른 면을 본다면 은행이 그 사람 집을 경매에 내놓는 것은 그 사람이 은행과의 약속을 지키지 못했기 때문이지요. 집을 경매로 내놓은 건 내가 아닙니다. 은행이죠.

기자: 알겠습니다. 무슨 말인지 알겠군요. 하지만 그래도 전 그게 부자들이 가난하고 약한 사람들을 괴롭히는 방법 중 하나인 것 같습니다. 어쨌든 급히 내놓은 매물이나 경매 물품을 발견하고 나면 또 어떤 것을 찾나요?

나: 물건을 찾고 나면 숫자를 두드려 보고 내부수익률이 괜찮은지 확인합니다.

기자: 내부수익률이요? 그게 왜 중요하지요?

'내부수익률'이라는 말을 하자마자 나는 또 다시 문제가 생겼음을 알 수 있었다. 차라리 '투자수익률'이나 '현금투자수익률'이라고 말하는 편이 나았을 것이다. 어쨌든 나는 여러 가지 면에서 이 기자를 제대로 이해시킬 수 없음을 알았다. 빨리 여기서 빠져나와야 했다. 부자 아버지처럼 간단한 정의를 사용해 원래의 대화로 돌아가야 할 필요가 있었다.

나: 아까도 이야기했듯이 투자가로서 내 목표는 사서 보유하는 것입니다. IRR, 즉 내부수익률이 중요한 이유는 그것이 내가 초기 자본, 다시 말해 선금을 얼마나 빨리 회수할 수 있을지 측정하는 기준이기 때문이지요. 내가 초기 자본을 빨리 회복하고 싶은 이유는 빨리 그 돈으로 다른 자산을 사고 싶기 때문입니다.

기자: 부채는 어떻게 하고요? 빚을 갚을 생각은 하지 않습니까?

이 시점에서 나는 인터뷰가 이미 엉망이 되었음을 알았다. 나는 교사가 되는 것을 포기하고 그저 내가 아는 투자 공식들을 이야기해 주고는 어떤 기사가 나올지 기자에게 그냥 맡기기로 했다.

나: 아뇨. 내 목표는 빚을 갚지 않는 겁니다. 내 목표는 빚을 늘리는 거거든요.

기자: 빚을 늘려요? 왜 빚을 늘리고 싶은 겁니까?

앞에서도 말했듯이, 나는 이미 인터뷰가 엉망이 되어 버렸다는 것을 알고 있었다. 상황이 더욱 악화된 것은 내가 주식과 관련된 세금 위험을 설명했을 때였다. 그는 모든 퇴직금을 주식과 채권에 투자하고 있었기 때문에 내 이야기를 좋아하지 않았다. 우리 사이의 거리는 점점 더 멀어지고 있었다. 투자에 관한 한 우리는 사용하는 단어들이 다를 뿐만 아니라 서로 다른 세상에 살고 있었다.

하지만 그는 비록 나와 다른 관점을 갖고 있음에도 불구하고 내 투자 아이디어를 놀랍도록 정확하게 기사로 작성했다. 심지어는 신문에 싣기 전에 기사를 보여 주며 내 승인을 요청하기도 했다. 나는 그에게 기사로 실어도 좋다는 답장을 보냈고 객관적인 보도에 감사한다는 말을 덧붙였다. 기사가 워낙 훌륭해서 첨삭할 필요조차 없었다. 하지만 그는 나중에 내게 전화를 걸어 편집자가 이유도 설명하지 않은 채 그 기사를 싣지 않기로 결정했다고 전해 왔다.

돈을 버는 데 돈이 필요하지 않은 이유

나는 자주 이런 질문을 듣는다. "돈을 벌려면 돈이 있어야 하지 않나요?" 그럴 때마다 나는 항상 이렇게 대답한다. "아니오. 돈은 그저 아이디어일 뿐입니다. 그리고 아이디어는 어휘에 의해 규정되지요. 당신이 사용하는 단어들을 보다 신중하게 선택한다면 경제적 상황을 개선할 기회가 찾아올 겁니다."

1980년대에 R. 벅민스터 풀러 박사가 한 말이 기억난다. 내가 참석한 한 강좌에서 풀러 박사는 말의 힘에 대해 설명했다. 그는 말했다. "말이란 인간이 발명한 가장 강력한 도구입니다." 학창 시절에 영어에서 낙제점을 받은 경험이 있는 나는 그의 말을 들을 때까지 말의 힘에 대해 다소 회의적인 시각을 가지고 있었다. 풀러 박사는 내 부자 아버지와 가난한 아버지가 다른 이유가 그들이 사용하는 언어에 있다는 것을 깨닫게 해 준 장본인이었다. 앞에서도 말했듯이 내 진짜 아버지는 교사의 어휘를 사용했고 부자 아버지는 사업가와 투자가의 어휘를 사용했다.

부자가 되는 첫 번째 단계

사람들이 내게 경제적 상황을 개선하려면 무엇을 해야 하는지 물을 때마다 나는 이렇게 대답한다. "부자가 되는 첫 번째 단계는 당신의 어휘에 경제, 금융과 관련된 단어들을 보태는 겁니다. 다시 말해서 부자가 되고 싶다면 사용하는 어휘를 풍부하게 만들어야 하지요." 나는 또 그들에게 영어에는 약 200만 개의 단어가 있으며 보통 사람들은 그중에서 고작 5,000개만을 구사한다고 말한다. 그런 다음 나는 이렇게 말한다. "당신이 정말로 부자가 되고 싶다면 1,000개의 경제 용어를 배우겠다는 목표를 세우십시오. 그러면 그런 단어를 사용하지 않는 사람들보다 훨씬 부자가 될 겁니다." 그런 다음 나는 이렇게 주의시킨다. "하지만 그런 단어의 추상적 의미를 아는 것만으로는 충분치 않습니다. 더욱 깊이 이해하려면 각각의 단어를 정신적으로, 감성적으로, 신체적으로, 그리고 영적으로 알 필요가 있습니다. 경제 금융 용어들을 능수능란하게 구사할 수 있다면 당신의 자존감은 훨씬 높아질 겁니다." 그리고 나는 마지막으로 이렇게 말한다. "거기에 시간을 투자하는 데 있어 가장 좋은 점은, 그런 단어들이 공짜라는 겁니다."

단어의 힘

지능은 미세한 구분을 하는 능력이다. 단어들은 당신의 마음이 그런 미세한 구분을 할 수 있게 해 준다. 단어들은 눈으로 볼 수 없는 것들을 마음으로 볼 수 있게 해 준다. 예를 들어 자산과 부채 사이에는 엄청난 차이가 있지만 대부분의 사람들은 그런 차이를 알지 못한다. 그런 차이를 아는 것만으로도 경제적 삶은 크게 달라질 수 있다.

앞서 나온 책들에서 나는 세 가지 소득 유형들의 차이에 대해 설명했다. 근로소득, 투자 소득, 비활성 소득은 모두 '소득'이라는 범주에 속하지만 서로 엄청나게 다르다. 당신이 아이에게 "학교에 가서 좋은 성적을 얻고 일자리를 얻어라."라고 말할 때, 당신은 아이에게 근로소득을 위해 일하라고 충고하는 것이다. 근로소득의 한 가지 큰 문제는 그것이 세 가지 소득 가운데 가장 높은 세금이 붙는 소득이며, 나아가 세금에 대해 행사할 수 있는 통제력 또한 가장 작다는 점이다. 부자 아버지는 내게 비활성 소득을 위해 일하라고 충고했다. 비활성 소득은 주로 부동산을 통해 얻을 수 있는 소득으로, 세 가지 소득 가운데 세금이 가장 낮으며 세금 통제력은 가장 높다. 투자 소득은 대개 금융자산에서 나오는 소득으로, 대개의 경우 두 번째로 유용한 소득 유형이다. 단어들의 차이는 실제 크지 않지만 그 결과가 경제 성적표에 끼치는 영향은 어마어마하다.

부자들의 소득

재무제표를 보면 그 사람이 어떤 종류의 소득을 가장 중요하게 여기는지 쉽게 알 수 있다. 다음은 '캐시플로 101' 게임의 재무제표이다.

캐시플로 101의 재무제표

봉급이 얼마나 많든 근로소득만으로 부자가 되기는 어렵다. 부자가 되고 싶은 사람은 근로소득을 투자 소득이나 비활성 소득으로 바꾸는 방법을 배워야만 한다. 그것이 바로 부자들이 그들의 자식에게 가르치는 비밀이다.

숫자와 단어가 미세한 구분을 만든다

정확한 숫자가 단어에 더해지면 우리의 마음은 확대된다. 대부분의 주식 투자가들도 알듯이, 주가수익률(P/E)이 10인 주식과 15인 주식은 커다란 차이가 있다. 또한 전문 투자가sophisticated investor들은 주가수익률만 보고 주식을 사지 않는다. 전문 투자가는 더 많은 단어와 숫자들을 보고 싶어 한다.

또한 "우리 회사는 지난달에 많은 돈을 벌었습니다."라고 말하는 사람과 "우리 회사는 지난달에 50만 달러를 벌었고 순수익 마진율은 26퍼센트였습니다. 그것은 전월 대비 12퍼센트의 매출 증가와 6퍼센트의 비용 삭감으로 달성한 것입니다."라고 말하는 사람은 그들이 보유한 유용한 지식 수준에 있어 커다란 차이가 있다. 이 같은 정보는 내가 이 회사에 투자를 할 것인지 말 것인지에 대해 훨씬 많은 통찰력을 제공한다. 이러한 정보에 회사의 주가수익률을 종합하면 투자 위험은 줄고 투자 수익률은 증가할 것이다.

의사소통의 힘

강력한 금융 및 경제 어휘에 숫자의 힘까지 합쳐진다면 당신의 아이는 삶에서 경제적으로 앞서 나갈 수 있다. 내가 개인적으로 학교를 싫어한 이유 중 하나는 단어만 배우고 숫자는 배우지 않았기 때문이다. 나는 영어 시간에 단어의 사용을 배웠고 수학 시간에 숫자의 사용법을 배웠다. 그렇게 분리해서 배웠기 때문에 두 과목 모두 내게는 지루하고 현실과 무관하게 느껴졌다.

부자 아버지가 '모노폴리' 게임을 하면서 내게 투자를 가르치시기 시작했을 때, 나는 완전히 새로운 어휘를 배웠고 수학을 좋아하게 되었다. 숫자들 앞에 달러($) 표시를 붙이자 나는 숫자와 단어 양쪽 모두에 관심을 갖게 되었다. 아이들은 '캐시플로' 게임을 하면서 전혀 새로운 경제 및 금융 용어를 배우고 수학에 재미를 느끼게 된다.

내 똑똑한 아버지는 단어와 숫자의 결합을 '의사소통의 힘'이라고 불렀다. 학자이자 교사였던 그는 사람들이 어떻게 의사소통을 하는지에 늘 관심을 가지고 있었다. 그는 사람들이 같은 어휘를 공유하고 각각의 단어에서 발견되는 차이를 측정하는 데 흥미를 느낄 때 의사소통이 수월해진다는 것을 알게 되었다. 그분은 내게 말씀하셨다. "의사소통communication이라는 단어는 공동체community에 기반을 두고 있다. 사람들이 같은 단어를 좋아하게 되면 공동체가 형성된다. 같은 단어를 공유하지 않거나 그것들의 측정에 관심이 없는 사람들은 닫힌 공동체에서 배제되지."

오늘날 우리는 메가바이트나 기가바이트 같은 단어들을 사용하며 컴퓨터에 관해 이야기하는 사람들을 본다. 기가와 메가의 차이점을 알고 그런 것들을 좋아하는 사람들은 같은 공동체에 속한다. 그런 단어들을 좋아하지 않거나 차이점을 구분하지 못하는 사람들은 공동체의 일부가 될 수가 없다. 그것이 바로 단어와 숫자의 힘이다. 그것들은 당신을 포함시킬 수도 있고 배제할 수도 있다.

당신의 아이가 경제적으로 앞서 가게 하는 한 가지 방법은 돈과 관련된 어휘를 가르치고 그 차이점을 측정하도록 가르치는 것이다. 그렇게 하면 당신의 아이는 금융에 능숙한 사람들의 공동체에 포함될 가능성이 높아진다. 반면에 그러한 단어들을 갖고 있지 않고 그것들의 차이를 모른다면 그런 공동체에서 배제될 것이다.

부자 아빠의 말을 기억하라. "자산과 부채에는 아주 큰 차이가 있다. 그것들은 단순한 단어지만 그 두 단어의 차이를 알지 못한다면 그 차이는 네 재무제표에 나타나게 될 것이고, 결국 너는 평생 동안 힘들게 일해야 할 것이다."

나는 이렇게 말한다. "아이에게 부채와 자산의 차이를 가르쳐라. 그러면 당신의 아이는 실제 삶에서 크게 앞서 갈 수 있을 것이다."

Chapter 14

용돈은 왜 필요한가?

언젠가 나는 내 친구가 자기 아이에게 100달러를 주는 것을 본 적이 있다. 아이는 돈을 받아 주머니에 넣더니 아무 말도 없이 돌아서 가 버렸다.

그러자 내 친구가 아들에게 말했다. "나한테 할 말 없니? 고맙다는 말도 하지 않을 거냐?"

열여섯 살짜리 소년은 몸을 돌리고 이렇게 물었다. "뭐가 고마운데요?"

"내가 100달러를 줬잖니." 소년의 아버지가 말했다.

"이건 제 용돈이에요." 그 아이가 말했다. "제가 당연히 받는 거잖아요. 게다가 다른 아이들은 저보다 훨씬 많이 받아요. 하지만 저한테서 고맙다는 말을 듣고 싶으신 거면 고맙다고 할게요. 고맙습니다."

그런 다음 소년은 주머니에 돈을 넣고 문 밖으로 나가 버렸다.

이것은 오늘날 수많은 청소년들이 갖고 있는 '용돈은 당연하다.'는 사고방식을 잘 보여 준다. 불행히도 나는 이처럼 부모가 아이들을 위한 현금지급기가 되어 버린 모습을 너무나도 자주 봐 왔다.

돈은 사람을 가르치는 도구다

"돈은 사람을 가르치는 도구다." 부자 아빠는 이렇게 말했다.

"나는 사람들에게 많은 일을 하도록 훈련시킬 수 있다. 내가 할 일이라고는 지폐 몇 장을 뿌리는 것뿐이다. 동물 조련사들이 동물들을 훈련시킬 때 먹이를 이용하는 것처럼 사람을 훈련시킬 때에는 돈을 사용하면 된단다."

"교육이랑 돈을 그런 식으로 연관 짓는 건 잔인한 일 아닌가요?" 내가 물었다. "너무 노골적이고 비인간적이잖아요."

"네가 그렇게 생각한다니 다행이구나." 부자 아빠가 말했다. "내 말이 너무 노골적이고 비인간적으로 들렸으면 했거든."

"왜요?" 내가 물었다.

"왜냐하면 네게 돈의 다른 면을 보여 주고 싶으니까. 난 네가 돈의 힘을 알았으면 좋겠다. 그리고 그 힘을 존경했으면 좋겠다. 돈의 힘을 존경하게 된다면 언젠가 그걸 갖게 되었을 때 그 힘을 남용하지 않을 테니 말이다."

"돈의 다른 면이라니, 그건 무슨 뜻인가요?" 내가 물었다. 나는 열일곱 살이었고, 고등학교 졸업반이었다. 부자 아빠는 그때까지 내게 돈을 얻고 유지하고 투자하는 방법을 가르쳤다. 그리고 지금 돈에 대해 새로운 것을 가르치려는 참이었다.

부자 아빠는 주머니에서 동전을 하나 꺼내 들고는 말했다. "모든 동전에는 양면이 있단다. 그 점을 기억하렴." 그분은 동전을 다시 주머니에 넣으면서 말씀하셨다. "시내로 잠시 드라이브나 할까?"

그로부터 10분 뒤, 부자 아빠는 주차 공간을 찾아 주차 기계에 돈을 넣었다. "벌써 다섯 시가 다 되었구나." 부자 아빠가 말했다. "서둘러야겠다."

"왜요?" 내가 물었다.

"따라오렴. 곧 알게 될 거야." 부자 아빠는 좌우를 살피더니 재빨리 건널목을 건넜다.

나는 부자 아빠와 함께 길가에 서서 상점들이 줄지어 서 있는 인도를 쳐다보았다. 다섯 시가 되자 갑자기 가게들이 문을 닫기 시작했다. 고객들은 서둘러 구매를 했고, 직원들은 문 밖으로 나서며 잘 가라는 인사를 나누고 가게 주인에게는 내일 아침에 보자고 인사를 건넸다.

"내가 말한 훈련이 뭔지 알겠느냐?" 부자 아빠가 말했다.

나는 아무 대꾸도 하지 않았다. 나는 부자 아빠가 가르치려는 교훈이 뭔지 알 것 같았다. 그리고 나는 그것이 마음에 들지 않았다.

"이제 내가 '돈은 사람을 가르치는 도구다'라고 한 말의 뜻을 알 수 있겠지?" 부자 아빠가 말했다. 그분과 나는 문이 닫힌 가게들을 지나 걷기 시작했다. 조용하고 텅 빈 거리는 왠지 싸늘하고 휑하게 느껴졌다. 부자 아빠는 이따금 발을 멈추고 쇼윈도 안을 흥미롭다는 듯 들여다보았다.

나는 여전히 아무 말도 하지 않았다.

다시 차를 타고 돌아오는 길에 부자 아빠가 또다시 물었다. "내 말을 이해하겠니?"

"네." 나는 대답했다. "그럼 아저씨는 매일 아침에 일어나서 직장에 가는 게 나쁜 일이라고 말씀하시는 거예요?"

"아니지. 난 뭐가 좋다거나 나쁘다고 말한 적 없다. 난 그저 돈이 얼마나 엄청난 힘을 갖고 있는지, 그리고 왜 그것이 사람들을 가르치는 도구인지 네가 알았으면 하는 것뿐이다."

"사람을 가르치는 도구라는 게 무슨 뜻인지 설명해 주세요." 내가 말했다.

부자 아빠는 잠시 생각에 잠기더니 마침내 설명하기 시작했다. "돈이 발명되기 전에 인간은 수렵과 채집을 하면서 땅과 바다에서 살아왔다. 그때는 하느님 혹은 대자연이 우리의 생존에 필요한 모든 것을 제공해 주었지. 하지만 인간이 문명화되고 상품과 서비스를 맞교환하는 것이 귀찮아지자 돈은 점점 더 중요해지기 시작했다. 이제는 돈을 통제하는 사람들이 상품과 서비스를 교환하는 사람들보다 더 많은 힘을 갖고 있어. 다시 말해 돈이 사냥감을 대신하게 된 거다."

"돈이 사냥감을 대신하게 됐다는 게 무슨 뜻이에요?" 내가 물었다.

"불과 몇백 년 전만 해도 사람들은 돈이 없어도 살 수가 있었다. 자연이 모든 걸 공급해 줬거든. 채소를 재배해 먹을 수도 있었고 고기가 필요하면 숲을 누비면서 사냥을 할 수도 있었지. 하지만 지금은 돈이 있어야 살 수가 있다. 이제는 도시의 좁은 아파트나 교외 뒷마당에서 채

소만 길러서는 살 수가 없어. 토마토로는 전기세를 낼 수가 없고, 사냥해서 잡은 사슴고기로 세금을 낼 수도 없으니 말이다."

"그러니까 돈이 있어야 사는 데 필수적인 상품과 서비스를 구매할 수 있기 때문에 돈이 사냥감을 대신했다고 말씀하신 거군요. 돈과 삶이 불가분의 관계에 있으니까요."

부자 아빠가 고개를 끄덕였다. "요즘 세상에서는 돈 없이 살 수가 없지. 돈과 개인의 생존은 떼려야 뗄 수 없는 관계고."

"그래서 돈이 사람을 가르치는 도구라는 거군요. 왜냐하면 돈이 사람의 생존과 연결되어 있으니까요." 나는 나직한 목소리로 말했다. "그래서 돈이 있으면 사람들이 하고 싶어 하지 않는 일도 억지로 시킬 수 있는 거군요. 이를테면 매일 아침 일어나서 일을 하러 간다든가요."

"아니면 열심히 일해서 좋은 일자리를 얻는다든가." 부자 아빠가 씨익 웃으면서 말했다.

"하지만 좋은 훈련과 교육을 받은 근로자들은 우리 사회를 유지하는 데 필수적인 존재가 아닌가요?" 내가 물었다.

"아주 중요한 존재지." 부자 아빠가 말했다. "학교는 의사와 엔지니어, 경찰, 소방수, 비서, 미용사, 조종사, 군인, 그리고 그 밖에 우리 사회를 문명사회로 유지하는 데 필요한 많은 직업 일꾼들을 배출한다. 난 학교가 중요하지 않다고 말하는 게 아니야. 네가 별로 탐탁지 않더라도 대학에 가기를 바라는 것도 그런 이유고. 난 그저 네가 돈이 얼마나 강력한 훈련 도구가 될 수 있는지 알았으면 하는 것뿐이다."

"이젠 이해할 것 같아요." 내가 대답했다.

"너는 언젠가 큰 부자가 될 거다." 부자 아빠가 말했다. "그래서 나는 네게 돈이 생기면 얼마나 큰 힘과 책임감이 생기는지 지금부터 알기를 바란다. 난 네가 재산을 사용해 사람들을 돈의 노예로 만드는 것이 아니라 사람들이 돈의 주인이 되도록 가르쳤으면 좋겠구나."

"아버지가 절 가르친 것처럼 말이죠." 내가 말했다.

부자 아빠는 고개를 끄덕였다. "우리 사회가 문명화될수록 삶은 더욱 더 돈에 의존하게 될 것이고, 돈의 힘은 우리의 영혼을 지배하게 될 거다. 강아지를 간식으로 훈련시키는 것처럼 돈을 이용해 사람이 평생 동안 힘들게 일하면서 다른 사람 말에 복종하게 만들 수도 있겠지. 너무도 많은 사람들이 단순히 살아남기 위해, 돈을 위해 일한다. 상품과 서비스를 제공해서 우리 사회를 개선하려는 데 초점을 맞추는 게 아니라 말이다. 그것이 바로 돈이 가르치는 도구로서 지닌 힘이란다. 그 힘에는 나쁜 면도 있고 좋은 면도 있지."

돈으로 아이들에게 무엇을 가르치는가?

나는 많은 아이들이 부모로부터 돈을 받는 것이 마땅하고 당연하다고 생각한다는 것을 알고 놀랐다. 물론 모든 아이들이 그런 것은 아니겠지만 나는 그런 태도를 가진 아이들을 그렇지 않은 아이보다 훨씬 많이 보았다. 또 많은 부모들이 죄의식을 덜기 위한 수단으로 돈을 사용한다. 많은 사람들이 맞벌이를 하느라 바쁘기 때문에 일부 부모들은 돈을 사랑과 관심의 대용품으로 사용하는 경향이 있다. 아이들을 돌봐 줄 사람을 고용할 돈이 있는 부모들은 대개 그런 유모들을 고용한다. 아이를 혼자 키우는 어머니들은 아이들을 직장에 데려가고 특히 여름방학 때에는 더더욱 그렇다. 하지만 여전히 너무도 많은 아이들이 혼자서 집을 지킨다. 이른바 열쇠 아동들이다. 아이들은 학교에서 돌아와 몇 시간 동안이나 누구의 보살핌도 없이 혼자서 지내는데, 엄마와 아빠가 모두 일터에서 돈을 버느라 바쁘기 때문이다. 부자 아빠는 이렇게 말했다. "돈은 가르치는 도구이다."

교환의 중요성

부모들이 아이들에게 '교환'의 개념을 가르친다면 돈에 대해 중요한 교훈을 가르칠 수 있다. 교환이라는 단어는 부자 아빠에게 대단히 중요한 의미가 있다. 그는 이렇게 말했다. "네가 소중히 여기는 무언가를 다른 것과 교환할 의사가 있는 한 네가 원하는 것은 뭐든 가질 수 있다." 다시 말해 많은 것을 줄수록 많은 것을 얻을 수 있다는 의미다.

나는 사람들에게서 멘토가 되어 달라는 요청을 많이 받는다. 오래전 한 젊은이가 전화를 걸어 점심을 대접하겠다고 말했다. 나는 거절했지만 그는 끈질기게 고집을 부렸고, 그래서 결국 하는 수 없이 응할 수밖에 없었다. 점심을 먹으면서 그 젊은이는 이렇게 말했다. "제 스승이 되어 주십시오." 나는 이번에도 거절했지만 젊은이는 점심을 먹자고 했을 때보다 더욱 끈질기게 매달렸다.

마침내 내가 그에게 물었다. "내가 그러겠다고 하면, 당신은 내가 무엇을 해 주길 바랍니까?"

그는 이렇게 대답했다. "글쎄요, 선생님이 모임에 가실 때마다 저를 데려가고, 일주일에 적어도 네 시간은 저와 함께 시간을 보내고, 또 부동산 투자에 대해서도 알려 주시면 좋겠는데요. 전 그저 선생님이 아시는 걸 저한테 가르쳐 주셨으면 합니다."

나는 그 말을 곰곰이 생각해 본 다음 말했다. "그럼 나한테는 무엇을 줄 생각이지요?"

그 질문에 젊은이는 움찔하더니 자세를 고쳐 앉았다. 그러곤 매력적인 미소를 띠우며 이렇게 말했다. "글쎄요, 아무것도 없습니다. 전 가진 게 없어요. 그래서 선생님께서 제게 가르침을 주셨으면 하는 겁니다. 부자 아버지가 선생님을 가르치신 것처럼 말입니다. 선생님도 그분한테 뭘 드리지는 않았잖습니까?"

나는 의자에 등을 기대고 앉으며 젊은이를 물끄러미 쳐다보았다. "그러니까 나더러 시간을 내서 공짜로 당신을 가르치라는 거군요. 그게 당신이 원하는 겁니까?"

"네, 그렇습니다." 젊은이가 말했다. "제가 어떻게 하길 바라세요? 저한테 없는 돈을 내길 바라시는 겁니까? 제가 돈이 있었다면 이렇게 부탁을 드리지도 않았을 겁니다. 제가 부탁드리는 건 뭔가를 가르쳐 달라는 것뿐입니다. 제가 부자가 되는 법을 가르쳐 주세요."

내 얼굴에 미소가 피어올랐다. 탁자에서 부자 아빠와 마주보고 앉아 있던 기억이 떠올랐다. 하지만 이번에는 내가 부자 아빠의 자리에 있었고 그가 날 가르친 것처럼 다른 사람을 가르칠 기회가 앞에 놓여 있었다. 나는 자리에서 일어나며 말했다. "점심 잘 먹었습니다. 내 대답은 '아니오'입니다. 난 당신의 스승이 될 생각이 없습니다. 대신에 아주 중요한 교훈을 하나 가르쳐 드리지요. 이 교훈을 배운다면 당신은 당신이 바라는 대로 부자가 될 것입니다. 이 교훈을 깨닫는다면 당신이 원하는 답을 찾을 수 있겠지요." 웨이터가 계산서를 가지고 왔다. 나는 젊은이를 가리키면서 말했다. "이분이 계산할 겁니다."

"그 답이 뭔가요?" 젊은이가 물었다. "말해 주세요, 네? 제발 그 답을 알려 주세요."

교환에 대한 교훈

나는 종종 누군가의 멘토가 되어 달라는 요청을 받는다. 그럴 때마다 내가 발견하는 사실은 그런 요청을 하는 사람들이 사업에서 가장 중요한 단어를 거론하는 경우가 거의 없다는 점이다. 그 단어란 바로 '교환'이다. 다시 말해서 당신은 무언가를 부탁할 때 그 대가로 무언가를 줄 의사가 있는가?

『부자 아빠 가난한 아빠』를 읽었다면 부자 아빠가 시급 10센트를 주지 않고 나를 공짜로 일하게 한 일화를 기억할 것이다. 이야기했듯이 아홉 살의 어린 나이에 공짜로 일하는 것은 아주 강력한 교훈이었고, 그 뒤로도 내 삶에 무한한 영향을 끼쳤다. 부자 아빠가 내게 시급을 주지 않은 것은 잔인하게 굴기 위해서가 아니었다. 내게 부자가 되는 가장 중요한 교훈을 가르쳐 주시기 위해서였다. 그것은 바로 교환에 관한 교훈이었다. "돈은 사람을 가르치는 도구이다." 그 말은 돈이 부족한 것 또한 강력한 가르침의 도구가 될 수 있다는 의미이기도 하다.

공짜로 일하는 교훈을 배우고 몇 년이 지난 후에 나는 부자 아빠에게 만일 내가 공짜로 일하지 않았더라도 계속 나를 가르쳤을 것인지 물었다. 부자 아빠는 이렇게 말했다. "아니, 절대로 그러지 않았을 거다. 네가 부자가 되는 법을 가르쳐 달라고 했을 때, 나는 네가 가르침을 받는 대가로 무엇을 줄 마음이 있는지 알고 싶었다. 만약 네가 그 교환의 대가로 아무것도 주지 않을 생각이었다면, 그것을 깨닫는 것이 네가 배워야 할 첫 번째 교훈이 되었겠지. 내가 너를 거절한 뒤에 말이다. 공짜로 뭔가를 기대하는 사람들은 대개 삶에서 아무것도 얻지 못한단다."

『부자 아빠의 투자 가이드』에서 나는 프랭크라는 사람에게 내 스승이 되어 달라고 부탁한 이야기를 한 적이 있다. 그가 마침내 내 부탁에 승낙했을 때, 그가 가장 먼저 요구한 것은 내 돈으로 남미로 날아가 그를 위해 금광을 알아보라는 것이었다. 그것은 교환의 완벽한 예시이다. 만약 내가 남미에 가지 않겠다고 했거나 비용을 내 달라고 했다면 프랭크는 결코 내 스승이 되는 데 동의하지 않았을 것이다. 나는 그로부터 배우고 싶다는 강력한 의지를 행동으로 입증한 셈이다.

교훈 뒤에 있는 또 다른 교훈

교환의 교훈 뒤에는 또 다른 교훈이 있다. 대부분의 사람들은 그것을 얻지 못하지만, 부자가 되고 싶어 하는 사람에게는 엄청나게 중요한 교훈이다. 아이가 아직 어릴 때 이 교훈을 가르쳐라. 많은 부자들이 이 교훈을 이해한다. 특히 자수성가한 부자들이라면 더욱 그렇다. 그러나 열심히 일하는 많은 사람들이 이것을 이해하지 못한다.

부자 아빠는 내게 이렇게 말했다. "대부분의 사람들이 부자가 되지 못하는 이유는 그들이 일자리를 구하기 때문이다. 네가 원하는 게 일자리라면 부자가 되는 것은 거의 불가능하다." 부자 아빠는 대부분의 사람들이 자신을 찾아와 이렇게 말한다고 했다. "내가 당신을 위해 일한다면 얼마나 주시겠습니까?" 부자 아빠는 이어 이렇게 말했다. "그렇게 생각하고 그런 말을 하는 사람들은 절대로 부자가 될 수 없을 거다. 자기가 하는 일에 돈을 줄 사람을 찾아다니는 사람은 부자가 될 수 없어."

『부자 아빠 가난한 아빠』에 나왔던 다른 일화는 만화책에 관한 것이었다. 그 이야기 속에는 교환의 교훈 뒤에 있는 부자 아빠의 진짜 교훈이 숨어 있다. 공짜로 일하고 나자 나는 사물을 다른 눈으로 보게 되었다. 나는 일자리가 아니라 사업이나 투자 기회들을 찾기 시작했다. 내 두뇌는 대부분의 사람들이 보지 못하는 것을 볼 수 있는 훈련을 받고 있었다. 나는 공짜로 일했던 부자 아빠의 가게에서 버려지는 만화책을 얻어오면서 그의 위대한 비밀 하나를 배우게 되었다. 그 비밀은 바로 '돈을 위해 일하지 않는 것', 일을 함으로써 보수를 받는 것을 기대하지 않는 것이었다. 나중에 부자 아빠는 이렇게 말했다. "대부분의 사람들이 부자가 되지 못하는 것은 그들이 하는 일에 대해 보수를 받아야 한다는 관점에서 생각하도록 훈련받았기 때문이다. 부자가 되고 싶다면 자기가 얼마나 많은 사람들에게 봉사할 수 있는지 생각해야 한다." 나는 시간당 10센트로 일하는 것을 그만두면서 부자 아빠를 위해 한 노동에 대해 돈을 받는 관점에서 생각하는 것을 그만두었고, 가능한 한 많은 사람들에게 봉사하는 방법을 찾기 시작했다. 그러고 나서 나는 부자 아빠처럼 생각하기 시작했다.

더 많은 사람에게 봉사할수록 더 부자가 된다

오늘날 대부분의 젊은 사람들은 학교에 가서 전문 지식을 배우고 일자리를 찾는다. 하루의 시간은 한정되어 있다. 가령 우리가 시간 단위로 우리의 노동력을 판다면 하루에 일할 수 있는 시간은 정해져 있다. 그리고 일할 수 있는 시간이 정해져 있기에 우리가 벌 수 있는 돈에도 한계가 있다. 예를 들어 어떤 사람이 시간당 50달러를 받고 하루 여덟 시간을 일한다면 그 사람이 벌 수 있는 최대 소득은 하루에 400달러이며, 일주일에 닷새 일하면 2,000달러, 한 달이면 8,000달러이다. 이 금액을 높일 수 있는 유일한 길은 더 많은 시간을 일하는 것뿐이다. 그리고 바로 이 때문에 예순다섯 살 이상 미국인들 백 명 가운데 오직 한 명만이 부자가 될 수 있는 것이다. 대부분의 사람들은 자신이 한 일에 대해 보수를 받는 식으로 생각하도록 훈련받는다. 그들은 얼마나 많은 사람들에게 봉사할 수 있는지의 측면에서는 생각하지 않는다. 부자 아버지는 종종 이렇게 말씀하셨다. "더 많은 사람에게 봉사할수록 더 부자가 된다."

대부분의 사람들은 한 사람의 고용주 혹은 그들의 고객에게만 봉사하도록 훈련받는다. 부자 아버지는 말씀하셨다. "내가 사업가가 된 것은 최대한 많은 사람들에게 봉사하고 싶었기 때문이다."

그분은 때때로 현금흐름 사분면을 그려 그 점을 강조하시곤 했다.

부자 아빠는 현금흐름 사분면의 왼편을 가리키면서 이렇게 말했다. "왼쪽 면은 신체적 노동을 통해 성공하는 곳이다." 그런 다음 그분은 사분면의 오른편을 가리키면서 말했다. "그리고 오른쪽은 경제적 노동을 통해 성공하는 곳이지." 이어서 "신체적 노동과 경제적 노동 사이에는 큰 차이가 있다."라고 말했다. 다시 말해 당신이 신체적으로 일하는 것과 당신의 돈이나 시스템이 '경제적'으로 작동하는 것 사이에는 커다란 차이가 있다는 의미다. 부자 아빠는 또한 이렇게 말했다. "나는 신체적으로 덜 일할수록 더 많은 사람에게 봉사할 수 있다. 그 대가로 나는 더 많은 돈을 벌 수 있지."

내가 『부자 아빠 가난한 아빠』 책을 쓴 첫 번째 목적은 최대한 많은 사람들에게 봉사하는 것이었다. 그렇게 한다면 나는 더 많은 돈을 벌 수 있을 것이다. 그 책을 쓰기 전에 나는 개인적으로, 혹은 신체적으로 사람들에게 똑같은 내용을 가르치고 있었고 수천 달러의 수강료를 받았다. 돈은 벌고 있었지만 오직 소수의 사람들에게만 봉사하고 있었으며 그 과정에서 무척 피곤하고 소진된 상태였다. 나는 더 많은 사람들에게 봉사해야 한다는 사실을 깨달았을 때 강의가 아니라 책을 써야 한다는 것을 알았다.

이제 내 책을 통해 교훈을 배우는 데에는 고작 20달러밖에 들지 않는다. 나는 수백만 명의 사람들을 위해 봉사하고 전보다 덜 일하면서 더 많은 돈을 번다. 그러므로 어린 시절 시급 10센트를 받지 않고 일하면서 배운 교훈은 커다란 효과가 있는 셈이다. 왜냐하면 부자가 되는 교훈 뒤에 있는 부자 아빠의 숨은 교훈은 가능한 많은 사람들에게 봉사하는 것이었기 때문이다. 그는 이렇게 말했다. "대부분의 사람들은 학교를 졸업하고 나면 고소득 일자리를 찾는다. 그들은 가능한 한 많은 사람들에게 봉사하는 길을 찾지 않지."

최대한 많은 사람들에게 봉사한다는 교훈은 내 세 번째 저작인 『부자 아빠의 투자 가이드』에서도 찾아볼 수 있다. 그러한 가르침은 B-I 삼각형을 통해 이루어졌는데, B-I 삼각형은 사람들이 아이디어를 취해 수백만 달러 가치가 있는 사업으로 바꾸어 최대한 많은 사람들을 위해 봉사하도록 이끌어 주는 길잡이이다. 많은 사람들이 세상을 더욱 낫게 만들 수 있는 훌륭한 생각들을 가지고 있다. 문제는 대부분의 사람들이 그런 아이디어를 사업으로 바꾸는데 필요한 기술들을 모르는 채 학교를 졸업한다는 것이다. 부자 아빠는 마이크와 내게 일자리를 찾는 것이 아니라 사업체를 구축하여 최대한 많은 사람들에게 봉사하라고 가르쳤다. 그분은 말씀하셨다. "수백만 사람들에게 봉사할 수 있는 사업을 구축한다면 네 노력에 대한 대가로 백만장자가 될 수 있을 거다. 수십억

명을 위해 봉사한다면 억만장자가 되겠지. 그건 단순히 교환의 문제란다." 그것은 한 명의 고용주나 제한된 숫자의 고객들이 아니라 수백만, 나아가 수십억 사람들을 위해 봉사하는 사업체를 구축하는 것이다. 부자 아버지는 말씀하셨다. "너는 돈을 보고 결혼해서 부자가 될 수도 있고, 싸구려로 굴면서 부자가 될 수도 있고, 욕심쟁이가 되거나 구두쇠가 되어 부자가 될 수도 있다. 그렇지만 부자가 되는 가장 좋은 방법은 다른 사람에게 베푸는 것이다. 내가 아는 가장 부유한 사람들은 대단히 관대하고 많이 베푸는 사람들이다. 그들은 얼마나 많은 돈을 벌지 생각하는 것이 아니라 얼마나 많은 사람들에게 봉사할까 생각하지."

아이에게 얼마나 많은 돈을 주어야 하나?

나는 자주 다음과 같은 질문들을 듣는다.

- "아이에게 용돈을 얼마나 주어야 할까요?"
- "아이들에게 일을 한 대가로 돈을 주는 것을 그만둬야 할까요?"
- "나는 아이들이 좋은 성적을 받아 오면 돈을 주는데, 어떻게 생각하시나요?"
- "내 아이에게 일자리를 얻지 말라고 이야기해야 할까요?"

이런 질문들을 들으면 나는 대개 이렇게 대답한다. "당신 아이에게 어떤 보상을 줄지는 전적으로 당신에게 달려 있습니다. 모든 아이들은 저마다 다르고 가정 상황도 저마다 다르니까요."

나는 그저 부자 아빠의 교훈을 알려 주고 돈이 아주 강력한 가르침의 도구라는 사실을 기억하라고 할 뿐이다. 만약 당신 아이가 돈을 공짜로 받기를 기대한다면, 그들의 삶 역시 그렇게 될 것이다. 즉 아무것도 없는 삶이 되는 것이다. 돈을 받기 위해 공부한다면 더 이상 돈을 주지 않을 때 아이는 어떻게 될까? 중요한 점은 가르치는 도구로 돈을 사용할 때에는 대단히 신중해야 한다는 것이다. 돈은 매우 강력한 도구지만, 그 외에도 아이들이 배워야 할 훨씬 중요한 교훈들이 많다. 그 교훈들 뒤에 숨어 있는 교훈들이 가장 중요한 것이다. 그리고 그런 교훈들 중 하나가 바로 봉사에 관한 교훈이다.

봉사는 집에서 시작된다

우리 부모님은 많이 베푸는 분들이었다. 하지만 그분들이 베푸는 방식은 부자 아버지와는 달랐다. 하와이 섬의 교육감이었던 아버지는 퇴근해서 집에 오시면 아이들과 저녁을 먹고 일주일에 두세 차례 학부모 모임에 가셨다. 나는 어렸을 때 저녁 식사가 끝난 후 부엌 창문으로 손을 흔들며 아버지가 다시 차를 타고 가능한 한 많은 가정에 봉사하러 가는 모습을 지켜보곤 했다. 그분은 백 킬로미터도 넘게 차를 몰고 모임에 가셨다가 아침이 되어서야 다시 자녀를 보러 돌아오시곤 했다.

어머니는 우리에게 교회의 자선 바자회나 빵 바자회에서 일하게 하셨다. 어머니는 시간을 내어 자원봉사를 해야 한다고 굳게 믿었고, 자녀들에게도 똑같이 할 것을 권유했다. 또한 간호사였던 어머니는 적십자회에서도 정기적으로 봉사활동을 했다. 해일이나 화산폭발과 같은 재난이 일어나면 아버지와 어머니는 며칠 동안이나 그런 지역에 가서 어려운 사람들에게 봉사했다. 케네디 대통령의 평화봉사단에 참여할 기회가 생겼을 때에는 봉급이 크게 줄어도 곧장 그 일에 달려들었다.

부자 아버지 부부도 우리 부모님과 비슷한 생각을 하셨다. 그분의 아내는 여성 단체에서 활동적으로 일하며 여러 단체의 자금을 모았다. 부자 아버지는 교회와 여러 자선 단체에 정기적으로 돈을 기부했고 두 개의 비영리단체에서 이사회 구성원으로 활동했다.

내가 그 네 분께 배운 교훈은 사회주의자든 자본주의자든 봉사는 가정에서 시작된다는 것이다. 자녀가 부자가 되길 원한다면 가능한 한 많은 사람들에게 봉사하는 법을 가르쳐라. 부자 아버지는 이렇게 말씀하셨다. "더 많은 사람들에게 봉사할수록 더 부자가 된다."

| 3부 |

자녀의 천재성을 끌어내라

내 똑똑한 아버지는 'genius(천재)'라는 단어를 이렇게 표현했다.

GEN-IN-US

"천재란 자기 안에 있는 지니genie를 발견하는 사람이다. 알라딘이 램프 속에서 소원을 들어주는 지니를 발견한 것처럼 우리 안에도 각자의 요정이 존재하고 있지. 거기서 '천재'라는 단어가 탄생한 거야. 천재란 자기 안에 살고 있는 마법의 요정을 발견할 수 있는 사람이란다. 자기에게 주어진 재능, 즉 선물이 무엇인지 발견하는 사람이지."
이 책의 3부는 우리 아이들의 천재성에 관한 내용이다.

Chapter 15

자녀의 천부적 재능, 어떻게 발견할까?

대부분의 사람들은 이런 질문을 받은 적이 있을 것이다. "네 별자리는 뭐니?" 그리고 당신이 천칭자리라면 이렇게 대답했을 것이다. "난 천칭자리야. 너는 무슨 자리야?" 사람들은 대개 자기가 무슨 별자리인지 안다. 그리고 별자리를 물, 공기, 불, 흙과 같은 네 가지 범주로 분류할 수 있다는 것도 안다. 대부분의 사람들은 별자리가 열두 개라는 것도 안다. 바로 처녀자리, 전갈자리, 게자리, 염소자리, 물병자리, 양자리, 쌍둥이자리, 황소자리, 사자자리, 사수자리, 물고기자리, 그리고 천칭자리다. 하지만 우리는 점성술을 따로 공부하지 않는 한 대부분은 열두 개 별자리의 특성들을 잘 알지 못한다. 보통은 나 자신이 속한 별자리와 그 외에 몇몇 별자리의 특성을 대충 알고 있을 뿐이다. 가령 나는 양자리인데, 대체적으로 양자리의 특성들은 나와 꽤 잘 맞아 떨어진다. 내 아내는 물병자리인데 그녀 역시 일반적으로 물병자리의 특성을 지니고 있다. 그런 차이점을 알면 대인관계를 유지하는 데 도움이 된다. 왜냐하면 서로를 더 잘 이해할 수 있기 때문이다.

하지만 이처럼 사람이 서로 다양한 성격적 특성을 가지고 있듯이, 각자가 학습적인 면에서 다른 특성을 지니고 있다는 것을 아는 사람은 별로 없다. 기존의 교육 체제가 많은 이들에게 그토록 고통스러운 이유 중 하나는 우리의 제도가 다양한 학습 특성 가운데 몇 가지의 학습 특성에만 초점을 맞추고 있기 때문이다. 그것은 마치 불의 별자리에게만 맞는 학교 제도를 만든 다음 나머지 물과 공기와 흙의 별자리 학생들이 왜 학교를 좋아하지 않는지 의아해하는 것과 비슷하다. 이 장은 다양한 학습 방식을 조명하고 당신 아이의 학습 방식, 나아가 만약 당신이 원한다면 당신만의 독특한 학습 방식까지도 발견하도록 도울 수 있다.

또한 이 장에서는 왜 어떤 사람들이 학교에서는 잘하지만 현실에서는 잘하지 못하는지 그리고 왜 다른 사람들은 그 반대인지를 설명한다.

사람들은 저마다 취향이 다르다

대부분의 사람들은 '취향은 제각각'이라는 말을 들어 본 적이 있을 것이다. 나도 그 말에 동의하는 바이다.

내가 다섯 살쯤, 친한 이웃집 식구들과 함께 해변으로 놀러 간 적이 있다. 놀다가 문득 고개를 드니 친구 윌리가 물속에서 허우적거리는 모습이 보였다. 윌리가 발을 헛디뎌 깊은 곳에 빠졌는데 불행히도 그 애는 수영을 못했던 것이다. 나는 그 광경을 보고 비명을 질렀고, 그걸 알아차린 한 고교생이 바다에 뛰어들어 윌리를 구했다.

그 위험한 사고가 있은 뒤에 두 가족은 아이들에게 수영을 가르칠 때가 되었다고 판단했다. 나는 공용 수영장에서 수영을 배우게 되었는데, 그것이 너무나도 싫었다. 얼마 지나지 않아 나는 수영장에서 도망쳐 나와 탈의실에 숨곤 했다. 수영을 제대로 못한다는 이유로 야단을 맞는 것이 두려웠기 때문이다. 그때부터 나는 수영장의 소독약 냄새라면 질색을 하게 되었다.

그 후로 나는 바다에서 수영하는 법을 배웠다. 나는 바다낚시와 가재잡기를 무척 좋아했기 때문이다. 열두 살 때에는 몸으로 하는 서핑을 시작했고 나중에는 보드 서핑도 배웠지만 그래도 여전히 수영만큼은 엉성했다.

반면에 윌리는 물고기처럼 수영을 잘하게 되었고 하와이 전체에서 열린 수영대회에도 선수로 나갔다. 고등학교 때에는 주 전체의 챔피언십에 출전했을 정도였다. 비록 우승은 못했지만, 윌리는 어렸을 때 물에 빠져 죽을 뻔했다가 나중에 수영에 흠뻑 빠지게 된 경우였다. 하지만 나는 윌리의 사고 때문에 억지로 수영을 배우게 되었고 그래서 수영장을 싫어하게 되었고 끝까지 제대로 된 수영법을 익히지도 못했다.

내가 뉴욕에서 학교에 다닐 때, 우리는 수영장에서 수영 시험을 봐야 했다. 나는 바다낚시를 하고 스쿠버다이빙을 했으며 아주 거칠고 높은 겨울 파도에서 서핑도 했지만 수영에서 낙제점수를 받았다. 내가 제대로 된 수영법을 몰랐기 때문이다. 나는 고향에 있는 친구들에게 편지를 보내 수영 과목에서 낙제했기 때문에 따로 수영 강습을 받아야 한다고 설명했다. 그 친구들은 여러 해 동안 나와 함께 하와이의 거친 파도 속에서 수영을 했던 친구들이었다. 좋은 소식은 내가 마침내 수영장에서 적절한 개헤엄과 자유형을 배웠다는 것이다. 그전까지만 해도 나는 가슴과 옆구리 타법으로 가위차기를 하며 수영을 했는데, 수영 강사들은 그 볼썽사나운 수영법을 이해하지 못했다.

이 이야기의 요점은 비록 나는 수영장에서는 제대로 된 동작으로 수영을 하지 못했지만 바다에서는 수영을 무척 잘했고 심지어 파도가 거친 대양에서도 아무런 문제가 없었다는 것이다. 나는 아직도 수영을 잘한다고는 할 수 없지만 바다에서는 편안한 마음으로 헤엄을 칠 수 있다. 어떤 사람들은 수영장에서는 완벽하게 수영을 하지만 바다의 거친 파도와 조류와 소용돌이를 만나면 겁을 먹는다. 다시 말해 저마다 '취향은 제각각'인 것이다.

다양한 학습 방식

중요한 점은 내 수영 능력이 얼마나 부족한지 논하는 것이 아니라 우리 모두가 다른 방식으로 배우고 서로 다른 방식으로 일을 한다는 것이다. 이제 나는 올바른 수영법을 구사할 수 있지만 그래도 내 방식대로 수영을 할 때 훨씬 잘한다. 나는 절대로 내 친구 윌리처럼 수영 대회에 나갈 수 없을 것이고, 우아한 수영 자세로 상을 받지도 못할 것이다. 그렇지만 내게는 내 방식대로 하는 것이 효과적이다. 우리는 어떤 방식으로 해야 옳은지 알면서도 결국에는 자신이 좋아하는 방식대로 일을 하기 마련이다. 배움에 관한 한 아이들도 마찬가지다.

아이의 천재성 발견하기

자녀의 천재성을 발견하려면 먼저 아이가 좋아하는 학습 방식과 배워야 하는 이유를 알아야 한다. 가령 내가 수영을 배운 것은 수영을 배우고 싶어서가 아니었다. 내가 수영을 배운 것은 서핑을 하고 싶었기 때문이다. 서핑이 아니었다면 나는 수영을 배우는 데 전혀 흥미가 없었을 것이다. 내게 억지로 수영을 배우게 한 것은 오히려 내가 수영을 싫어하게 하는 역효과를 가져왔다. 나는 다른 아이들처럼 얕은 물에서 시작하는 게 아니라 깊고 거친 파도 속에서 살아남는 법을 배울 때 더 행복했다. 재무제표를 배울 때도 마찬가지였다. 내가 회계를 배운 것은 회계사가 되고 싶었기 때문이 아니다. 내가 기본적인 회계를 배운 것은 부자가 되고 싶었기 때문이다. 만일 당신이 내 수영 동작이 형편없다고 생각한다면, 내 회계 실력을 한번 봐야 한다.

내 똑똑한 아버지는 내가 학문적으로 뛰어난 아이가 아니라는 것을 알았고 그래서 나에게 맞는 학습 방식을 찾도록 나를 독려했다. 그분은 내게 전통적인 학습 방식을 따르도록 강요하지 않고 '깊은 곳에 뛰어들어 살아남기 위해 헤엄치도록' 북돋았다. 그것은 잔인한 일이 아니었다. 아버지는 그것이 내게 맞는 학습 방법이라는 것을 알았고 내가 가장 잘 배우는 방식으로 배우길 원했던 것이다. 내 수영 동작이 깔끔하지 못한 것처럼, 내가 배우는 방식도 그리 깔끔하지는 못했다.

보통 사람들은 보다 전통적인 방식으로 배운다. 많은 사람들이 학교에 가서 교실에 앉아 있는 것을 좋아하며 심지어 정해진 강의 내용을 즐겁게 공부하기도 한다. 그들은 그 과정이 끝난 뒤에 받는 보상을 좋아한다. 그들은 노력의 대가로 시험에 붙거나 학위를 따는 것을 좋아한다. 앞에서 말했듯이 사람들은 모든 과정이 끝난 뒤 받게 되는 확실한 보장을 좋아한다. 내 친구 윌리가 수영을 좋아하고 그것을 잘했던 것처럼 많은 사람들이 학교에서 잘하는 것은 그들이 학교를 좋아하기 때문이다.

사람들이 삶에서 성공하는 비결은 자신이 가장 잘 배우는 방법을 찾아내 그런 방식으로 배움을 지속할 수 있는 환경에서 사는 것이다. 문제는 우리의 학습 방식과 천부적인 재능을 찾아내려면 시행착오를 거쳐야 한다는 것이다. 많은 사람들이 자신의 천재성을 평생 찾아내지 못한다. 그들은 학교를 졸업하고 일자리를 찾은 후에는 개인적인 배움을 계속하지 못하는 경우가 많다. 자신에게 알맞은 학습 방식과 독특한 재능을 찾아내는 방법은 최근에 와서야 규정되었다.

콜비 지수

나는 한 친구와 이야기하던 도중 사무실을 아주 싫어한다고 말하게 되었다. 나는 그녀에게 내가 사무실 건물을 몇 채 가지고 있지만 나 자신은 한 번도 정식 사무실을 가져 본 적이 없다고 했다. "난 방 안에 갇혀 있는 게 정말 싫거든."

그러자 친구가 미소를 지으며 말했다. "콜비 지수Kolbe Index라고 들어본 적 있니?"

"아니. 그게 뭔데?" 내가 대답했다.

"그건 사람들의 자연적인 학습 스타일, 또는 MOmodus operation(활동 방식)를 측정하는 지수야. 사람들의 본능이나 선천적인 재능을 측정하는 거지."

"그런 건 들어 본 적 없는데. 하지만 그런 비슷한 지수 평가에 대해선 많이 들어 봤지." 내가 말했다. "뭐 다들 유용하긴 했지만. 콜비 지수라는 것도 그런 평가 도구 같은 거 아니야? 그냥 내 별자리에 대해서 조금 더 아는 정도겠지."

"비슷하긴 한데…… 콜비 지수는 다른 평가 도구와는 다른 독특한 점이 있어." 내 친구가 말했다.

"이를테면?" 내가 물었다.

"그러니까, 아까도 말했지만 콜비 지수는 네 재능과 타고난 학습 방식을 알려 줘. 또 사람들이 뭘 할 수 있는지 없는지를 알려 주는 게 아니라 그 사람들이 무엇을 할 것인지 또는 안 할 것인지를 알려 주지. 콜비 지수는 사람의 지능이나 성격이 아니라 타고난 본능을 측정해. 사람들이 어떤 특성을 가지고 있는지, 다른 검사들은 알려 주지 못하는 것들을 알려 주는 거야. 왜냐하면 콜비 지수는 네가 생각하는 네가 아니라 진짜 너 자신에 대해 알려 주거든." 내 친구가 대답했다.

"본능이라고?" 내가 말했다. "그게 어떻게 도움이 되는데?" 나는 또 다른 검사를 하고 싶지 않아 어떻게든 빠져나가려고 했다.

"먼저 한번 해 본 다음에 이야기하는 게 어때? 사실 그 지수를 만든 캐시 콜비가 바로 여기 피닉스에 살고 있거든. 먼저 검사를 해 본 다음에 네가 원한다면 그 사람을 만나게 해 줄게. 내 말이 사실인지 아닌지 직접 알아보렴."

"검사는 어떻게 하는 거지?" 내가 물었다.

"그냥 인터넷에 접속해서 하면 돼. 질문에 답하는 데 몇 분도 안 걸릴 거야."

"결과는 언제 나오는데?"

"거의 즉시." 내 친구가 말했다. "검사를 하고 나면 곧장 평가가 나와. 그리고 내가 캐시 콜비랑 만날 수 있도록 주선해 볼게. 그 애는 사람들을 만나는 걸 좋아하지 않지만 나랑은 친구 사이니까, 내 부탁을 들어줄 거야."

나는 하겠다고 했고, 몇 분 뒤에 콜비 지수 검사를 해 보았다. 결과는 흥미로웠다. 하지만 며칠 뒤에 어차피 그것을 만든 사람과 점심 약속이 되어 있었기 때문에 나는 기다렸다가 그녀의 말을 직접 들어 보기로 했다.

사흘 뒤에 나는 캐시를 만나 점심 식사를 함께 했다. 내 결과를 본 그녀가 말했다. "당신은 신체적으로 위험을 감수할 때 활력을 느끼는군요. 그렇죠?"

나는 웃음을 터트렸다. 캐시는 목소리가 다정하고 상냥했으며 이해심과 배려심이 충만했다. 만난 지 겨우 몇 분밖에 안 됐지만 나는 그녀가 나를 속속들이 알고 있다는 느낌을 받았다. "그걸 어떻게 알았습니까?" 내가 물었다.

"당신의 강점은 본능에 있어요. 그리고 그건 당신의 MO를 말해 주지요. 당신의 경우에 당신의 행동을 자극하는 것은 '빠른 시작'과 '실행'이군요." 그녀는 미소 띤 얼굴로 말했다.

콜비 A™ 지수 결과

Get Conative

검사자: 로버트 기요사키

연속체　　콜비 행동 양식®　　검사자의 콜비 강점™

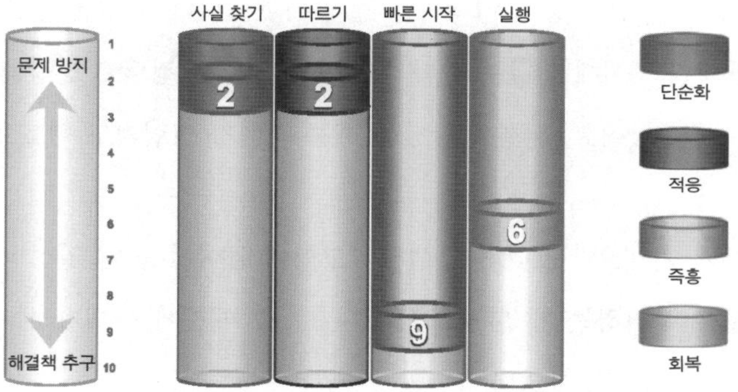

콜비 행동 양식은 본능에 따른 행동 방식이며, 성격 또는 IQ와는 무관하다.

- '사실 찾기'는 정보를 모으고 공유하는 방식이다. 당신의 '사실 찾기' 방식은 '단순화'이다.
- '따르기'는 계획하고 정돈하는 방식이다. 당신의 '따르기' 방식은 '적응'이다.
- '빠른 시작'은 위험과 불확실성을 다루는 방식이다. 당신의 '빠른 시작' 방식은 '즉흥'이다.
- '실행'은 공간 및 실질적인 것들을 다루는 방식이다. 당신의 '실행' 방식은 '회복'이다.

콜비 연속체의 기둥들은
모두 긍정적인 특성을 의미한다.

"이 그래프에 따르면 당신은 본능적으로 신체적 위험을 추구하네요. 당신은 본능적으로 그런 위험에 끌리는 경향이 있지요?" 그녀가 물었다. 나는 고개를 끄덕였다.

"전에 심각한 위험에 처한 경험이 있나요?" 캐시가 물었다.

"몇 번 있지요. 특히 베트남 전쟁에 참전했을 때 그랬습니다."

"당신은 그런 상황에서 더욱 훌륭하게 대처하지 않았나요?" 그녀가 물었다. "위험에 처했을 때 본능이 최대한 발휘되면서 에너지가 충만해졌을 거예요."

"글쎄요, 난 전투 중에 비행하는 걸 좋아했습니다. 가끔은 슬픈 일이기도 했지만 동시에 신나는 일이기도 했거든요. 난 정말로 전장을 날아다니는 게 좋았어요. 전쟁이 끝났을 때는 그때가 그립기도 했고요." 내가 말했다.

"이해가 가네요." 그녀가 말했다. "고향에 돌아왔을 때 일상적인 군대 생활로 복귀하는 게 힘들지 않았나요? 그 때문에 문제가 생기지는 않았고요?" 그녀가 물었다.

"그랬습니다." 내가 말했다. "그걸 어떻게 알았습니까?"

"왜냐하면 당신의 '따르기' 능력은 한 번에 여러 개의 공을 유지하는 것이거든요." 그녀가 부드럽게 말했다. "이것은 당신이 절차를 잘 따르지 못한다는 것을 의미합니다. 반면에 '빠른 시작'과 '실행' 능력은 당신이 신체적 위험을 마다하지 않고 급박한 상황에 더욱 뛰어나다는 것을 보여 주지요. 그래서 베트남 전쟁에서도 훌륭한 능력을 발휘했을 거예요. 하지만 당신에게 평화 시의 군대 생활은 너무 제도적이고 제한적이었죠. 당신은 자극과 흥분이 필요한 사람입니다. 그런 자극이 충분하지 않을 때면 스스로 만들어 내야 합니다. 그래서 당신은 종종 문제를 일으키며 때로는 당신을 통제하려는, 즉 규칙에 따르게 하려는 권위자들에게 대항하게 됩니다."

"당신은 혹시 손금도 보나요?" 내가 물었다. 나는 혹시 내 친구가 내 이야기를 하지 않았는지도 물어보았다. 캐시가 나에 대해 지나치게 잘 알고 있어서 의심이 들었기 때문이다.

그녀가 말했다. "아뇨. 난 당신에 대해 아무것도 몰라요. 검사 결과를 해석할 때는 대상에 대해서 될 수 있으면 모르는 편을 선호하기도 하고요. 난 내가 만든 지수의 정확성을 믿거든요. 그리고 검사자에 대한 다른 사람들의 해석보다도 검사 결과를 더 신뢰하고요." 캐시가 나를 만난 것은 그녀의 친구가 부탁을 했기 때문이고 자신의 연구에 진심으로 관심을 가진 사람들과 이야기하는 것은 즐거운 일이라고 설명했다. 점심을 먹으며 서로에 대해 더 많은 것을 알게 되자 캐시는 내 콜비 지수가 어떤 것들을 알려 주는지 더욱 상세하게 설명해 주었다. 그녀는 차트를 가리키며 물었다. "만약에 당신이 요즘 학교에 다닌다면 ADD, 즉 주의력결핍장애라는 평가를 받았을 겁니다. 어쩌면 약을 먹었을지도 모르고요."

"당신은 학생들에게 그런 치료를 하는 것이 옳다고 생각합니까??" 내가 물었다.

"아뇨. 대부분의 아이들에게는 그런 게 필요하지 않아요." 그녀가 말했다. "내 생각에 아이들에게 약을 처방하고 병이 있다고 낙인찍는 것은 아이들의 천부적인 재능과 자존감을 손상시키는 일입니다. 그런 것들은 아이들의 자부심을 크게 훼손하죠. 만약에 당신이 어렸을 때 그런 약을 먹었다면 지금 같은 삶의 길을 발견하지 못했을 거예요. 책을 쓰지도 못했을 거고요."

"하지만 그 어떤 것도 당신을 막지는 못했을 겁니다." 캐시는 계속해서 말했다. "요점은, 오늘날의 학교 체제에서라면 당신은 문제 학생으로, 또는 집중력장애를 가진 학생으로 낙인찍힐 거라는 겁니다. 당신이 배울 수 없다는 말이 아닙니다. 다만 학교 제도가 지금 가르치는 방식대로는 배우지 못한다는 뜻이죠. 다행히도 당신 아버지는 그 사실을 알고 계셨고요." 그녀가 말했다. "당신은 교사였던 당신 아버지를 '가난한 아빠'라고 부르더군요. 하지만 여러 가지 측면에서 그분은 당신의 삶을 풍요롭게 해 주었습니다. 당신이 성공할 수 있었던 것은 여러 모로 가난한 아버지 덕분이에요. 그분은 당신이 부자 아버지와 공부를 할 수 있게 해 주었고, 당신이 가장 잘 배울 수 있는 방식으로 배우도록 장려했습니다. 당신도 말했지만, 그건 그리 보기 좋은 방식은 아니었죠."

나는 고개를 끄덕이며 물었다. "확실히 그랬습니다." 나는 잠시 말을 멈췄다가 물었다. "그렇다면 당신은 성공이 무엇이라고 생각합니까?"

캐시는 미소를 지으며 대답했다. "난 성공이란 진정한 자기 자신이 될 수 있는 자유라고 생각합니다. 그리고 그것이 바로 당신 아버지가 당신에게 해 준 일이고요. 그분은 당신을 존중했고 당신에게 진정한 자신이 될 수 있는 자유를 주었지요.

많은 사람들이 부모님이나 사회가 원하는 사람이 되기 위해 노력합니다. 하지만 나는 그 사람들이 얼마나 부자가 되건 혹은 얼마나 막강한 힘을 가진 사람이 되건 그런 건 진정한 성공이라고 생각하지 않아요. 인간은 본능적으로 진정한 자신이 되는 자유를 추구하려는 경향이 있습니다. 누군가 우리에게 우리의 본질에 어긋나게 행동하도록 강요하면 우리는 자존감을 잃고 선천적인 재능을 부정하게 됩니다."

"글쎄요." 내가 말했다. "내가 우리 아버지의 길을 따랐다면 난 절대로 성공하지 못했을 겁니다. 고등학교 때 난 아웃사이더였어요. 학교에서 다른 학생들이나 선생님하고 잘 어울리지 못했죠."

"하지만 유치원은 참 좋아했겠죠?" 캐시가 싱긋 웃으면서 말했다.

"그랬습니다." 내가 말했다. "그건 어떻게 알았나요?"

캐시는 다시 내 차트를 가리키며 말했다. "당신처럼 '실행' 능력이 뛰어난 사람들에게 유치원은 아주 멋진 곳이거든요. 실행 본능이 높은 사람들은 선천적으로 뭔가를 만지고 만드는 것을 좋아합니다. 당신의 '빠른 시작' 능력은 유치원 때 새로운 것들을 잔뜩 접하면서 무척 흥분했을 거예요. 당신의 '따르기' 능력은 구조화된 것 안에 들어가기를 거부하고요. 당신은 '사실'을 너무 많이 다루는 것을 좋아하지 않지요. 그렇지 않나요?"

나는 고개를 끄덕이며 대답했다. "네, 정말로 그렇습니다. 나는 새로운 제품처럼 뭔가 새로 만드는 것을 좋아합니다. 부동산 투자를 좋아하는 건 내가 투자하는 것을 직접 보고 만지고 느낄 수 있기 때문이고요. 그리고 지금도 '모노폴리' 게임을 하죠. 나는 그 게임을 아주 좋아하거든요."

캐시는 다시 싱긋 웃더니 내 차트의 '따르기' 항목을 가리켰다. "그러다가 초등학교 1학년에서 3학년이 되자 당신과는 다른 '따르기' 본능을 가진 아이들이 두각을 나타내기 시작했지요."

"어째서 그 아이들이 학교에서 잘했던 겁니까?" 내가 물었다. "어째서 1학년에서 3학년이 되면 나와 다른 '따르기' 본능을 가진 아이들이 더 잘하는 거죠?" 나는 이제 캐시의 지식에 흥미를 느끼고 있었다.

"그 시기가 되면 교육 과정에 장난감 같은 것들이 사라지고 대신에 질서와 깔끔함이 등장하기 때문이죠. '따르기' 본능이 강한 사람들은 그런 질서와 단정함을 추구하는 요구에 잘 부합합니다. 초등학교 3학년 즈음이 되면 교실에서는 더 이상 '실행' 능력이 필요하지 않게 되지요."

"질서와 단정함이요?" 내가 물었다. "질서와 단정함이 교육과 무슨 상관이 있습니까?"

캐시가 다시 미소를 지으며 대답했다. "당신의 '따르기' 그래프를 보면 질서와 단정함은 당신의 강점이 아니라는 걸 알 수 있지요."

"그렇습니다. 하지만 그게 내 학교 성적과 무슨 상관입니까?" 내가 물었다.

"오, 아주 깊은 상관관계가 있지요. 당신은 초등학교에 입학한 후에는 유치원이나 유아원 때만큼 잘하지 못했을 겁니다." 캐시가 말했다.

"그건 맞습니다." 내가 대답했다. "초등학교 1학년 때부터 나는 싸움이나 다툼을 하기 시작했습니다. 유치원에 다닐 때에는 장난감을 갖고 놀거나 정글짐에서 시간을 보냈는데 말이죠. 하지만 1학년이 되자 선생들은 나를 '문제아'라고 부르더군요. 내가 애들과 자주 다툰다면서요."

"글쎄요, 장난감을 치우면 그런 일이 일어나게 되어 있죠." 캐시가 말했다. "장난감이 없어지면 사내아이들은 종종 그렇게 서로 싸우고 괴롭힙니다."

"적어도 우리 학교에서는 그랬습니다. 그런데 왜 '따르기' 능력이 높은 아이들이 그 시기에 잘하는 겁니까?" 내가 물었다.

"왜냐하면 그 발달 시기에는 질서와 단정함이 요구되기 때문이죠. 아이들은 교실 바닥이나 탁자에 둥글게 그룹을 짓고 모이는 것이 아니라 나란히 줄을 섭니다. 손가락에 물감을 묻혀 그리는 게 아니라 예쁘고 깔끔하게 글을 써야 하고요. 글씨는 아무렇게나 휘갈기지 말고 줄 간격에 맞춰 반듯하게 적어야 하죠. 교사들은 예쁘고 단정하게 입는 여자아이들과 줄을 잘 서고 말썽을 부리지 않는 사내아이들을 좋아합니다. 당신은 아마 교사들에게 잘 보이려고 옷을 잘 입는 아이는 아니었을 거예요. 그렇지 않나요?" 캐시가 싱긋 웃으며 물었다.

"맞아요. 난 그런 아이가 아니었습니다. 그나마 학교 앞에 살았던 게 다행이었지요. 왜냐하면 자주 흙투성이가 되어서 집으로 돌아갔거든요. 이상하게도 난 항상 진흙투성이가 되곤 했습니다."

"그 즈음에 학교에 대해 다른 감정을 느끼기 시작했나요?" 캐시가 물었다.

"1학년 때에는 안 그랬지만 3학년쯤 됐을 때 그랬을 겁니다." 내가 대답했다. "그때쯤 선생들이 유난히 귀여워하는 아이들이 있다는 걸 알게 됐거든요. 3학년 때 우리 반에 그런 여자아이와 남자아이가 하나씩 있었는데 나중에 고등학교 때가 되자 둘 다 잘나가는 아이들이 됐지요. 지금은 둘이 결혼한 사이고요. 3학년 때 우린 벌써 그 둘이 스타가 될 거라는 걸 알고 있었어요. 그 애들은 예쁘고 잘생겼고, 똑똑했고, 옷도 잘 입고 인기도 좋았고 공부도 잘했거든요."

"학교생활에 잘 맞는 아이들이었군요. 지금은 어떻게 살고 있나요?" 캐시가 물었다. "그 사람들은 그들이 원하는 성공을 찾았나요?"

"그건 잘 모르겠군요. 아마 그랬을 겁니다. 그 애들은 고향을 떠난 적이 없거든요. 아마 고향 마을에서 존경받고 인기 있는 사람들이 되었겠죠. 그러니까 성공했다고 할 수 있겠네요."

"그 사람들에게는 참 잘된 일이네요. 삶에서, 그리고 결혼을 통해 진정한 자신이 되는 자유를 찾았으니까요." 캐시가 말했다.

"3학년이 지난 후에, 그러니까 아홉 살 이후에는 어떻게 됩니까?" 내가 물었다.

"4학년부터는 '사실 찾기' 본성이 강한 아이들이 학교생활에서 두각을 나타내게 됩니다. 실제로 교육 기간 12년 가운데 4분의 1은 '사실 찾기' 능력자들을 위해 만들어져 있지요. 어떤 아이들은 본능적으로 이름과 장소, 그리고 시간에 집중하는 경향이 있어요. 그런 식의 접근 방식은 학교에서 보상을 잘 받게 되고요. 교실 수업은 이런 아이들에게 잘 맞습니다." 캐시가 말했다.

캐시는 계속해서 아홉 살 이후의 학생들은 일련의 "'맞히기 시험'으로 평가된다고 설명했다. 아이들은 받아쓰기 시험을 보고 구구단을 외우고 자기가 읽은 책의 숫자를 세고 그 안에 적힌 사실들을 기억함으로써 그것을 입증한다.

나는 그녀에게 루돌프 슈타이너의 아홉 살의 변화 이론을 알려 주고, 교사들이 아이가 학교 제도 안에서 성공할 것인지 아닌지에 대해 미리 알 수 있다고 이야기했다. "나는 아홉 살이 되었을 때 내가 학교 체제 안에서 스타가 되지 못할 거라는 걸 알았습니다. 내가 좋아하는 장난감 같은 것들이 완전히 사라져 버렸으니까요."

캐시가 소리 내어 웃었다. "그래요. 당신처럼 실행 본능이 뛰어난 아이들은 장난감이 그리울 겁니다. 당신의 '사실 찾기' 특성은 복잡한 사실이나 숫자를 기억하기보다 단순화하는 것이기 때문에 좌절감을 느꼈을 거예요. 그래서 당신은 '빠른 시작' 능력을 이용해 온갖 독특한 방식을 발휘해서 당신이 생각하는 학교의 어리석음에서 벗어나려 했던 겁니다."

"그리고 교사들도 그걸 알았고요." 내가 말했다. "그래서 그렇게 많은 아이들이 저학년 때부터 똑똑하거나 멍청하거나 말썽꾸러기라고 낙인찍히는 겁니다."

캐시가 슬픈 표정으로 고개를 끄덕였다. "대부분의 교사들은 '사실 찾기'나 '따르기' 본능이 뛰어난 사람들입니다. 사람들은 자기와 비슷한 본능을 가진 이들을 '똑똑하다'고 생각하는 경향이 있어요. 물론 지능은 그것과 아무 상관도 없지만요. 하지만 교육자들은 본능의 가치에 관해 맹점을 가지고 있습니다. 그들이 학교에 남아 있는 까닭은 그들의 능력이 학교 환경에서 잘 발휘되기 때문입니다. 교육 제도는 그들의 고향이나 마찬가지인 것이죠. 그들은 그곳을 매우 좋아합니다.

그래서 교육 제도는 하나의 학습 방식에만 초점을 맞추고 계속해서 왜 아이들이 잘 배우지 못하는가에 관한 미세한 구분에 매달립니다. 오늘날 그토록 수많은 종류의 학습장애가 존재하는 것도 그 때문이고요." 캐시가 요약했다.

"그건 현명하지 못한 짓입니다." 내가 말했다. "그건 학습장애가 아닙니다. 도리어 낡은 학교 제도가 교육 장애를 갖고 있는 거죠. 난 정말 그게 싫었습니다." 나는 씁쓸하게 내뱉었다.

"하지만 당신은 뭔가를 배우는 것을 좋아하지요?" 캐시가 물었다.

"네, 난 배우는 것을 무척 좋아합니다. 나는 끊임없이 세미나에 참석하고 책을 읽고 테이프를 듣지요. 새롭고 흥미로운 걸 발견하며 신이 나고요. 그래서 당신의 연구 내용을 공부할 때도 즐겁더군요." 내가 말했다. "하지만 이상하게도 난 학교가 너무 싫었어요. 내가 학교를 그렇게 싫어하는데도 배우는 것은 좋아한다는 건 어떻게 알았습니까?"

캐시가 내 콜비 지수를 가리켰다. "이거 보이나요?" 그녀가 물었다.

내 '직업 MO+™' 보고서에는 적성에 맞는 직업 목록이 있었다.

로버트 기요사키
콜비 직업 MO+™ 보고서

Career MO+
2-2-9-6

검사자의 특성에 적합한 직업들

다음은 검사자와 유사한 MO를 가진 사람들이 만족감을 느끼는 직업의 종류이다.

배우	대안 교육자
부동산 개발자	장애우 특수교사
환경보호 운동가	상품 시연가
응급구조사	DJ
물리과학자	인생 코치
발명가	산부인과 의사
음식점 경영자	컴퓨터 애니메이터
신상품 개발자	스포츠/이벤트 사진작가
스턴트맨	음향녹음 전문가
시청각 특수효과 전문가	로데오 라이더
탐험가	도량형학자
텔레비전 프로듀서	자동차 세일즈맨
스포츠 프로모터	사립 경비원
영업 광고	판매 안내

캐시는 '대안 교육자'라고 적힌 항목을 가리켰다. "이런 직업을 택한 사람은 대개 매우 적극적으로 배우는 사람들입니다. 다만 전통적인 교육 제도 속에서 잘하지 못할 뿐이죠."

"그건 사실입니다." 내가 대답했다. "나는 정기적으로 세미나에 참석합니다. 내가 정규 대학 수업을 듣지 않고 세미나에 참석하는 이유는 정규 과정을 마친 후에 받는 학위나 졸업장은 더 이상 필요가 없기 때문이죠. 내가 원하는 건 그저 정보니까요."

"이 여러 가지 직업 가운데 당신에게 맞는 건 몇 개나 되나요?" 캐시가 물었다.

나는 한참 동안 목록을 들여다보고는 대답했다. "응급구조사와 음식점 경영자 빼고는 다 괜찮을 것 같네요."

"그것들을 빼는 이유는 뭐죠?" 캐시가 물었다.

"이미 그 분야에서 경험이 아주 많거든요. 부상 입은 환자들은 베트남에서 질리도록 봤고 내 부자 아버지가 음식점을 경영하셨지요. 하지만 난 언제든지 환경보호 운동가가 될 수 있고 거의 10년 동안 대안교육 회사를 운영했습니다. 나는 지금도 신제품을 만들고 부동산을 개발하며 발명을 해서 특허권도 가지고 있습니다. 사실 나는 새로운 제품을 개발하는 것을 무척 좋아합니다. 텔레비전 광고와 다른 광고물 제작에도 관심이 많고요. 그러니 이 목록은 내가 하고 싶어 하거나 이미 하고 있는 것들로 채워져 있다고 말할 수 있겠군요."

나는 잠시 조용히 앉아 그동안 캐시와 나눈 이야기를 곰곰이 생각해 보았다. 나는 새로운 것을 배우는 것이 좋았기 때문에 신이 났고, 또 내가 왜 학교에 맞지 않았는지 알게 되니 기분이 좋았다. 나는 내 콜비 지수를 들여다보며 물었다. "그러니까 3학년 이후에, 대략 아홉 살이 지난 후에 학교에서 잘하는 아이들은 '사실 찾기'와 '따르기' 본성이 강한 아이들이군요?" 내가 물었다.

"그래요." 캐시가 대답했다. "그래서 당신이 학교생활에 적응을 하지 못한 거죠. 왜냐하면 학교에서 장난감이 사라졌고 당신은 더 이상 놀이를 통해 배울 수가 없었으니까요. 당신의 몸은 교실에 있었을지 몰라도 마음은 교실 밖 먼 곳에 가 있었지요."

"정말로 그랬습니다. 학교 수업이 지루했고 낙제하지 않을 만큼만 공부했어요. 빨리 학교를 졸업하고 세상에 나가고 싶었죠." 내가 말했다.

"그건 당신의 '빠른 시작' 본능 때문이에요." 캐시가 말했다. "당신은 '실행'과 '빠른 시작' 의 에너지 때문에 직접 보거나 만질 수 있는 것을 재빨리 만드는 능력을 가지고 있습니다. 이를테면 당신의 게임이나, 책, 사업체 같은 것들 말이죠. 그렇기 때문에 나일론 지갑 사업을 비롯한 많은 사업들이 당신을 성공으로 이끈 거죠. 당신은 선구자 정신을 지닌 본능적인 창업가예요."

"왜 선구자 정신을 갖고 있다고 말하는 거지요?" 내가 물었다.

"당신의 지수에 그렇게 나와 있으니까요. 당신의 '실행' 능력은 말 그대로 직접 개입하고 실천하는 능력이고, '빠른 시작' 능력은 모험을 통해 발전합니다. 당신은 사업과 제품을 개발하는 전통적인 의미의 사업가가 아닙니다. 당신은 남보다 앞선 선구자가 되려는 욕구가고 있어요."

"그래서 내가 하는 일을 설명하는 게 그렇게 어려운 걸까요? 내가 시대에 앞서 가고 있어서 말입니다." 내가 말했다. "난 아직 있지도 않은 시장을 위해 제품을 만들거든요."

"그래요." 캐시가 이렇게 말하며 차트를 가리켰다. "'빠른 시작'은 미래의 관점을 지니고 있습니다. '사실 찾기'는 과거를 보고 '따르기'는

콜비 지수의 행동 양식

각각의 '행동 양식'을 지닌 이들에게는 다음과 같은 핵심 개념이 적용된다.

개념	사실 찾기	따르기	빠른 시작	실행
시간대	과거	과거, 현재, 미래의 통합	미래	현재
시간 활용	경험과 전문 지식을 이용해 어떤 일에 얼마나 시간이 걸릴지 측정한다. 특정 사건을 역사적 관점에서 해석한다.	일련의 사건과 연속성을 제공하며, 자신의 속도에 맞춘다.	사건이 일어나기 전에 예상하고 처리한다. 미래에 초점을 맞춰 무슨 일이 일어날지 예측한다. 변화를 예상한다.	바로 지금 이 순간을 기반으로 이 상황이 지속되기를 바란다. 오랫동안 살아남을 훌륭한 제품들을 만든다.
의사소통 방식	글	차트와 그래프	말	소품, 모델, 시연
정보 저장	우선순위에 따라	알파벳 순서대로	외양에 따라	질에 따라
배움에 대한 욕구	과거를 조사하기 위해 책을 연구한다.	이론과 공식을 배운다.	급진적 사고와 혁신을 이용한 실험	모델이나 원형을 이용한다.
목표 달성 방식	• 전문 지식을 통해 • 복잡한 계획 • 다양한 선택지 비교	• 통합 시스템 • 최악의 시나리오 개발 • 일관성 확립	• 빠르고 긴급한 최종 기한 • 꿈 같은 목표 • 역경을 극복하고 해결책을 추구	• 가치 있고 가시적이고 확고한 목표를 필요 • 최고급 기술과 재료 활용

과거와 현재, 그리고 미래를 모두 통합하지요. 당신은 항상 미래에 초점을 맞추면서 미래를 위해 현재의 사업과 제품을 만듭니다. 당신은 늘 시대를 앞서 갈 수밖에 없어요."

"그래서 내가 '사실 찾기'가 강한 사람들과 자주 논쟁을 하는 거군요." 내가 말했다. "그 사람들은 사실과 숫자를 원하는데, 나는 아직 미래가 오지 않았기 때문에 그 사람들에게 보여 줄 게 없으니까요."

캐시는 고개를 끄덕이며 미소를 지었다. "그래요. 당신 같은 MO를 가진 사람은 '사실 찾기'나 '따르기' 구조를 추구하는 사람들과는 자주 충돌할 수밖에 없습니다. 아까도 말했지만 당신이 학교생활에 어려움을 겪은 이유는 대부분의 교사들이 '사실 찾기'에 기초한 설명이나 '따르기' 같은 질서를 고집했기 때문일 겁니다. 당신은 본능적으로 양쪽 모두에 반발하게 되죠."

"점점 더 공감이 가는군요. 난 대부분의 교사들을 존경했지만 잘 맞지는 않았거든요. 이젠 왜 그랬는지 알겠군요." 내가 말했다.

캐시가 소리 내어 웃더니 말했다. "얼마 전에 내가 맡은 강의에서 이런 농담을 들었죠. '사실 찾기'에 뛰어난 사람들로 가득 찬 조직을 뭐라고 부를까?' 답은 바로 '대학교'였어요."

나는 키득거리면서 덧붙였다. "그렇다면 '빠른 시작'과 '실행' 능력이 강한 사람들이 잔뜩 있는 조직은 뭐라고 할까요? 답은 '유치원'이지요."

캐시가 미소를 지으며 말했다. "아니면 닷컴기업이거나요."

그 말을 들은 나는 너털웃음을 터트렸다. "그래서 닷컴기업들이 그렇게 많이 망한 거군요." 내가 말했다. "대부분의 닷컴기업들은 아무런 기본도, 사실도, 수익이나 현실 경험도 없는 '빠른 시작'에 능한 사람들이 운영하는 것 같아요. '따르기' 능력은 부족하고요. 나도 압니다. 왜냐하면 내가 처음에 현실 세계에 나갔을 때 그랬거든요. 그래서 내 첫 번째 사업이 실패한 거죠. 사업 자체는 잘 됐지만, 우리 세 사람 모두 '빠른 시작'에는 뛰어나도 '따르기'는 형편없었거든요. 내가 세운 초창기 사업체들은 에너지로 충만했고 빨리 성장했다가 또 재빨리 추락했지요. 우리에겐 사실과 숫자, 혹은 절차에 '따르기'가 전혀 없었습니다."

"그래서 내가 사업가들과 함께 일하기로 결심한 거랍니다." 캐시가 말했다. "지금은 당신도 나이가 들고 현명해졌을 거예요. 그렇다면 당신은 '사실 찾기'와 '따르기'에 뛰어난 사람들을 어떻게 생각하나요?"

"아주 좋아합니다." 내가 대답했다. "그들이 없다면 살아남을 수 없다는 것을 아니까요."

"그게 내가 말하고 싶은 요점입니다." 캐시가 말했다. "우리는 각자가 가진 재능과 천재성을 존중해야 합니다. 어떤 팀이든 살아남기 위해서는 이 네 가지 모두의 능력이 필요해요. 어느 하나를 낙인찍거나 차별하는 것이 아니라 서로의 재능을 섞고 천재성을 보완해야 합니다. 당신은 교사들이 '사실 찾기' 아이들은 똑똑하고 당신 같은 '빠른 시작' 아이들은 덜 똑똑하다고 말했을 때 기분이 나빴을 거예요."

"기분이 나빴다고요? 모욕감과 수치심을 느낄 정도였죠."

"그러면 그 분노의 감정을 어떻게 했나요?" 캐시가 물었다.

"상관하지 않고 그저 내 갈 길을 갔습니다. 내가 똑똑하다는 걸 증명하고 싶었거든요." 내가 말했다. "난 멍청하다고 낙인찍히거나 성공하지 못할 거라는 이야기를 듣는 게 너무 싫었어요. 선생들이 이렇게 말하는 것도 너무 싫었죠. '로버트는 잠재력이 무궁무진한데…… 노력을 하지 않아. 그 애가 한자리에 앉아 공부만 한다면 참 좋을 텐데 말이야.'"

"사람들이 당신을 책상에 잡아 두면 잡아 둘수록 더욱더 성공해야겠다고 다짐한 거군요." 캐시가 말했다. "그런 적개심을 이용해서 당신이 성취하고 싶은 것을 성취하려고 했나요?"

"글쎄요. 나는 꽤 잘 해냈습니다." 나는 다소 뽐내듯이 말했다. "나는 지금 베스트셀러 작가가 됐습니다. 학창 시절에 영어에서 A를 받은 친구들도 하지 못한 일이죠. 그리고 학교 성적이 좋았던 대부분의 친구들보다 돈도 훨씬 많이 벌고요." 나는 여러 해 동안 묵혀 두었던 적개심과 좌절감을 쏟아 냈다.

"그러면 당신은 그 적개심을 사용해 당신만의 방법을 찾아냈나요? 진정한 자신이 되는 나름의 자유를 찾았나요?" 캐시가 부드러운 미소를 지으며 물었다.

"예. 그랬습니다." 나는 환하게 웃으며 대답했다. "나는 내 길을 갔고, 내가 원하던 삶을 찾았습니다. 그리고 내가 원하는 방식으로 인생을 살고 있지요. 나는 일자리를 원하지 않았고, 내가 얼마나 많은 돈을 벌 수 있는지 누가 왈가왈부하는 것을 원치 않았고, 사무실에 갇혀 일하는 것도 싫었습니다."

"축하합니다. 당신은 성공했군요. 진정한 자신이 되는 자유를 성취함으로써 성공했어요." 캐시가 말했다.

나는 몸을 뒤로 젖히고 그녀의 축하를 만끽하며 학창 시절부터 쌓여 온 좌절감을 해소했다. "사실 나는 성공을 그런 식으로 생각해 본 적이 없습니다. 내 말은, 내 성공의 상당 부분이 적개심과 좌절감 덕분이었다는 걸 깨닫지 못했다는 겁니다." 내가 말했다.

"다행이네요." 캐시가 말했다. "그렇다면 당신은 당신과 다른 방식으로 성공을 규정하는 사람들이 있다는 걸 이해합니까? 어떤 사람들은 연구를 하고, 안정적인 일자리를 찾고, 차분하고 안정된 환경 속에서 번창할 필요가 있다는 걸 이해하나요? 어떤 사람들에게는 그저 차 한 대와 집 한 채만 있어도 충분하다는 걸 이해하나요?"

"그렇습니다." 나는 대답했다. "우리 아버지와 어머니도 그런 점에서 아주 행복해하셨으니까요. 그분들은 그분들의 관점에서 성공한 거죠. 단지 그분들의 방식은 내게 맞지 않을 뿐입니다. 그래요, 난 삶이 사람들에게 저마다 다른 것이라는 걸 이해합니다."

"그리고 당신은 나이가 들고 더욱 현명해졌으니 다양한 종류의 사람들을 더욱 인정하게 되었나요? 다시 말해, 당신 사무실에 있는 '사실 찾기'와 '따르기' 범주에서 강한 사람들을 인정합니까?"

"전보다도 더 인정하게 됐습니다. 나는 그들을 아주 좋아합니다. 그 사람들이 없다면 내가 하는 일을 하지 못할 테니까요. 그 사람들이 없으면 난 성공할 수도 없을 테지요." 내가 말했다.

캐시가 미소를 지으면서 말했다. "그 말을 들으니 기쁘군요." 그녀는 잠시 생각에 잠겼다가 호기심 어린 표정으로 물었다. "그러면 이제 당신은 예전의 학교 선생님들과도 잘 지낼 수 있을까요? 당신을 낙제시켰거나 말다툼을 했던 선생님들 말입니다."

"글쎄요. 내가 그렇게까지 할 수 있을지는 모르겠군요." 나는 생각도 하지 않고 즉시 대답했다.

"당신도 당신이 겪은 일에 대해 교사들이 아니라 학교 제도에 책임이 있다는 걸 알잖아요?" 캐시가 물었다.

나는 고개를 끄덕였다. "네, 그건 압니다. 하지만 그래도 마음이 내키지는 않는군요. 그분들이 나름 최선을 다했다는 건 알겠습니다만."

"그러면 이제 당신이 왜 그렇게 화가 났는지 설명해 보죠." 캐시가 말했다. "내가 볼 때 당신이 화가 난 건 시스템이 당신의 천재성을 망가뜨리고 당신이 원치 않는 종류의 천재가 되도록 강요했기 때문입니다."

"그 말은 내 천재성이 '빠른 시작'에 있다는 겁니까? 내가 활동적이기 때문에요?"

"글쎄요. 물론 그 분야도 그렇지만, 내가 말하는 천재성은 당신의 '사실 찾기' 능력이에요."

"'사실 찾기'요?" 나는 놀라 되물었다. "'사실 찾기'는 내가 가장 약한 분야 아닙니까. 그런데 내가 그 분야에 재능이 있다고요?"

"당신은 모든 분야에 숨겨진 재능을 갖고 있습니다. 심지어 '사실 찾기' 분야도요." 캐시는 이렇게 말하면서 그녀가 가진 책자의 다른 면을 보여 주었다.

콜비 영향 요인

각 행동 양식의 긍정적 강점

	행동 양식			
	사실 찾기	따르기	빠른 시작	실행
방해	단순화	적응	안정	상상
반응	설명	유지	수정	회복
주도	세부화	조직화	즉흥	확립

그녀는 '사실 찾기' 밑에 있는 '단순화simplify'를 가리키며 말했다. "이것은 당신의 '사실 찾기' 분야의 재능입니다. 당신에게는 사실을 단순화시키는 재능이 있어요. 내가 볼 때 당신의 책이 잘 팔리는 이유는 당신이 돈 같은 복잡한 주제를 단순화시켰기 때문입니다."

이해가 될 것 같았다. 내가 말했다. "그건 부자 아버지의 방식이었습니다. 그분은 뭐든 단순하게 설명하셨거든요."

이어서 캐시는 '사실 찾기' 밑의 '세부화specify'를 가리키며 말했다.

"그리고 이것은 아마도 친아버지가 가졌던 재능이겠지요. 학교에서 성적이 좋았고 학문적 성취를 한 그분은 사실과 숫자를 파고드는 데 뛰어난 재능을 가지고 있었습니다. 당신의 진짜 아버지는 자료를 수집하고 연구하고 세부 사항들을 발견하고 목표를 설정하면서 활력을 느꼈을 겁니다. 다시 말해 그분은 당신과 다른 종류의 '사실 찾기' 재능을 갖고 계셨던 겁니다. 그래서 그분은 학교에서도 잘했고 당신은 그렇지 못했던 거죠."

"우리는 네 분야 모두에 재능이 있는 거군요……." 나는 나지막하게 말했다. 나는 캐시의 연구를 점점 더 잘 이해하기 시작했다.

캐시가 고개를 끄덕였다. "나는 재능을 열두 가지 종류로 분류했어요. 우리 모두는 각각 네 가지 재능을 가지고 있습니다. 각 분야마다 한 가지씩 재능을 갖고 있다는 뜻이죠."

"열두 가지 재능이 있고, 우리 모두 각각 네 가지 재능을 가지고 있다라……. 그래서 팀으로 움직이는 게 그렇게 중요한 거군요. 왜냐하면 우리 모두 문제 해결에 있어 서로 다른 관점을 갖고 있으니까요. 그게 바로 당신이 알아낸 것이군요?" 내가 물었다.

캐시가 다시 고개를 끄덕였다. "이 표를 잘 이해할수록 당신과 당신 주위의 사람들을 더욱 잘 구분할 수 있습니다. 그리고 우리는 서로를 더 잘 이해함으로써 각자의 차이를 존중하고 보다 조화롭게 살고 일할 수 있지요. 팀으로 일하면 혼자 일할 때보다 더 많은 문제를 더욱 효율적으로 해결할 수 있습니다. 그래서 나는 효율적인 팀을 만드는 것을 돕는 걸 좋아한답니다. 서로의 차이를 발견하는 데서 즐거움을 얻으세요. 일터에서든 가정에서든 말입니다."

"그리고 그게 바로 당신의 재능이군요." 내가 말했다. "당신은 사람들이 서로의 재능과 천재성을 존중하면서 함께 일하길 바라지요. 당신이 가장 강한 분야는 뭔가요?"

"나는 '빠른 시작'과 '따르기' 분야에서 가장 강해요. 그래서 도표나 차트, 그래프로 설명하는 것을 좋아하지요. 나는 인간 행동의 모든 면모를 내 시스템에 맞게 분류한 뒤에야 만족할 수 있습니다. 그런 다음

'사실 찾기'에 강한 팀원들이 가장 잘할 수 있는 일을 할 수 있게 만들죠. 난 그들의 능력을 아주 소중히 여기며 그들의 능력은 단순화하는 내 능력을 보완합니다. 나도 당신처럼 단도직입적으로 핵심으로 들어가는 것을 좋아해요. 하지만 당신과는 달리 나는 알고리즘이 있는 소프트웨어 시스템에 내 연구 내용을 집어넣어 차트와 그래프 형태로 결론을 도출해 냅니다. 내가 가진 선천적인 창의력을 이용해 다른 사람들이 직업적으로나 개인적인 만족을 얻게 돕는 것은 무척 흡족한 일이지요. 하지만 그 모든 일을 혼자 할 수는 없어요. 성공적인 사업을 하려면 팀과 열두 가지 재능 모두가 필요합니다. 특히 지금처럼 경쟁이 심한 세상에서는요. 나는 독재자 타입의 리더가 어떻게 사업에 성공할 수 있는지 모르겠어요. 그런 사람은 기껏해야 네 가지 재능밖에 없는데 말이죠. 그래서 나는 사업과 사람들의 효율성을 높이기도 하지만 팀 내에 있는 모든 사람들의 자부심을 고취시키는 일도 합니다. 팀의 구성원들은 하나하나 모두가 중요하거든요."

"축하합니다. 당신은 삶에서 성공을 거두었군요. 진정한 자신이 되는 자유를 찾았으니까요." 내가 말했다.

캐시가 고개를 끄덕이며 미소를 지었다. "자, 그럼 당신의 '빠른 시작' 재능을 좀 더 자세히 살펴볼까요."

콜비 영향 요인

각 행동 양식의 긍정적 강점

	행동 양식			
	사실 찾기	따르기	빠른 시작	실행
방해	단순화	적응	안정	상상
반응	설명	유지	수정	회복
주도	세부화	조직화	즉흥	확립

"당신의 '빠른 시작' 재능은 즉흥improvise이라는 단어로 표현할 수 있습니다. 그러니까 당신의 본능은 위험을 감수하고, 변화를 주도하고, 실험을 촉진하고, 도전을 하고, 혁신을 추구하고, 역경을 극복하고, 순발력을 발휘하고, 직관적으로 행동하는 것입니다."

나는 캐시가 내 성향을 지적할 때마다 몸을 움찔거렸다. "당신은 그걸 재능이라고 부릅니까? 난 항상 그게 미친 짓이라고 생각했는데요."

"이런 능력을 과소평가하지 마세요. 어떤 팀이나 조직도 당신의 재능을 필요로 합니다. 다른 사람들이 몇 시간씩 탁상공론을 하며 위원회 같은 것을 구성해 아무 일도 하지 않는 동안, 당신은 빨리 시작하는 능력을 발휘합니다. 그러므로 일에 착수하고 위험을 감수하고 장애를 극복하는 것은 당신의 중요한 재능이지요."

"그 말을 내 학창 시절 선생님들한테 해 줘야 했는데 말입니다." 내가 조용히 말했다. "그 사람들은 그걸 재능으로 보지 않았습니다. 다른 표현을 사용했죠."

캐시는 웃더니 다시 이야기를 계속했다. "그리고 당신의 교육자 아버지는 어중간한 상태에서 만족하는 분이 아니었을 거예요. 그분은 먼저 사실을 알아야 했죠. 그분은 당신처럼 충동적이지 않았고, 애매하지도 않았습니다. 그분은 사실을 수집했어요. 혼돈 상태를 만들지도 않았고 위기 상황에서 일을 하지도 않았을 겁니다. 확률과 가능성을 따져 보고 신중하게 행동했겠죠."

"우리 아버지는 정말 그랬어요. 그래서 그분은 학교 성적도 좋았고 결국 주 교육감까지 되셨죠." 내가 말했다.

캐시가 고개를 끄덕였다. "따라서 당신의 재능은 먼저 아이디어를 얻은 뒤에, 나이키 로고처럼 '그냥 해 버려Just Do It'인 거지요. 당신의 '빠른 시작'과 '실행' 재능은 아이디어를 제품이나 회사, 혹은 돈으로 재빨리 바꿀 수 있습니다. 당신은 연금술사의 손을 가졌어요. 내 생각에 당신은 무에서도 돈을 만들어 낼 수 있을 겁니다. 물론 '빠른 시작' 그래프가 긴 사람들은 부자였다가 금방 빈털터리가 될 수도 있지만요."

나는 고개를 끄덕였다. "정말 그렇습니다. 나는 아이디어가 생각나면 곧장 행동에 들어가죠. 또 아직 상황이 아직 덜 무르익었을 때 일에 뛰어드는 경우가 많았고요. 하지만 그게 바로 내가 배우는 방식입니다. 나는 단번에 깊은 곳으로 뛰어듭니다. 거기서 살아남으면 전보다 더 똑똑해지죠. 왜냐하면 나는 직접 체험할 때 더 쉽게 배우거든요. 말하자면 자전거 타는 법을 배울 때와 비슷한 방식으로 배웁니다. 그리고 내가 몸으로 배우는 스타일이기 때문에 사람들이 나보고 어떻게 그렇게 할 수 있느냐고 물으면 대답해 줄 수가 없어요. 정신이 아니라 몸으로 배웠기 때문에 남들한테 설명을 할 수가 없는 거지요. 그건 마치 누군가에게 자전거는 타지 못하게 하면서 자전거 타는 법을 가르치는 것과 비슷합니다. 사실과 이론을 추구하고 위험을 겁내는 사람들은 종종 많은 일들을 성취하지 못합니다. 왜냐하면 그들은 몸으로 배우지 못하거든요. 그 사람들은 직접 해 보기보다 간접적으로 읽거나 연구만 하면서 시간을 보내죠."

"그리고 당신의 아버지처럼 '사실 찾기' 능력이 강한 사람들은 우리가 흔히 '분석 마비'라고 부르는 것에 빠질 수 있습니다." 캐시가 말했다. "당신이 낯선 도시에서 며칠 동안 헤매며 길을 찾는다면 당신의 아버지는 가장 먼저 그 도시의 지도와 안내서를 살 겁니다. 두 분이 어떻게 다른지 이해하시겠죠?"

"알 것 같습니다. 아버지는 뭔가를 하시기 전에 먼저 관련 사실들을 조사해야 했지요. 나는 조사하는 것을 좋아하지 않기 때문에 일단 뛰어들고 봅니다. 문제에 봉착하면 그제야 조사를 시작하죠."

"그리고 당신은 그런 식으로 배웁니다. 당신은 그런 식으로 똑똑해지는 사람이고, 당신의 아버지는 그 사실을 알고 계셨어요."

"그래서 나는 아버지와 골프를 친 적이 별로 없습니다." 내가 말했다. "아버지는 모든 샷을 계산하셨거든요. 바람이라든가 거리 같은 것을 끝없이 재곤 하셨죠. 그린의 경사와, 심지어 잔디가 누운 방향까지도 계산했어요. 나는 그냥 걸어 올라가서 공을 친 다음에 뭘 잘못했는지 알아봤고요."

"그렇다면 당신은 팀으로 하는 스포츠를 더 좋아하겠군요?" 캐시가 물었다.

"네. 그걸 어떻게 알았습니까? 난 럭비를 좋아합니다. 그리고 대학 때에는 조정 팀의 주장을 맡기도 했고요. 하지만 나는 나 혼자서 모든 것을 해야 하는 스포츠는 좋아하지 않습니다."

"알 것 같네요. 그건 당신이 팀이 있어야만 성공하는 사람이기 때문입니다. 그런 욕구 또는 취향은 당신이 다양한 재능을 존중하기 때문에 나타나는 것입니다. 때로 '사실 찾기'와 '빠른 시작'에서 모두 긴 그래프를 가진 사람은 자기가 그 모든 일을 혼자 할 수 있다고 믿지요. 그들은 먼저 적절한 우선순위를 정한 다음 일에 착수합니다. 하지만 그 사람들은 시작은 잘 해도 당신처럼 장기적으로 성공하려면 그보다 더 많은 것이 필요하다는 사실을 인식하려면 많은 설명을 들어야 하죠."

"아, 알 것 같습니다. 성공한 내 친구들 중에는 혼자서도 잘할 수 있다고 생각하는 친구들이 많습니다. 그 친구들은 아마 '빠른 시작'과 '사실 찾기' 그래프가 나보다 더 길 거예요. 반면에 나는 팀을 구성해서 도움을 받지요." 내가 말했다.

"그리고 그것이 당신의 훌륭한 점입니다. 그것은 또 당신이 골프보다 팀 스포츠를 좋아하는 이유이기도 하죠." 캐시가 계속해서 말했다. "당신은 팀의 필요성을 알기 때문에 혼자서 잘할 수 있다고 믿는 사람들보다 더 큰 사업체를 만들 수 있었습니다. 또한 '빠른 시작'과 '사실 찾기' 능력이 결합된 사람들은 계산된 위험을 선호하는 경향이 있지요. 반면에 당신은 물리적이거나 신체적인 위험을 선호하고요. 그래서 당신은 사무실에서 일하지 않는 겁니다."

"정말로 그런 것 같군요. 난 혼자서는 구제불능이거든요. 나는 주변 사람들로부터 도움을 받는 걸 좋아합니다." 내가 말했다.

"어쩌면 그래서 당신이 학교 시험을 잘 보지 못했는지도 몰라요. 당신은 함께 답을 생각해 낼 팀이 필요했는데 교사들은 그것을 부정행위라고 부르죠."

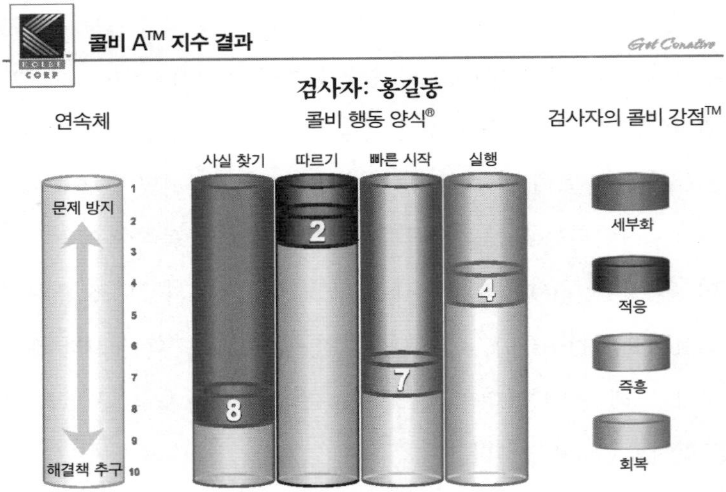

콜비 행동 양식은 본능에 따른 행동 방식이며, 성격 또는 IQ와는 무관하다.

- '사실 찾기'는 정보를 모으고 공유하는 방식이다. 당신의 '사실 찾기' 방식은 '세부화'이다.
- '따르기'는 계획하고 정돈하는 방식이다. 당신의 '따르기' 방식은 '적응'이다.
- '빠른 시작'은 위험과 불확실성을 다루는 방식이다. 당신의 '빠른 시작' 방식은 '즉흥'이다.
- '실행'은 공간 및 실질적인 것들을 다루는 방식이다. 당신의 '실행' 방식은 '회복'이다.

콜비 연속체의 기둥들은 모두 긍정적인 특성을 의미한다.

나는 웃으면서 물었다. "혹시 제가 학교 다닐 때 제 뒷자리에 있었나요?"

"그럴 필요도 없어요. 우리 반에도 당신 같은 애들이 많았거든요. 당신은 교실에서는 잘하지 못했어도 팀 스포츠나 그 밖에 팀이 필요한 곳에서는 잘했을 겁니다. 당신은 삶의 시험을 혼자서 치르는 걸 싫어했으니까요."

"그래서 나는 학교에서 늘 똑똑한 아이 옆에 앉았고, 지금도 일할 때 그런 사람들을 필요로 합니다. 부자 아버지는 늘 이렇게 말씀하셨죠. '사업은 팀 스포츠다.' 그래서 그분은 항상 똑똑한 사람들로 구성된 팀을 옆에 두고 금융 문제에서 도움을 받으셨어요."

"당신도 그 사람들만큼 똑똑해요. 그 사람들은 그저 '사실 찾기' 부분에서 뛰어난 거죠. 그 부분을 당신의 재능에 보탠다면 당신은 더 많은 일을 할 수 있습니다. 각자가 퍼즐을 완성하는 데 도움을 줄 수 있는 거죠. 열두 개의 재능들이 함께 결합하면 항상 최고의 결과가 나오거든요." 그녀가 말했다. "물론 올바른 재능을 가진 사람들을 적재적소에 배치해 특정한 문제를 해결하게 한다면 더욱 도움이 되겠지요."

"우리 아버지가 재정적으로 고생을 한 이유는 그분이 혼자서 일했기 때문입니다. 반면에 부자 아버지는 팀으로 일했지요. 우리 아버지는 학교에서 배운 대로 혼자서 시험을 치렀고, 부자 아버지는 팀을 구성해서 그분의 금융 시험을 치렀습니다. 그래서 진짜 세상에서 차이가 나게 된 겁니다."

캐시는 고개를 끄덕였다. "각자가 지닌 본능을 적절하게 결합시키면

승리할 수 있습니다. 그리고 그 누구도 혼자서 모든 것을 할 수는 없어요." 점심 식사가 끝났다. 우리는 곧 다시 만나기로 약속했다. 이번에는 회사 전체와의 만남이 될 터였다.

헤어질 때 나는 그녀에게 이렇게 물었다. "아이들을 위한 콜비 지수도 있습니까?"

그녀는 밝게 웃으며 대답했다. "그걸 묻다니 기쁘네요. 네, 있습니다. 우리에게는 초등학교 5학년 수준부터 가능한 검사지가 있어요. 당신이 검사한 A지수와 비슷한 청소년 지수도 있고요. 또 내가 '사고 훈련'이라고 부르는 다른 것도 있지요. 그것들은 아이들이 자신의 본능을 신뢰하고 재능을 활용하는 것을 돕습니다."

"아이들이 자기한테 맞는 학습 방식을 알고 자신이 어떤 천재성을 지니고 있는지 안다면 멋지겠군요. 이왕이면 빠를수록 좋을 거예요. 여러 해 동안 시행착오를 거칠 필요가 없으니까요." 내가 말했다.

"그래서 내가 이 일을 하는 겁니다." 캐시는 이렇게 말하며 차에 올라 작별 인사를 했다.

캐시 콜비는 누구인가

캐시 콜비는 1985년에 《타임》이 선정한 '올해의 인물' 가운데 '상상력, 용기, 활력, 그리고 굳건한 의지력을 지닌 미국의 선구자들' 일곱 명 중 한 명으로 선정되었다. 그녀는 또한 미국의 뛰어난 소기업 창업가 중 한 명으로 꼽혔으며, 백악관이 선정한 50인의 '당신도 할 수 있다Can do' 정신을 지닌 사람 중 한 명이다. 그녀는 전 세계를 돌며 세미나와 강연을 하고 있으며 『능동적 연결Conative Connection』과 『순수한 본능Pure Instinct』 등의 저서를 집필했다. 캐시는 '원더릭 검사Wonderlic Personnel Test'의 창시자인 부친 E. F. 원더릭의 영향을 크게 받았다. 그녀는 부친을 좋아하지만 아버지와는 다른 방식으로 연구를 해야 함을 깨달았다. E. F. 원더릭은 인지적 도구로서 원더릭 검사를 창안했지만 그녀는 IQ 검사와 같은 접근법은 진정한 재능이나 선천적 능력을 측정하는 데 적합하지 않다고 믿었다. 그녀는 부친의 격려를 받으며 부친으로부터 배운 전문 지식을 활용해 다음 세대를 위한 새로운 검사 도구를 개발했다.

캐시 콜비의 분류 방식을 접하는 것은 매우 즐거웠다. 개인적으로 나는 그녀의 연구 결과가 교육계에 존엄성에 대한 인식을 깊게 하고 학생에 대한 존중하는 마음을 가져다 줄 수 있을 것이라고 생각한다. 그녀는 우리 모두가, 교육 제도가 종종 인식하지 못하는 천재성과 재능을 지니고 있다는 데 나와 의견을 함께하는 몇 안 되는 사람 중 한 명이다. 오늘날과 같은 정보 시대에 그녀의 정보는 매우 신선하고 고무적이다.

청소년 콜비 지수는 '콜비 Y™ 지수'라고 불리며 다음과 같은 것들을 분석한다.

- 어떻게 하면 학교에서 가장 잘할 수 있는가?
- 어떻게 하면 여가 활동을 가장 잘 보낼 수 있는가?
- 어떻게 하면 의사소통 능력을 개선할 수 있는가?

콜비 지수 결과를 검토했을 때 나는 진정한 내 모습을 새롭게 발견했다. 그것은 내가 왜 학창 시절에 교사들로부터 문제아나 멍청한 아이로 낙인찍혔는지 알려 주었다. 내가 어렸을 때 콜비 지수를 알았더라면 학교에서 직면한 문제들 가운데 많은 것을 피하거나 적어도 더 잘 이해할 수 있었을지도 모른다. 당신도 나처럼 깨달음을 얻을 수 있길 바란다.

Chapter 16

아이 스스로 성공의 길을 찾도록 도우라

내가 어렸을 때 학교 선생들은 자주 이렇게 말씀하시곤 했다. "좋은 교육을 받아야 좋은 일자리를 얻을 수 있다."

반면에 내 부자 아빠는 내게 '현금흐름 사분면'을 그려 보여 주었다. 그는 내게 일자리를 얻어 봉급생활자가 속한 E^employee 사분면에 머무르라고 충고하는 것이 아니라 내가 원하는 사분면을 선택하게 했다.

그리고 내가 학교에서 문제를 일으켰을 때 내 친아버지는 내게 맞는 학습 방식을 찾도록 격려하셨다.

선택의 기회가 많으면 성공의 기회도 많다

오늘날 우리는 옛날보다 더 많은 선택권을 갖고 있다. 항공 산업이나 컴퓨터 산업처럼 새로운 산업 분야가 생겨날 때마다 우리의 흥미나 직업의 선택 폭도 넓어진다. 오늘날 아이를 기를 때 생기는 문제점 중 하나는 선택의 폭이 너무 넓다는 것이다. 선택의 기회가 너무 많으면 산만해지기 때문이다. 그럼에도 선택의 기회가 많을수록 성공의 기회도 많아진다.

부모가 아이에게서 선택권을 빼앗기 시작하면 가정불화가 시작될 수 있다. 아이에게 "이렇게 하지 마라." 혹은 "저렇게 하지 마라."고 이야기한다면 당신의 아이는 당신이 원하지 않는 바로 그 일을 하게 되거나 혹은 이미 했을 가능성이 크다.

어렸을 때 내게 큰 도움이 되었던 것은 부모님이 내게 선택의 기회를 제한하지 않고 더 많은 선택권을 제시했다는 것이다. 그렇다고 내가 옆으로 샐 때 훈계를 하지 않았다는 의미는 아니다. 하지만 두 분 아버지는 모두 내게 선택의 기회를 주셨고 내가 무엇을 할 수 있고 할 수 없는지 제한하지 않으셨다.

내가 이 장에서 바라는 것은 부모가 아이에게 더 많은 선택권을 제공하고 그럼으로써 아이가 궁극적으로 자신에게 알맞은 성공의 길을 찾도록 돕는 것이다. 캐시 콜비는 이렇게 말했다. "성공은 진정한 자신이 되는 자유이다."

너는 커서 뭐가 되고 싶니?

부자 아버지는 내게 "학교에 가서 일자리를 얻어라."라고 말하는 대신 '현금흐름 사분면' 같은 선택권을 제시해 주셨다.

내 다른 책을 읽지 않은 사람들을 위해 간단히 설명하자면

E는 봉급생활자Employee를

S는 자영업자Small business 혹은 전문직Self-employed을

B는 사업가Business owner를

I는 투자가Investor를 가리킨다.

선택권이 제시되자 나는 내 운명과 내가 공부하고 싶은 것에 대해 내가 더 큰 통제권을 가지고 있다고 느꼈다. 또한 나는 그 과정에서 각각의 사분면마다 적용되는 세법이 다르다는 것을 알게 되었으며 그것은 내가 미래의 길을 찾는 데 도움이 되었다. 성인이라면 대부분 알겠지만 세금은 우리의 삶에서 가장 큰 지출을 차지하는 부분이다. 그러나 불행히도, 자기 몫보다 더 많은 세금을 내는 것은 봉급생활자인 E사분면과 자영업자나 전문직 종사자가 속하는 S사분면 사람들이다.

아이와 이야기할 때에는 단순히 "학교에 가서 일자리를 얻어야 한다."고 말하는 것이 아니라 여러 사분면의 선택권을 제시해라.

어렸을 때부터 선택권을 가졌던 나는 내게 가장 잘 맞는 학습 방법이 B와 I사분면으로 이어지는 것임을 깨달았다. 나는 내가 자라서 사업가나 투자가가 되고 싶어 한다는 것을 알았다. 오늘날 우리는 주로 어느 사분면에 속하든 간에 I사분면에 속하는 투자가가 되어야 할 필요가 있다. 더 이상은 은퇴 후에 당신의 회사나 정부가 당신을 책임져 줄 것이라고 기대하지 마라.

선택과 결과

부자 아빠가 돈과 관련해 내게 가르쳐 주신 가장 중요한 교훈은 재무제표에 나타나는 선택과 결과를 이해시킨 것이었다. 다음의 재무제표를 본다면 당신은 이 교육이 얼마나 유용한지 이해할 수 있을 것이다.

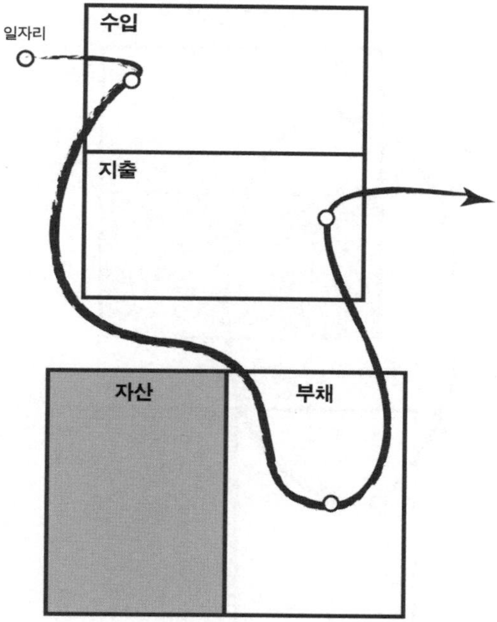

마이크와 나는 금융 숙제를 함으로써 우리가 받는 돈마다 선택의 기회가 있으며, 그러한 선택이 지출 부문에서 나타난다는 사실을 깨달았다. 우리는 곧 돈을 벌거나 쓸 때마다 그에 따른 파문 효과, 즉 행동에 대한 결과가 발생한다는 사실을 깨달았다. 가령 우리가 번 돈으로 자동차와 같은 부채를 산다면 우리는 더 부자가 되는 것이 아니라 가난해질 것이다.

하지만 다음과 같은 지출 결정을 내린다면 장기적으로 다른 결과가 나타난다.

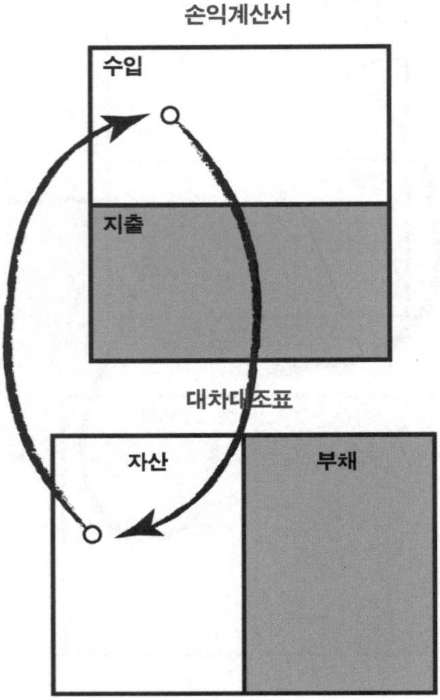

우리는 아직 어렸음에도 불구하고 자산에 투자하는 '선택'을 하면 이 같은 장기적인 '결과'가 나온다는 사실을 알 수 있었다. 마이크와 나는 아홉 살 때 이미 우리의 경제적 운명을 통제할 수 있는 것은 오직 우리 자신뿐임을 깨달았다. 우리는 두 번째 재무제표와 같은 금융적 선택을 한다면 어떤 일자리를 가졌든 혹은 어떤 교육을 받았든 상관없이 부자가 될 수 있음을 알았다. 경제적 성공은 학문적 성공과는 아무 관계도 없었다.

토머스 스탠리는 자신의 저서인 『백만장자 마인드The Millionaire Mind』에서 경제적 성공과 학문적 성공 사이에 상관관계가 전혀 없음을 보여 준다. 그 두 가지는 아무런 연관성도 없다. 그 점은 누구나 금방 이해할 수 있으리라. 우리가 주목해야 할 점은 앞서 언급한 사실, 즉 우리의 학교 제도가 학문적 기술과 직업적 기술에만 초점을 맞추고 있다는 것이다. 다시 말해 우리의 교육 제도에는 부자 아빠가 내게 가르친 금융 지식에 관한 설명이 없다.

이 책의 서두에서 이야기했듯이 "정보 시대에는 교육이 그 무엇보다 중요하다. 당신의 아이가 미래를 잘 대비하기 위해서는 건전한 금융 및 경제 기술이 필요하다."

자녀에게 금융 교육의 핵심인 재무제표를 가르친다면 스스로 경제적 운명을 통제할 힘을 부여할 수 있다. 어떤 직업을 선택하든 얼마나 많은 돈을 벌든, 혹은 학교에서 얼마나 잘하든 상관없이 그 힘을 갖게 되는 것이다. 부자 아버지는 종종 이렇게 말씀하셨다. "돈이 반드시 너를 부자로 만드는 것은 아니다. 대부분의 사람들이 저지르는 가장 큰 실수는 돈을 더 많이 벌면 부자가 될 것이라고 생각하는 거란다. 하지만 대개의 경우, 돈을 더 많이 벌면 더 많은 빚을 지게 된다. 그래서 돈을 더 많이 버는 것만으로는 부자가 될 수 없지." 그리고 그렇기 때문에 그분은 마이크와 내가 돈을 쓸 때마다 우리에게 선택권이 있으며, 각각의 선택이 장기적인 결과를 불러온다는 것을 가르치셨다.

4의 힘

누구나 이런 말을 들어본 적이 있을 것이다. "인간은 그 누구도 고립

된 섬이 아니다." 혹은 "백짓장도 맞들면 낫다." 나는 개인적으로 그 말에 동의하지만 우리의 교육 제도는 그렇지 않은 모양이다.

『부자 아빠의 투자 가이드』에서 나는 사면체의 힘에 관해 이야기했다.

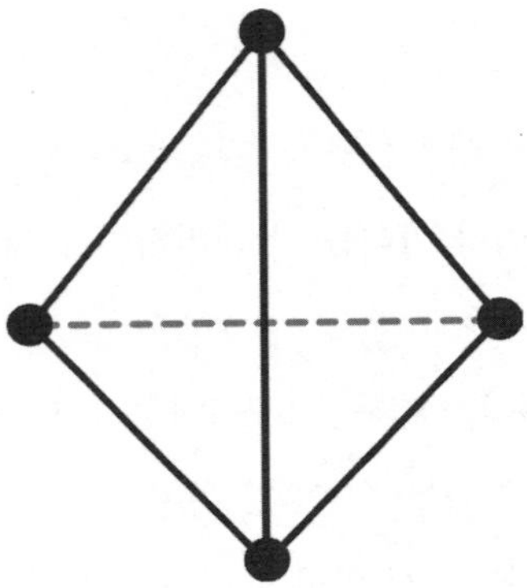

나는 입체 기하학을 공부하면서 사면체가 최소한의 입체구조이며 가장 안정적인 구조임을 알게 되었다. 핵심은 바로 숫자 4에서 발견되는 마법에 있다.

점성술에는 네 가지 특정 요소가 있다. 흙, 공기, 물, 불이 그것이다. 이 네 가지 기본 요소를 하나의 구조로 형태화하면 다음과 같은 사면체가 된다.

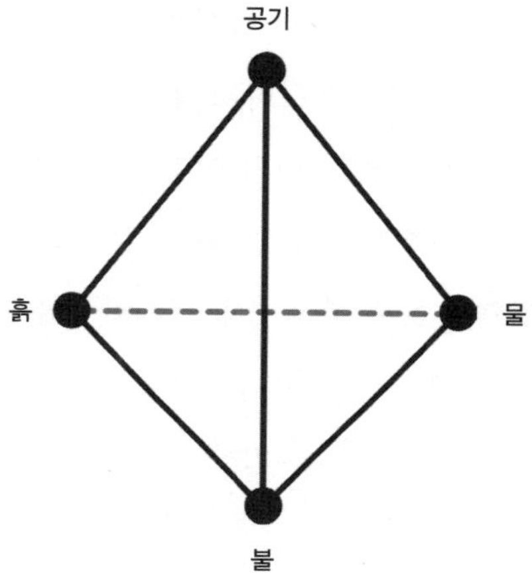

돈과 사업의 세계에서 우리는 '현금흐름 사분면' 속에서 또 다른 숫자 4의 마법을 발견하게 된다.

E - 봉급생활자

S - 자영업자, 전문직 종사자

B - 사업가

I - 투자가

고대 그리스의 의사이자 의학의 아버지라 불리는 히포크라테스(B.C. 460-377) 또한 네 가지 특성으로 사람들을 구분했다. 그가 사용한 용어는 '담즙질choleric,' '다혈질sanguine,' '점액질phlegmatic,' 그리고 '우울질melancholy'이다.

20세기에는 융 역시 네 가지 성격 특성을 구분했는데, 그가 사용한 용어는 사고think, 감정feel, 직관intuit, 그리고 감각sensor이었다.

1950년대에는 I. 마이어스와 그녀의 어머니가 이른바 마이어스-브릭스 유형지표(MBTI)를 개발했다. MBTI는 사람들을 16가지 유형으로 나누는데, 흥미롭게도 이는 네 가지 유형으로 압축할 수 있다. 즉 지배dominance를 나타내는 D, 영향influenc을 나타내는 I, 지원support을 나타내는 S, 그리고 동화compliance를 나타내는 C이다.

오늘날에는 수많은 성격 유형 도구들이 사용되고 있으며 많은 기업들이 이런 도구를 이용해 사람들을 적재적소에 배치한다. 여기서 내가 강조하고 싶은 것은 숫자 '4'가 무척 중요하다는 것이다.

캐시 콜비의 연구에서 발견되는 몇몇 흥미로운 사실들은 우리 자신과 독특한 특성을 파악하려는 이 같은 연구에 덧붙여 더욱 미세한 구분을 추가한다. 캐시의 연구 결과에서 한 가지 흥미로운 부분은 왜 어떤 아이들은 학교에서 잘하고 어떤 아이들은 그렇지 않은가 하는 것이다. 다음 사면체를 본다면 어째서 그렇게 많은 아이들이 학교에서 문제를 겪는지 쉽게 알게 될 것이다.

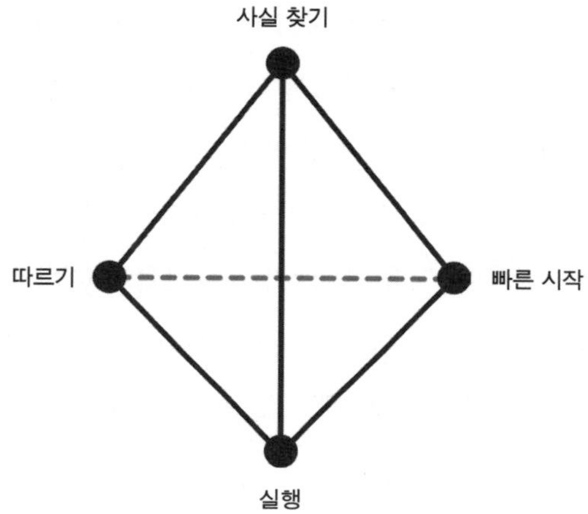

현재의 교육 제도는 '사실 찾기' 능력이 강한 학생들에게 주로 초점이 맞춰져 있다. 나머지 세 가지 범주에 속하는 학생들은 그 과정에서 종종 애를 먹는다. 다시 말해 세상은 네 개의 서로 다른 학습 유형으로 구성되어 있으나 학교 제도는 그중 오직 하나만을 인정하고 있다는 이야기다.

12의 힘

일 년에는 열두 달이 있고 별자리에도 열두 개의 자리가 있다. 인류의 발달 과정에서 숫자 4와 12는 중요한 의미를 가진 숫자로 끊임없이 반복해서 나타난다. 입체기하학을 공부하면 이 숫자들이 왜 그렇게 반복적으로 나타나는지 이해할 수 있다. 우리의 현 교육 제도가 하나의 학습 유형과 한 가지 천재성만을 인정한다는 사실은 대단히 불행한 일이다. 내가 강조하고 싶은 것은 부모들이 아이의 네 가지 학습 방식과 열두 가지의 천재성에 대해 반드시 알아야 한다는 것이다. 다시 말해 이제 당신은 아이를 기르고 아이들의 천재성을 개발하는 데 더욱 많은 선택권을 갖게 되었다. 앞서 이야기했듯이 지능이라는 단어는 미세한 구분을 하는 능력이며, 교육education이라는 단어는 '에두체educe'와 기원이 같다. 그것의 의미는 '집어넣는 것'이 아니라 '꺼내는 것'이다.

당신 아이의 눈을 들여다볼 때면 항상 그 안에 작은 요정이 살고 있음을 기억하라. 그것은 학교 시스템이 찾고 있는 것과 다를 수도 있지만 그럼에도 거기에는 아이의 천재성이 살고 있다. 비록 교육 제도는 그것을 찾지 않을지라도 부모인 당신은 그것을 찾아야 한다. 왜냐하면 당신이 아이의 눈을 들여다보고 그 안에서 천재성을 볼 때마다 그것은 우리 자신에게도 '우리 안의 지니geni-in us', 즉 천재성geniu이 있음을 상기시키기 때문이다. 우리 모두의 안에 살고 있는 이 요정이야말로 우리의 삶에 마법을 불어넣는 존재이다.

결론

세상에서 가장 중요한 일

우리 아버지는 이렇게 말씀하시곤 했다.

"아이들에게는 두 종류가 있다. 정해진 길을 따름으로써 성공하는 아이들이 있고, 정해진 길을 따르는 것을 싫어해서 자신만의 길을 닦아야 한다고 생각하는 아이들이 있지. 우리 모두의 내부에는 이런 두 종류의 아이들이 살고 있단다."

뜨거운 난로를 만지지 마라

즉 내가 정직하고 성실하게 나아가는 한 나만의 길을 닦아도 좋다는 의미로 한 말이다. 하지만 나는 때때로 한동안 그 길에서 떨어져 있기도 했다. 내가 길에서 얼마나 오랫동안 벗어나 있든 아버지는 불을 밝히고 집에서 항상 나를 반겨 주었다.

아버지는 종종 내가 한 일을 인정하지 않았고, 내게 그 사실을 알려 주었다. 하지만 내가 어떤 일을 하지 못하도록 막지는 않았다. 아버지는 이렇게 말씀하셨다. "아이에게 뜨거운 난로의 의미를 알려 주는 길은 직접 뜨거운 난로를 만져 보게 하는 것뿐이다."

나는 어느 날 저녁 아버지가 학부모 모임에서 뜨거운 난로에 관해 강연을 하시는 모습을 본 적이 있다. 150여 명의 학부모들을 앞두고 아버지는 이렇게 말했다. "우리 어른들이 뜨거운 난로가 어떤 것인지 아는 이유는 우리 모두가 난로를 만져 본 경험이 있기 때문입니다. 우리는 그것을 만지지 말라는 이야기를 들었음에도 불구하고 모두 난로를 만져 봤지요. 그리고 여러분 중에 아직도 뜨거운 난로를 만져 본 적이 없는 분이 계시다면, 지금 즉시 만져 보시기를 권합니다. 그것을 만져 보기 전까지는 인생을 살았다고 할 수 없으니까요."

그 말에 학부모와 교사들이 웃음을 터트렸다. 한 부모가 손을 들고 물었다. "그 말씀은 우리더러 아이들을 훈계하지 말라는 뜻인가요?"

"아니오. 그런 말이 아닙니다. 전 아이들이 경험을 통해 삶을 배운다고 말하는 겁니다. 아이들이 뜨거운 난로가 무엇인지 아는 유일한 길은 그것을 만져 보는 길뿐입니다. 우리가 아이들에게 난로를 만지지 말라고 하는 건 우스꽝스러운 일이죠. 우리가 뭐라고 하건 결국 아이들은 난로를 만지고 말 테니까요. 그게 바로 아이들이 배우는 방식입니다. 아이들은 뭔가를 하고 실수를 하고 그런 다음에 배우게 됩니다. 우리 어른들은 아이들을 교육한답시고 절대로 실수를 하지 말라고 당부하면서 어쩌다 아이들이 실수를 저지르면 벌을 주지요. 하지만 그것이 바로 실수입니다."

나는 당시에 열네 살에 불과했지만 거기 모인 많은 학부모와 교사들이 아버지의 말씀을 좋아하지 않는다는 것을 알 수 있었다. 그들 대다수에게 실수를 피하는 것은 삶을 살아가는 하나의 방식이었다. 또 다른 부모가 손을 들고 물었다. "그 말씀은 실수를 하는 게 자연스러운 일이고, 우리가 실수를 함으로써 배운다는 뜻인가요?"

"그렇습니다." 아버지가 말했다.

"하지만 학교에서는 애들이 실수를 하면 벌을 줘요." 그 부모는 여전히 선 채로 말했다.

"그래서 제가 오늘 밤 여기 있는 겁니다." 아버지는 말을 이었다. "제가 이 자리에 선 것은 교사인 우리가 아이들의 실수를 고쳐 주지 않고 실수를 저지른 아이들을 찾아내 벌을 주는 데에만 초점을 맞추고 있기 때문입니다. 저는 우리가 실수를 벌하는 데에만 초점을 맞추고 아이들의 실수를 고쳐 주고 실수를 통해 배우도록 가르치지 않는다면 우리의 교육이 점점 더 기능을 상실할 것이라고 생각합니다. 아이들이 실수를 저지르면 벌을 주는 대신에 더 많은 실수를 하도록 권장해야 합니다. 아이들은 더 많은 실수를 하고 그것을 통해 배울수록 더 똑똑해질 겁니다."

"하지만 당신들, 교사들은 아이가 실수를 많이 하면 벌을 주거나 한 걸음 더 나아가 낙제를 시키잖습니까." 그 부모가 말했다.

"그렇습니다. 그리고 그것이야말로 우리 교육 제도의 허점이라 할 수 있지요. 그리고 저도 그런 시스템의 일부고요. 그래서 제가 오늘 밤 이

곳에 찾아온 것입니다."

아버지는 이어서 아이들의 선천적인 호기심이 배움을 자극한다고 설명했다. 하지만 호기심이 고양이를 죽일 수도 있듯이 너무 많은 호기심은 아이들에게 파괴적일 수도 있다. 그날 밤 아버지가 하신 강연의 핵심은 부모와 교사의 할 일이 아이의 선천적인 호기심을 손상하지 않으면서 실수를 고쳐 주는 것이라는 것이었다.

아버지는 또다시 질문을 받았다. "아이의 선천적 호기심을 손상시키지 않으면서도 어떻게 실수를 고쳐 줄 수 있습니까?"

아버지가 대답했다. "저는 정답을 모릅니다. 제가 볼 때 그것은 상황에 따라 달라지는, 일종의 예술 같은 겁니다. 그러므로 하나의 정답은 없는 셈이죠." 아버지는 계속해서 말했다. "제가 이 자리에 있는 것은 여러분에게 우리 모두가 뜨거운 난로를 직접 만져 봄으로써 배웠다는 사실을 상기시키기 위함입니다. 우리는 그것을 만지지 말라는 이야기를 들었음에도 불구하고 모두 그것을 만져 보았지요. 우리가 난로를 만진 이유는 호기심에 넘쳤기 때문이고, 뭔가 새로운 것을 배우고 싶었기 때문입니다. 저는 지금 여러분 자녀들의 선천적인 호기심과 배우고자 하는 욕망을 대변하기 위해 이 자리에 섰습니다. 모든 아이들은 태어날 때부터 호기심을 가지고 있으며 우리가 할 일은 그러한 호기심을 보호하는 동시에 최선을 다해 아이들을 보호하는 것입니다. 호기심을 보호하는 것은 중요합니다. 왜냐하면 우리는 바로 호기심을 통해 배우기 때문입니다. 호기심을 파괴하는 것은 아이들의 미래를 파괴하는 일입니다."

또 다른 부모가 손을 들고 물었다. "저는 아이를 혼자 키우고 있습니다. 지금 제 아이는 제 통제를 벗어나 있고요. 아들아이는 밤늦게까지 집에 들어오지도 않고 제 말을 듣지도 않아요. 나쁜 친구들과 어울려 다니고요. 제가 어떻게 해야 하는 거죠? 그 아이의 호기심을 북돋아 주어야 하나요? 아니면 녀석이 감옥에 가기를 기다려야 합니까?"

그러자 아버지가 물었다. "아드님이 몇 살이죠?"

"얼마 전에 열여섯 살이 됐어요." 그 어머니가 말했다.

아버지는 고개를 가로저었다. "아까도 말했듯이, 저는 정답을 모릅니다. 자녀를 기르는 방법에 대해서는 하나의 정답이 있을 수가 없지요." 아버지는 부드러운 목소리로 말했다. "어쩌면 경찰이 아드님이 찾고 있는 대답을 갖고 있을지도 모르겠군요. 하지만 아드님을 위해서라도 부디 그런 일은 없기를 바랍니다."

이어서 우리 아버지는 두 종류의 아이들에 관해 이야기했다. 하나는 좁고 곧은 길을 따라가는 아이들과 다른 하나는 자신만의 길을 만들어 가는 아이들이었다. 아버지는 부모가 할 수 있는 일은 빛을 비춰 주고 아이가 제 길로 돌아오기를 기다리는 것뿐이라고 말했다. 우리 아버지는 또 많은 부모들이 과거에 길을 벗어난 적이 있음을 상기시켰다. 그분은 우리 모두의 내면에 때때로 자신의 길을 스스로 만들고 싶어 하는 '사람'이 존재하고 있음을 상기시켰다. 아버지는 이어서 이렇게 설명했다. "우리 모두는 옳은 길과 그른 길이 있다고 믿습니다. 하지만 때로 우리는 자신이 가고 있는 길이 가장 좋은 길이라고 생각하죠." 아버지는 다음과 같은 말로 강연을 끝냈다. "그러나 때로는 우리의 길이 우리 아이의 길이 아닐 수도 있습니다."

아버지의 대답에 만족하지 못한 젊은 어머니가 다시 자리에서 일어나 말했다. "하지만 우리 애가 어둠 속에서 방황하다가 다시는 돌아오지 않으면요? 그러면 저는 어떻게 해야 하죠?"

우리 아버지는 잠시 입을 다물더니 그녀의 걱정을 이해한다는 눈빛으로 나지막하게 대답했다. "계속해서 빛을 비추십시오." 그러고는 원고를 정리한 후 연단에서 내려왔다. 조용해진 방 안을 나서기 전, 아버지는 걸음을 멈추고 몸을 돌렸다.

"부모와 교사가 할 일은 계속해서 빛을 비추는 것입니다. 그것은 세상에서 가장 중요한 일이지요."

"우리는 남에게 무언가를 가르칠 수는 없다.

스스로 자신 안에 있는 것을 찾아내도록 도울 수 있을 뿐이다."

—갈릴레오

부록 A

자녀에게 용돈을 줄 것인가 말 것인가

용돈의 정의는 "개인적으로 혹은 가계비로 쓰기 위한 돈을 정기적으로 제공하는 것"이다. 용돈을 주는 것은 어떤 경우에는 적절하지만 그 액수를 결정하고 아이들과 의사소통하는 것이 더욱 중요하다.

아이가 용돈을 당연하게 여기는가?

우리의 아이들은 용돈을 당연히 받아야 하는 것으로 생각할까? 아이들이 용돈을 당연하게 여기는 사고방식이 어른들에게 점점 더 큰 문제를 야기하는 오늘날, 부모는 아이가 매주 받는 용돈이 당연한 것이라고 생각하지 않게 가르쳐야 한다.

용돈은 봉급생활자의 사고방식을 강화할 수 있다

아이들이 용돈을 해야 할 일이나 책임을 완수했을 때 받는 보상으로 여기는가? 특정한 일을 완수하고 그 보상으로 용돈을 받는 경우의 단점은 그것이 봉급생활자의 사고방식을 강화할 수 있다는 점이다. "이 일을 하렴. 그러면 너한테 10달러를 줄게." 이런 일들은 돈을 위해 일하는 방법을 배움으로써 봉급생활자의 사고방식을 발전시킬 수 있다.

공헌하는 법을 가르쳐라

아이들은 경제적 보상을 기대하지 않고도 가족이나 사회에 공헌하는 법을 배워야 한다. 부모들은 너무 자주 용돈이라는 '뇌물'에 의존해 아이들이 경제적 보상 없이도 당연히 해야 할 일을 하도록 만들려고 한다. 많은 부모들이 이런 형태의 뇌물을 '보상'이라는 이름으로 얼버무린다. 그런 뇌물에 의존하는 부모라면 자신이 부모로서의 통제력을 아이에게 넘겨 주고 있음을 한시라도 빨리 깨닫기 바란다.

용돈을 올바르게 주는 법

자녀에게 용돈을 주는 네 단계 프로그램을 개발할 수 있다. 나아가 그러한 방침에 관해 아이들과 열린 마음으로 지속적으로 소통하라.

1단계: 개인적인 책임감 부여하기

아이의 나이와 성숙도에 따라 개인적인 건강과 발전을 위해 해야 할 임무나 과업을 결정하라. 예를 들어 매일 아침과 밤에 이를 닦는 것은 개인적인 책임으로 이해하고 이야기해야 한다. 잠자리를 정돈하거나 식사 후에 자기 그릇을 개수대에 가져가는 것을 포함할 수도 있다. 이러한 개인적인 책임에는 경제적 보상이 전혀 없어야 한다.

2단계: 가족 또는 사회적 책임감 부여하기

가족 또는 사회적 환경에 공헌하고 경제적 보상이 전혀 없는 임무나 과업을 찾는다. 이는 동생들에게 책을 읽어 주거나 무거운 짐을 든 노인들을 도와주는 등 아이가 보다 넓은 환경에 공헌할 수 있는 행동들을 가리킨다. 가족이나 사회적 책임감과 연계된 이러한 행동들에는 경제적 보상을 하지 않아야 한다.

3단계: 사회적 과업에 대해 용돈 주기

이 단계는 부모들의 개인적인 믿음에 따라 선택이 가능하다. 아이들에게 용돈을 주는 일반적인 과업이나 일에는 어떤 것들이 있는지 나름의 지침을 마련하라. 어떤 행위에 대해 보상을 줄지 결정할 때에는 아이들을 직접 참여시켜라. 일주일에 한 번 세차하기, 정원 가꾸기, 지하실이나 차고 정리하기 혹은 다른 잡일 등이 가능할 것이다. 아이들에게 용돈 청구서를 달라고 요청할 수도 있다. 그런 경우 아이들은 보다 책임감을 느끼게 될 것이다. 어떤 아이들은 학교 공부나 체육 활동 때문에 너무 바빠 부모들이 그들의 노력을 인정하는 의미에서 용돈을 주기도 한다. 여기서 중요한 것은 아이들에게서 바라는 것이 무엇인지 분명하게 의사소통을 하는 것이다.

4단계: 아이의 창업가 정신 고취시키기

당신의 아이가 다른 사람의 문제를 해결해 줌으로써 스스로 돈을 버는 방법을 생각해 내도록 고취시킨다. 다른 아이들이 어떻게 돈을 벌었는지에 관한 이야기로 아이가 남을 위해 봉사하는 기회에 마음을 열도록 부추긴다. 당신 아이가 명함을 만들어 사업을 시작하게 도울 수도 있다. 결과물에 만족한다면 아이의 회사가 당신과 다른 사람들에게 청구서를 보내도록 해라.

금융 교육

자녀에게 자산과 부채의 개념을 가르쳐라. 근로소득, 투자 소득, 비활성 소득의 차이점에 대해 가르치고 투자 소득과 비활성 소득의 중요성에 대해 말해 주어라. 그리고 『부자 아빠 가난한 아빠』에 나오는 각종 표와 그림을 이용해 무엇이 쓸모없는 것인지도 알려 주어라. 이러한 금융 교육으로 무장한 아이들은 건전한 금전적 책임감을 더욱 잘 발전시킬 수 있다.

만족 지연

자녀와 함께 재정 목표를 세우고 그런 목표를 달성하도록 아이가 계획을 짜는 것을 도와주어라. 이런 식으로 성공의 공식을 가르치는 것이다. 아이가 목표를 달성할 때 얻는 자부심은 참으로 값진 것이다. 즉각적인 만족이 판치는 오늘날 세상에서, 우리는 아이가 무언가를 스스로 성취하도록 내버려 두는 대신 그저 결과를 던져 줌으로써 목표 달성에서 비롯되는 강력한 성공의 느낌을 빼앗고 있다.

예를 들어 당신의 아이가 새 자전거를 원한다고 하자. 그런 경우 『부자 아빠 가난한 아빠』에서 소개한 방식으로 시작해 보라. 내 가난한 아빠는 이렇게 말했다. "우리 집은 그럴 형편이 안 된다." 하지만 부자 아빠는 이렇게 물었다. "네가 어떻게 하면 그 자전거를 살 수 있을까?" 당신의 아이가 "나는 할 수 없어."라고 말하는 것이 아니라 "내가 어떻게 하면 그것을 할 수 있을까?"라고 자문하도록 가르쳐라. 아이가 계획을 세우도록 돕고 비활성 소득을 벌 수 있는 자산을 마련할 방법을 생각해 내도록 격려해라. 진행 과정을 평가하고 필요할 때마다 목표를 수정하도록 도와주어라. 자녀의 노력을 인정하고 새 자전거를 사게 되면 성공을 축하해 주어라.

빚과 신용카드

신용카드는 오늘날 어디에나 존재하고 있다. 아이들은 매일같이 텔레비전과 라디오, 혹은 친구들로부터 "그냥 긁어 버려."라는 메시지로 폭격 당하고 있다. 부모들은 신용카드의 다른 측면에 아이들을 노출시킴으로써 전체 그림을 완성시킬 필요가 있다. 아이에게 당신의 신용카드 청구서를 보여 주어라. 신용카드로 사용한 금액에 어마어마한 이자가 붙는다는 사실을 보여 주어라. 그리고 각각의 카드에 신용 한도가 있다는 것을 알려 주어라.

신용카드를 사용하는 데 따르는 장점도 있다는 사실도 가르쳐 주어야 한다. 신용카드는 얼마나 많은 돈을 어디에 사용했는지 내역을 추적하고 기록을 보존하는 데 편리하다. 늘 신용카드를 현명하게 사용하고 매달 결제 금액을 모두 지불하여 이자를 내지 않도록 가르쳐라.

많은 부모들이 신용카드 빚을 갚느라 곤란을 겪고 있으며 자신의 재정 상황을 아이들에게 너무 많이 보여 주면 아이들이 겁을 먹을까 봐 걱정한다. 하지만 신용카드의 양쪽 면을 배운 아이들은 어른이 되어서도 신용카드의 위험을 피하거나 훨씬 더 잘 대비할 수 있을 것이다.

시간제 일자리

자녀에게 봉급생활자의 사고방식에 저항하는 시간제 일자리를 갖도록 만들어라. 후에 사업가나 투자가로서 사용할 수 있는 귀중한 정보를 배우는 일자리를 찾도록 고무하라. 지금은 돈을 버는 것보다 배우는 것이 더욱 중요한 시기다.

아이가 첫 봉급을 받아 오면 정부가 근로자가 보수를 손에 쥐기도 전에 어떻게 세금을 원천징수해 가는지 가르쳐라.

어떤 부모들은 아이에게 번 돈의 절반을 무조건 저축하거나 투자하거나 기부하도록 하는데, 이 같은 방식은 어린 시절부터 "나 자신에게 먼저 지불하라."는 개념을 갖게 하며 아이가 스스로 투자 자산을 마련하도록 돕는다. 나머지 절반은 아이가 원하는 대로 쓸 수 있다.

경제적 성공

자녀에게 용돈을 줄 것인가 말 것인가라는 오래된 질문에 대해 답할 수 있는 것은 오직 당신뿐이다. 하지만 용돈에 대한 당신의 방침이 당신 아이에게 무엇을 가르치는지 자문해 보기 바란다. 용돈에 대한 당신의 방침은 아이들에게 무엇을 가르치고 있는가?

- 용돈은 응당 받아야 한다는 사고방식?

- 봉급생활자의 사고방식?
- 창업가의 사고방식

금전적 책임감에 창업가 정신을 결합하면 아주 강력한 힘이 될 수 있다. 아이가 그 두 가지 모두를 개발하도록 도와주어라. 그런 다음 자녀가 경제적 성공을 거두는 모습을 지켜보기 바란다.

경제적 자유로 가는 길

내 가난한 아버지는 얼마나 많은 돈을 버는지에 초점을 맞추었다. 그래서 항상 이렇게 말했다. "좋은 교육을 받아서 봉급이 많은 일자리를 얻어야 한다."

부자 아버지는 얼마나 많은 돈을 버느냐가 아니라 얼마나 많은 돈을 보유하는가에 초점을 맞추었다. 그래서 그는 이렇게 말했다. "돈을 얼마나 많이 보유하느냐가 얼마나 많은 돈을 버느냐보다 훨씬 더 중요하다." 부자 아빠는 이런 말도 종종 했다. "얼마나 많은 돈을 버느냐에 중점을 두는 사람들은 얼마나 많은 돈을 보유하느냐에 중점을 두는 사람들을 위해 일하게 될 것이다."

아이에게 돈을 버는 것이 아니라 돈을 보유하는 데 초점을 맞추도록 가르쳐라. 부자 아빠는 그분의 자산 부문에 들어 있는 돈은 직원들과 같다고 표현했다. 돈과 직원들은 모두 그를 위해 일했다. 한번 자산 부문에 들어간 돈은 다시는 자산 부문을 떠나지 않았다. 부자 아빠는 자산을 팔아도 거기서 나온 돈으로 또 다른 자산을 사들였다. 그렇게 구입한 자산은 다음 세대로 전해졌다.

이런 철학을 가지고 가르친다면, 자녀를 경제적 독립의 길로 자연스럽게 이끌 수 있다.

부록 B

가족이 함께하는 경제 교육 실습

여기서 소개하는 연습 활동들은 실생활에서 아이들에게 보다 현실적으로 교훈을 준다. 경험을 통한 학습은 자녀에게 돈에 대해 가르치는 데 매우 강력한 도구가 될 수 있다.

아이들의 선천적인 호기심을 자극하여 스스로 질문을 던지도록 유도하라. 그리고 최대한 정직하고 솔직하게 질문들에 답해 주어라. 만일 당신이 모르는 것을 묻는다면 대답해 줄 수 있는 사람을 찾아 아이가 배울 수 있도록 해 주어라.

경제 교육 실습은 대화나 시나리오 형식으로 만들어져 있어 아이들에게 기본적인 금융 및 경제적 개념을 가르치기에 적합하다. 옳거나 그른 답은 없다. 이는 단순한 연습 활동으로 아이들과 특정 금융 문제에 대해 대화를 나누고 우리가 살고 있는 세상에 대한 인식을 넓히도록 돕기 위한 것이다. 또한 아이들과 즐거운 시간을 보낼 수 있는 기회를 제공하기도 한다.

경제 교육 실습: 청구서 지불하기

자녀를 옆에 앉혀 놓고 매달 나오는 청구서를 지불한다. 아이들에게 각각의 청구서를 보여 주고 그것이 무슨 내용인지 설명해 주어라. 그러면 아이들은 삶에 대해 더욱 잘 이해할 수 있을 것이다. 당신의 세부적인 경제 상황을 아이들에게 모두 설명해 줄 필요는 없지만 기본적인 것들에 대해 간단히 알려 준다.

1. 자신에게 먼저 지불한다

자신에게 먼저 지불하는 것으로 시작한다. 고작 몇 달러라도 좋다. 당신이 자기 자신에게 먼저 지불하는 것을 거듭해서 지켜보게 된다면 당신의 아이 역시 나중에 돈을 받기 시작하면 당신의 선례를 따르게 될 것이다.

2. 가계비용을 지불한다

공과금 청구서를 설명하고 아이에게 청구서를 살펴보게 하라. 그러면 아이는 돈이 어디에 사용되는지 더욱 잘 이해하게 될 것이다. 당신이 전기, 수도, 가스, 쓰레기 처리 및 그 밖의 살림 유지에 들어가는 비용을 따로 지불하는 것을 보면서 아이는 생활이 유지되려면 얼마나 다양한 사업체가 필요한지 이해하게 될 것이다.

3. 주택 융자금을 지불한다

아이에게 아주 간단한 용어로 주택 융자금에 대해 설명한다. 당신이 대부분 은행이 빌려 준 돈으로 주택을 구입했고, 앞으로 오랫동안 차차 갚아 나갈 예정이라는 이야기를 해 준다. 그리고 은행에서 빌린 돈을 모두 갚을 때까지 정해진 요금, 혹은 이자를 갚아야 한다는 말도 덧붙인다. 아이에게 당신이 매달 얼마나 많은 융자금을 내는지 보여 주고 그중에 이자가 차지하는 비율이 얼마나 되는지 설명한다.

4. 신용카드 청구서를 지불한다

아이에게 신용카드 청구서를 설명한다. 당신이 많은 액수의 신용카드 빚을 지고 있다면 이것은 상당히 어려운 일일 수도 있다. 그럼에도 아이는 신용카드의 긍정적인 면과 부정적인 면을 모두 알아야 할 필요가 있다. 당신이 사용할 수 있는 몇 가지 설명들을 소개한다.

신용카드: 신용카드는 은행이나 점포가 발행한 것으로 현금이 없어도 즉시 상품이나 서비스를 구매할 수 있다. 은행이나 점포가 당신이 구입한 상품이나 서비스 대금을 먼저 대신 지불하고, 그러고 나면 당신이 이자를 붙여 은행이나 해당 점포에 지불한다.

명세서: 명세서는 당신이 그 달에 얼마를 썼는지(은행이나 점포가 당신 대신에 얼마나 지불했는지)를 보여 주고 언제 지불해야 이자와 연체료를 물지 않는지 알려 준다.

최소 지불 금액: 많은 은행과 점포들이 전체 사용 금액이 아니라 최소 지불 금액을 낼 수 있도록 하고 있다. 나머지 미지불 금액에 대해서는 이자가 붙는다. 사실 은행이나 점포는 여러분이 카드 대금을 한 번에 내지 않기를 바란다. 그러면 더 오랫동안 더 많은 이자를 얻을 수 있기 때문이다.

신용카드 이자: 명세서에 나타난 금액을 지정된 날까까지 지불하지 않으면 지불하지 않은 금액에 대해 매우 높은 이율의 이자가 붙는다.

잘못된 신용카드 사용 사이클

- 어느 달 현금이 부족해서 신용카드 대금의 최소 지불 금액만을 지불한다. 이후 당신은 계속해서 새로운 물건을 사고 신용카드 사용액은 불어 간다.
- 최소 지불 금액만을 지불하는 것이 편해서 다음 달에도, 또 그 다음 달에도 같은 일을 반복한다. 그러나 당신의 청구서는 계속해서 불어나는 중이다.
- 매달 최소 지불 금액을 지불하고 있기 때문에 당신의 신용등급은 떨어지지 않고, 따라서 다른 회사들도 당신에게 새로운 신용카드를 보낸다. 이제 당신은 지갑에 서로 다른 회사의 신용카드를 다섯 개나 가지고 있다.
- 다섯 개의 신용카드에 대해 계속해서 최소 지불 금액만을 지불한다. 따라서 당신의 신용등급도 아무런 변화가 없다. 그러나 이제 곧 모든 신용카드 사용액이 한계치에 도달하기 시작한다.
- 어느 날 당신은 최소 지불 금액으로 무척 많은 돈을 내고 있음을 깨닫는다. 하지만 동시에 당신의 전체 신용카드 비용은 매달 늘어나고 있다.
- 이제 당신은 더 이상 최소 지불 금액마저도 지불할 수 없음을 깨달았다. 신

용등급이 곤두박질치기 시작한다.

- 신용카드 사용액이 한도에 도달했음을 알게 되었다. 지난 몇 달 동안 카드 대금을 지불하지 못해 신용등급이 하락했기 때문에 더 이상 새로운 신용카드를 만들 수도 없다. 사실 이제 당신은 최소 지불 금액마저도 감당할 수 없다.

불행히도 오늘날 수많은 사람들이 이 늪에 빠져 있다. 우울하게 들릴지 몰라도, 이런 부정적인 과정은 어렸을 때부터 알아 두는 것이 좋다. 아이에게 어떻게 이런 복잡한 주제를 설명할 수 있을까? '아이들을 위한 캐시플로' 게임이 좋은 도구가 될 수 있다. 당신의 아이는 현금을 낼 것인지 아니면 신용카드를 사용할 것인지 선택하는 것과, 각각의 선택이 결과를 야기한다는 사실을 배우게 될 것이다. 아이는 대개 처음에는 신용카드를 선택한다. 왜냐하면 그것이 집에서 자주 들은 익숙한 방식이기 때문이다. 그러나 그 결과 게임 내에서 아이의 지출은 점점 늘어만 가고 아이는 곧 막연하게 지출을 늘리는 것보다 현금을 조금 더 사용하는 편이 낫다는 것을 배우게 된다.

5. 기록한다

청구서를 지불한 후에 기록하는 것을 아이에게 돕도록 한다. 지출 항목을 기록하는 것은 어른이 되어서도 습관으로 남는다.

경제 교육 실습: 식료품 쇼핑하기

식료품 가게에 갈 때면 가격과 품질에 관련해 숱한 결정들을 내려야 한다. 혼자서 조용히 그런 결정을 하지 말고 아이와 대화를 나누고 구매 과정에 아이를 참여시켜라. 아이에게 상점이 어떻게 단위당 가격 비교를 제공하는지 보여 주고 어떤 통조림을 사는 것이 이익일지 가르친다.

또 어떤 경우에는 어째서 더 비싼 통조림을 사는 것이 이득인지 설명해 주는 것도 중요하다. 품질이 가격의 차이를 정당화할 수도 있다. 두 개의 통조림을 모두 사 와서 그것들이 어떻게 다른지 아이에게 직접 비교해 보게 할 수도 있다. 아이가 직접 돈을 치르고 잔돈을 받고 계산하도록 함으로써 가치와 교환에 대한 개념을 배울 수 있게 도와주어라.

경제 교육 실습: 식단 준비하기

이번 연습 활동은 아이에게 정해진 예산 내에서 일주일 동안 가족들을 먹일 식단을 작성하도록 하는 것이다.(나이가 어리다면 한 끼 식사를 계획하는 것으로 시작할 수도 있다.) 아이에게 가족 모두를 만족시킬 만한 식단을 짜도록 가르쳐라. 아이는 식단을 짜는 것은 물론 음식 재료를 직접 구매해야 한다. 식사 준비를 도와주는 것은 상관없다. 우리가 가르치고 싶은 것은 요리가 아니니까 말이다.

1. 예산을 짠다

당신이 일주일 식비로 대개 얼마를 쓰는지 계산한다. 그러면 아이는 예산이 얼마나 들지 더 잘 이해할 수 있을 것이다.(계산을 간단히 하고 싶다면 아침 식사와 저녁 식사만을 준비하게 할 수도 있다.)

2. 아이가 식단을 짜도록 한다

아이에게 매 끼니의 식단을 짜도록 한다. 식료품점에 가서 특정 품목의 가격을 확인함으로써 아이의 이해를 도울 수 있다.

3. 아이가 쇼핑 목록을 작성하도록 한다

일주일치 식단을 짜고 나면 아이에게 사야 할 목록을 작성하도록 한다. 그러면 어떤 식료품을 사야 하는지 알게 된다.

4. 아이가 식료품을 사도록 한다

식료품점에서 아이가 물건을 사는 것을 지켜본다. 예산을 초과하지 않기 위해 계산기를 사용해 계산해 보라고 권할 수도 있다.

5. 각각의 식단에 얼마를 썼는지 기록하게 한다

아이가 식료품을 살 때 금액을 기록하도록 하거나 아니면 집에 돌아와 영수증을 보면서 기록하게 할 수도 있다. 세금이 따로 붙어 있을지도 모르기 때문이다.

6. 식사를 준비한다

아이의 나이에 따라 식사 준비를 도와주어야 하는 경우도 있다.

7. 결과를 분석한다

먼저 식구들이 식사에 만족했는지 확인할 필요가 있다. 이것이 중요한 이유는 우리가 하는 모든 일에는 피드백이 따르기 때문이다.
다음으로는 아이가 예상한 소요 비용과 실제 액수를 비교한다. 각각의 식사마다 예산을 초과하거나 남은 금액이 얼마나 되는지 알아보고 그 후에는 전체적으로 예산을 초과하거나 남는 금액이 있는지 살펴본다.

8. 과정을 재검토한다

이것은 이 연습 활동에서 가장 중요한 부분이다. 아이와 함께 어떠한 경험을 했는지 자유롭게 이야기를 나누어라. 아이는 무엇을 배웠는가? 아이의 말에 귀를 기울이고 이번 경험을 통해 무엇을 배웠는지 알아보라. 아이에게 경험한 것을 일기로 쓰도록 권유하라.

9. 과정을 응용한다

아이와 함께 어른이 되면 반드시 모든 지출에 대해 계획을 짜야 한다는 사실을 토론한다. 특정 부분과 관련해 당신의 재정 정보를 공개하고 싶지 않을 때에는 함께 살펴볼 수 있는 모의 예산을 짜는 것도 좋다. 가계 수입과 필요한 지출을 감안하여 어떻게 예산을 작성해야 하는지 토의하라. 아이가 '청구서 지불하기' 연습을 했다면 어떤 항목을 계획해야 할지 더욱 잘 이해할 것이다.
여기 토론에 활용할 수 있는 손익계산서 계산법을 소개한다.

수입

봉급(돈을 위해 일하는 당신)

임대용 주택에서 들어오는 임대료(당신을 위해 일하는 돈)

이자 혹은 배당금(당신을 위해 일하는 돈)

기타 수입

- 빼기

자기에게 먼저 지불하기(투자를 위해 정기적으로 빼 놓는 금액)

- 빼기

지출

세금

임대료 혹은 주택 융자금

식비

의류비

보험료

가스비

전기료

오락비

신용카드 혹은 다른 부채의 이자

= 계산 결과

차액(남은 금액)

자산에 투자한 수입과 지출에 사용된 수입의 비율을 계산하라. 자산 투자 비율을 높이고 지출 비용 비율을 낮추려면 어떻게 해야 할까?
아이에게 자산을 늘려 비활성 소득을 높인다면 그들을 위해 일하는 돈이 더욱 많아질 것임을 상기시켜라.

10. 차후 관리

일주일쯤 지난 뒤 아이와 다시 한 번 연습 활동에 대해 토의하라. 당신의 아이는 그 경험에서 무엇을 기억하는가? 아이는 그 연습 활동을 다시 해 보고 싶어 하는가? 아이는 투자와 자산 구입, 그리고 자기 자신에게 먼저 지불하는 것의 장기적 결과를 이해하는가?

경제 교육 실습: 은행 가기

먼저 아이를 은행에 데려간다. 앉아서 창구 직원들과 책상에 앉아 있는 직원들을 관찰하게 한다. 아이에게 그들의 직업이 무엇이며 고객들에게 무엇을 해주는지 설명한다. 은행이 바쁘지 않다면 창구 직원과 고객지원 직원들에게 그들이 하는 일을 아이에게 설명해 달라고 부탁하라. 저축예금, 정기 적금, 그 외의 은행 상품에서 은행이 지불하는 이자가 얼마인지 아이가 직접 물어보고 메모를 하도록 만들어라.

아이에게 주택 융자나 자동차 융자에 대해 은행이 얼마의 이자를 부여하는지 물어보게 해라. 만일 은행에서 신용카드를 발행하고 있다면 미지불 대금에 대해 청구하는 이자율은 얼마인지 물어보게 해라. 모든 것이 끝나면 은행에서 나와 다음의 표를 함께 작성한다.

은행이 우리에게 지급하는 이자	우리가 은행에 지불하는 이자
저축예금 ________%	자동차 대출 ________%
투자 계정 ________%	주택 융자금 ________%

정기 적금 ________%　　　　　　신용카드 ________%

아이에게 다음 질문에 답하도록 한다.

1. 어느 쪽의 이자율이 더 높은가?
2. 다음 문장의 빈칸을 채워라.

"은행은 내가 한 저축예금에 대해 ________%의 이자를 지급하지만 내가 자동차를 사기 위해 돈을 빌릴 때에는 나는 은행에 ________%의 이자를 지불해야 한다. 따라서 나는 은행에 내가 받는 것보다 ________%(자동차 대출 이율 - 저축예금 이율)의 이자를 더 지불해야 한다."

3. 아이와 함께 이 책의 10장을 읽어 보고 무작정 은행에 돈을 저축하는 것이 어째서 현명한 투자 방법이 아닌지 설명한다. 저축예금에 늘 얼마 정도의 돈을 넣어 두는 것이 현명하다는 사실 또한 설명해 주어야 한다. 실제로 사람들은 긴급 사태에 대비해 1년 정도의 지출을 충당할 수 있는 현금을 은행에 넣어 두어야 한다.
4. 결론적으로, 당신의 아이에게 이렇게 물어보라. "네가 다음과 같은 상황에 처해 있다면 너는 돈을 버는 것이냐? 아니면 잃는 것이냐?"

A. 너는 저축 예금 계좌에 1만 달러의 돈을 넣어 두고 4%의 이자를 받고 있다. 너는 1년에 얼마나 많은 이자를 받고 있지?

1만 달러×4% = ________

B. 너는 1만 달러의 소비자 대출을 받고 있으며, 그것에 대해 원금 상환 없이 9%의 이자를 내고 있다. 너는 얼마나 많은 이자를 내고 있니?

1만 달러×9% = ________

C. 1년이 지난 후에 너는 돈을 벌고 있니? 아니면 잃고 있니?

A - B = __________

D. 10년이 지난 후에 너는 얼마의 돈을 벌거나 잃게 되겠니?

C×10년 = __________

정답

A=400달러

은행은 네가 한 저축에 대해 400달러를 지급한다.

B=900달러

너는 대출금에 대해 900달러를 은행에 지불한다.

C=500달러의 손실 (혹은 -500달러).

너는 500달러를 잃을 것이다.

D=5,000달러의 손실.

10년이 자난 후에 너는 5,000달러를 잃을 것이다. 너는 10년 동안 은행으로부터 받은 이자보다 5,000달러 더 많은 이자를 지불한다.

세금과 관련된 추가 연습 활동

이제 같은 상황에 세금이라는 요소를 더해 보자. 이자소득에는 소득세가 부가되지만 당신이 은행에 지불하는 대출금 이자에는 세금 감면이 없다.

E. 매년 당신이 납부하는 세금을 계산하려면 저축예금에서 번 이자소득 (A)__________에 소득세 비율인 50%를 곱한다.

A x 50% = __________

F. 납세 후 1년 동안 얼마나 많은 돈을 벌거나 잃었는지 계산하려면 (C)______ ______에서 세금 (E)__________를 차감한다.

C - E = __________

G. 10년 후에 너는 얼마나 많은 돈을 벌거나 잃었지?

F x 10년 = __________

정답

E=200달러

세율이 50%일 때, 너는 은행에서 받은 이자에 대해 200달러의 소득세를 내게 된다.

F=700달러의 손실(혹은 -700달러)

소득세를 빼고 나면 너는 연간 700달러를 잃게 된다. 다시 말해 저축으로 받는 이자보다 세금과 대출 이자로 700달러나 더 많은 금액을 지불한다.

G=7,000달러의 손실.

10년이 지나면 너는 7,000달러를 잃게 된다. 세금과 대출금 이자로 저축으로 받는 이자보다 7,000달러를 더 지불하게 되는 것이다.

투자 계획 개선하기

위의 예시를 잠깐만 검토해 봐도 저축은 현명한 투자 계획이 아님을 쉽게 알 수 있다. 하지만 불행히도 많은 사람들이 그런 것을 알지 못하고 위와 같은 계획을 실천 중이다. 당신의 투자 계획을 개선할 수 있는 몇 가지 아이디어를 추천한다.

쉬운 방법

1만 달러의 저축예금으로 1만 달러의 대출금을 갚는다. 이렇게 하면 더 이상 돈을 잃을 필요가 없다. 당신은 이자 수입도 없고 이자 지출도 없다.

일반적인 방법

1만 달러 저축으로 적당한 자산을 사서 당신의 대출이자를 지불할 수 있는 현금흐름을 발생시킨다. 당신은 연간 900달러의 현금흐름을 발생시키는 투자를 찾아야 한다. 이를 달리 표현하는 방법은 당신의 현금(1만 달러)에 대한 현금수익률(900달러)이 9퍼센트(900달러 나누기 1만 달러)라는 것이다. 현금투자수익률은 모든 투자가들이 이해해야 하는 필수적인 것이다. 이렇게 하면 자산으로 부채, 즉 대출 이자를 갚을 수 있다.(소득세는 계산하지 않았다.)

복잡한 방법

최소한 9퍼센트의 현금수익률이 나오는 자산을 산다. 그런 다음 1만 달러의 소비자 대출을 사업용 대출로 바꾸는 방법을 찾아본다. 이렇게 하면 대출에서 발생하는 9퍼센트의 이자는 세금 감면 대상이 된다.

이 은행 연습 활동은 저축과 대출의 차이, 저축과 투자의 차이를 보여 주기 위한 것이다. 먼저 초보적인 예시로 시작해 점점 더 복잡한 활동으로 넘어가기 바란다. 여기서 명심할 점은 아이가 관심을 보이고 기본적인 개념을 진정으로 이해할 때에만 보다 복잡한 단계로 넘어가야 한다는 것이다.

경제 교육 실습: 자동차 대리점 혹은 가전제품 전문점 방문하기

자동차나 값비싼 가전제품을 살 때(혹은 그렇지 않을 때에도) 아이들을 가게에 데려가 물건을 현금으로 살 것인지 아니면 대출을 받아(할부로) 지불할 것인지에 관한 대화를 옆에서 들어보게 한다. 대출 담당 직원에게 아이에게 신용등급이 무엇인지, 그리고 그것이 얼마나 중요한지 설명해 달라고 부탁해라. 비록 짧은 경험이긴 해도 이 같은 환경에 노출되는 것은 아이가 돈과 신용에 대해 인식하고 시각을 넓히는 기회가 될 것이다.

그런 다음 아이와 함께 앉아 이 새로운 대출이 그들의 매월 지출 내역에 어떤 영향을 줄 것인지 알려 주어라. 현금 지불과 대출 할부 가운데 어떤 것이 더 나은지 아이의 생각을 물어본다.

이 같은 과정을 통해 아이는 개인의 재무제표를 이해하고 좋은 신용이 현실 세계의 성적표라는 사실을 파악하게 될 것이다.

경제 교육 실습: 증권사 방문하기

아이를 증권사에 데려가 증권사 직원에게 그가 하는 일을 아이에게 설명해 달라고 부탁하라.(이 같은 방문 사실을 사전에 알려 놓는다면 도움을 줄 증권사 직원을 훨씬 쉽게 구할 수 있다.)

당신의 아이가 십 대라면 증권사에 계좌를 열 수도 있다. 아이가 서류작성 과정에 참여하도록 하라. 당신과 증권사 직원의 도움을 받아 직접 투자할 대상을 선택하게 한다.

증권사 직원이 여러 가지 유형의 투자와 상대적인 투자 회수율을 아이에게 설명하도록 해라. 대부분의 어른들은 각종 주식들의 차이를 이해하지 못한다. 당신 아이가 이런 기본적인 투자 도구를 이해하게 된다면 경제적으로 크게 앞서 나갈 수 있다.

아이가 증권사 직원이 설명하는 개념들을 모두 이해하지 않는 한, 주가수익률 개념이나 근본적 혹은 기술적 분석의 여러 측면들을 설명하는 것은 무리일 것이다. 이와 관련된 보다 상세한 논의는 『부자 아빠의 투자 가이드』에서 찾아볼 수 있다.

어떤 부모들은 온라인 증권사에 아이의 계좌를 열기도 한다. 어쨌든 선택은 당신 몫이다. 그렇지만 처음에는 아이와 주식중개인이 직접 만날 수 있는 기회를 만드는 것이 좋다. 그러면 사적인 인간관계도 쌓을 수 있고 이해하지 못하는 것을 더욱 쉽게 물을 수 있기 때문이다.

아이에게 경제나 금융과 관련된 표를 읽는 법을 가르쳐라. 당신이 그런 것에 대해 잘 모른다면 두 사람 모두 증권사 직원으로부터 배워도 좋을 것이다.

자녀에게 돈의 세계와 돈의 힘에 대해 교육할 때에는 늘 작게 시작해야 한다. 너무 많은 돈을 투자하게 해서는 안 된다. 너무 많은 돈에 손을 대게 한다면 돈의 힘이 아이를 압도하고 통제할지도 모르기 때문이다. 작게 시작하여 경험으로 배우는 것이 낫다. 돈과 관련된 문제에 있어서는 큰 실수보다는 작은 실수로부터 회복하는 것이 더 쉽다.

경제 교육 실습: 맥도날드 가기

아이를 맥도날드에 데려가는 것은 그리 어렵지 않다. 하지만 이번에는 충분한 시간을 두고 다음의 연습 활동을 계획하기 바란다.

1. 아이를 맥도날드에 데려가 다음 사실을 설명해 준다

- "맥도날드가 있는 저 땅에도 주인이 있단다. 그 사람은 맥도날드로부터 임대료를 받지. 땅 주인은 여기 있을 필요도 없어. 가만히 앉아 있어도 매달 임대료가 들어오거든."
- "어쩌면 그 사람은 이 건물도 갖고 있을지 몰라. 그리고 맥도날드로부터 건물의 임대료도 받는 거지."
- "맥도날드라는 회사를 소유한 사람도 따로 있단다. 맥도날드 간판을 찍어내는 공장이 있을지도 모른다는 생각은 해 봤니? 어쩌면 그래서 맥도날드 가게의 모든 간판이 똑같은 크기에 똑같은 색깔인지도 몰라."

2. 음식을 주문해서 먹고 난 후에는 다음과 같은 점을 아이에게 설명한다

"저 계산대 뒤에 있는 점원들 보이니? 저들은 맥도날드 직원이란다. 그들은 시간당 얼마씩의 돈을 받고 여기 나와 일을 하지. 정해진 시간 동안 정해진 일을 하고 보수를 받는 거다. 저 사람들은 육체적으로 여기에 나와 열심히 일한 시간만큼 받지."

그런 다음 이렇게 물어라. "또 다른 직원들이 보이니?"

그런 다음 요약하라. "저렇게 직원 몇 명만 있으면 가게를 운영해 고객들에게 서비스를 제공할 수 있단다."

3. 가게 안을 둘러보면서 다음과 같은 사실들을 지적하라

"저 사람들이 사용하는 컵과 햄버거를 싼 종이가 보이지? 저건 다른 회사들이 특별히 맥도날드만을 위해 만든 것이다. 그런 회사들은 맥도날드가 주문한 그대로 정확하게 컵과 종이를 만들지. 그렇지 않으면 대금을 받지 못하거든. 그러고 나면 맥도날드의 다른 직원들이, 그러니까 맥도날드 회사의 사무실이 저런 물품들을 주문하고 각각의 맥도날드 가게에 저런 것들이 떨어지기 전에 배달되도록 한다."

그런 다음 이렇게 물어라. "다른 회사들이 맥도날드를 위해 특별히 만든 것 같은 다른 물건들이 보이니?"

그런 다음 요약하라. "이처럼 다양한 분야에서 일하는 수많은 회사들이 맥도날드에 상품을 공급하기 때문에 매장을 효율적으로 운영할 수 있는 거란다."

4. "저기 음료수 기계를 고치고 있는(혹은 전등을 고치는, 창문을 닦는) 사람이 보이니? 저 사람은 자영업자거나 아니면 작은 사업체를 소유하고 있을지도 몰라. 이 맥도날드 가게의 지배인은 일이 생기면 저 사람을 고용하지. 이를 테면 기계를 고치거나 창문을 닦는 일 같은 거 말이다. 하지만 저런 기술을 가진 사람을 정식 직원으로 채용한다면 너무 많은 비용이 들 테니까 뭔가가 망가지거나 창문이 더러워졌을 때만 저들을 고용한다."

그런 다음 이렇게 물어라. "그 밖에 지배인이 정식 직원으로 채용하지 않고 외부 사람을 고용할 수 있는 일이 뭔지 알겠니?"
그런 다음 요약하라. "가게를 효율적으로 운영하려면 이처럼 회사 밖에 있는 다양한 유형의 서비스가 필요하다. 이런 기회를 통해 특정 전문 지식이나 기술을 가진 자영업자나 소형 사업체가 맥도날드를 위해 일하고 그들의 운영을 돕는 거지."

5. "너는 맥도날드 가게들이 모두 비슷하다는 걸 알고 있니? 어딜 가도 똑같은 음식이 나오지. 직원들은 달라도 그들이 하는 말은 다 비슷하고, 어느 가게에 가든 똑같은 케첩이 나온다. 그건 맥도날드가 이른바 '시스템'이라는 걸 개발했기 때문이란다. 모든 가게가 반드시 따라야 할 방침과 절차들에 따라 운영되고 그래야 맥도날드라는 이름을 유지할 수 있지. 이런 방침과 절차들은 그들이 따라야 할 시스템을 의미한다. 그런 시스템은 맥도날드 가게의 모든 측면에 적용된다. 직원들은 그런 시스템에 따라 밀크셰이크 기계를 채우거나 청소하고 감자튀김을 요리하지."

그런 다음 이렇게 물어라. "그 밖에 또 어떤 시스템을 생각해 낼 수 있겠니?"
그런 다음 요약하라. "이 가게와 전 세계에 있는 모든 맥도날드 가게의 시스템이 이렇게 성공적인 프랜차이즈 사업을 만들어 낸 거다. 이렇게 성공적인 시스템을 만들거나 소유할 수 있다면 정말 멋지지 않겠느냐?"

6. "너는 맥도날드의 주인이 여기 없다는 사실을 알고 있니? 주인은 매니저를

고용해서 일을 시키고 있단다. 지배인은 이 가게의 전반적인 운영을 책임지지. 지배인은 직원을 고용하거나 해고하고 충분한 물품이 공급되도록 관리하고, 고객들을 즐겁게 해 주고 모든 일이 부드럽게 돌아가도록 관리한다. 그리고 정기적으로 가게의 상황을 보고할 때에만 주인에게 연락을 하지. 아마 매주 전화를 하거나 매달 만날 거야. 주인은 그런 전화 통화나 회의를 할 때마다 자기의 가게가 얼마나 많은 돈을 벌고 있는지 궁금해 할 거다. 맥도날드는 주인이 소유하는 자산이다. 어쩌면 그 주인은 바로 지금 저기 있는 골프장에서 골프를 치고 있는지도 몰라."

그런 다음 이렇게 물어라. "너는 이 가게의 주인이 여기서 얼마나 시간을 보낸다고 생각하니?"

그런 다음 요약하라. "간단히 말해서 주인이 돈을 위해 일하는 게 아니라 자산이 주인을 위해 일하는 거다! 왜냐하면 자산은 주인을 위해 현금흐름을 발생시키거든. 그래서 주인은 남는 시간을 마음껏 활용해서 더 많은 자산을 사거나 골프를 칠 수 있는 거란다."

경제 교육 실습: 임대용 아파트 건물 둘러보기

당신이 사는 곳에서 가까운 곳에 있는 아파트 단지를 찾아라. 당신의 아이가 이미 알고 있거나 자주 보게 될 곳이면 더욱 좋다. 아파트 건물 앞에 차를 주차시키고 다음과 같이 이야기한다.

1. "저것은 아파트 건물이다. 여기 살고 있는 사람들은 '임차인'이라고 불리고,

그들은 '임대료'를 내지.(미국의 아파트는 대부분 임대 주택이다. — 옮긴이) 임대료를 내면 이 건물의 한 집에 살 수 있지만 그 집을 소유하는 것은 아니란다. 돈을 내고 집을 빌리는 것과 비슷하지. 또 임대료를 내면 수영장과 세탁실, 앞뜰 같은 공동 구역을 같이 사용할 수 있다."

그런 다음 이렇게 물어라. "이 아파트 건물에 그런 집이 몇 개나 될 것 같니?"
그런 다음 요약하라. "모든 임차인들이 건물 주인에게 돈을 내고 이곳에 살고 있단다."

2. "만일 이 아파트 단지에 ___채의 집이 있고 각각의 임차인이 매달 1,000달러의 임대료를 낸다면 이 아파트 건물의 주인은 엄청나게 돈을 버는 셈이지."

그런 다음 이렇게 물어라. "이 건물의 주인이 매달 얼마나 많은 돈을 벌 것 같니?"(예상하거나 추정해 보렴.)
"하지만 그런 사람들은 대부분 은행으로부터 돈을 빌려서 이런 아파트 건물을 산단다. 그걸 주택 융자라고 부르지. 주인은 매달 빌린 돈의 일부를 은행에 갚고 또 대출한 돈에 대한 이자도 갚아야 한다."
그런 다음 요약하라. "그러므로 만일 주인이 매달 은행에 지불해야 하는 돈보다 더 많은 임대료를 번다면, 그 사람은 긍정적인 현금흐름을 갖고 있는 거란다."

3. "하지만 다른 지출들도 있다. 이를테면 정원을 가꾸고 수영장을 유지하고

건물에 페인트를 칠하는 것처럼 말이야. 건물 주인은 임차인들을 위해 건물을 제대로 유지해야 하거든."

그런 다음 이렇게 물어라. "주인은 또 어떤 부문에서 비용을 지출해야 할까?"
그런 다음 요약하라. "그러므로 주인은 매달 충분한 임대료를 받아서 대출금을 갚고 건물을 유지하는 데 들어가는 비용보다 더 많은 수입을 올려야 한다."

4. "주인이 좋은 임차인을 얻고 임대료를 걷고 건물을 관리하려면 특정한 시스템이 필요하다."

그런 다음 이렇게 물어라. "주인이 아파트를 성공적으로 운영하려면 그 밖에 어떤 시스템이 필요하겠니?"(건물의 안전에 필요한 보안 시스템 등)
그런 다음 요약하라. "그래서 이것은 맥도날드와도 비슷하단다. 둘 다 시스템이 있어야만 효율적이고 성공적으로 운영할 수 있거든. 그러므로 이 아파트 단지도 사실은 하나의 사업이란다."

5. "너는 이 아파트 건물의 주인을 이 근처에서 전혀 보지 못할 수도 있단다. 왜냐하면 그 사람은 여기 살지 않거든. 이런 곳에는 관리인이 있어서 임대료와 건물의 유지 및 보수, 임차인과 관련된 문제들을 처리하지. 때때로 관리인은 같은 건물에 살기도 하지만 늘 그런 것은 아니다."

그런 다음 이렇게 물어라. "이렇게 건물 주인은 나타나지 않고 관리인이 모든 문제를 처리한다면 맥도날드의 주인과 비슷하지 않니?"

그런 다음 요약하라. "이번에도 아파트 건물의 주인은 자산을 갖고 있다. 또 그 사람은 시스템도 갖고 있는데, 대개는 아파트 관리인이 그것을 관리하지. 관리인은 아파트가 효율적으로 순조롭게 운영되도록 만든다. 관리인은 건물주에게 정기적으로 보고하고 건물주는 그의 자산이 얼마나 많은 돈을 자신의 주머니에 넣어 주는지 확인하지. 다시 말해 주인이 돈을 위해 일하는 것이 아니라 자산이 주인을 위해 일하는 것이란다."

결과적으로 당신의 아이는 임대용 아파트 건물을 전과는 전혀 다른 시각으로 보게 될 것이다. 당신이 집 근처에 있는 아파트 건물을 선택했다면 아이는 그곳을 지날 때마다 당신의 가르침을 떠올리게 될 것이다.

아울러 독립 주택이나 사무용 건물에 투자를 하는 사람들도 많다는 사실을 일러 주어라. 그런 사람들 역시 비슷한 방식으로 사업을 운영한다. 임대용 아파트 건물을 예로 든 것은 그것이 가장 간단하고 아이들에게 친숙하기 때문이다.

여기서 배워야 할 중요한 개념은 바로 돈의 힘이다. 당신이 돈을 위해 일하는 것이 아니라, 돈이 당신을 위해 일하게 만들어라.

옮긴이 | 박슬라

연세대학교 인문학부에서 영문학과 심리학을 전공했으며, 현재 전문 번역가로 활동 중이다. 옮긴 책으로는 『스틱!』(공역), 『위기는 왜 반복되는가』(공역), 『부자 아빠의 금 · 은 투자 가이드』 등의 경제 · 인문 서적과 애거서 크리스티 전집 중 『구름 속의 죽음』, 『패딩턴 발 4시 50분』을 비롯해 『한니발 라이징』, 『샤르부크 부인의 초상』, 『사라진 내일』 외 다수의 소설이 있다.

부자 아빠의 자녀 교육법
부자 아빠 가난한 아빠 4

1판 1쇄 찍음 2000년 2월 10일
1판 29쇄 펴냄 2009년 4월 8일
2판 1쇄 펴냄 2014년 9월 29일
2판 10쇄 펴냄 2023년 10월 20일

지은이 | 로버트 기요사키
옮긴이 | 박슬라
발행인 | 박근섭
펴낸곳 | ㈜ 민음인

출판등록 | 2009. 10. 8 (제2009-000273호)
주소 | 06027 서울 강남구 도산대로 1길 62 강남출판문화센터 5층
전화 | **영업부** 515-2000 **편집부** 3446-8774 **팩시밀리** 515-2007
홈페이지 | minumin.minumsa.com

도서 파본 등의 이유로 반송이 필요할 경우에는 구매처에서 교환하시고
출판사 교환이 필요할 경우에는 아래 주소로 반송 사유를 적어 도서와 함께 보내주세요.
06027 서울 강남구 도산대로 1길 62 강남출판문화센터 6층 민음인 마케팅부

ISBN 978-89-8273-299-7 03320

㈜민음인은 민음사 출판 그룹의 자회사입니다.